钢混组合桥面板

王 健 孟 磊 何晓晖 王 侃 等 编著

王用中 主审

人民交通出版社股份有限公司

北京

内 容 提 要

钢混组合桥面板是由混凝土板与底钢板借助剪力连接件组合而成的构件，在桥梁工程中具有广泛的应用前景。本书分别叙述此结构的起源、发展及应用情况，着重介绍各式组合桥面板构造要点及其剪力连接材料选用，并根据应用经验、科研结果及相关规范、资料，详细论述钢混组合桥面板的设计计算原则；鉴于混凝土桥的时变性，较深入地探讨了钢混组合桥面板的时变应力、二次应力问题；论述其加工制造、施工安装准则，且在附录中附上以实际工程为例的计算例题，以供读者更好地了解钢混组合桥面板的设计过程。

本书内容丰富，系统性强，可供市政、桥梁工程设计、施工人员参考使用，相关专业教研人员也可参考阅读。

图书在版编目(CIP)数据

钢混组合桥面板/王健等编著.— 北京：人民交通出版社股份有限公司，2023.2
ISBN 978-7-114-18213-6

Ⅰ.①钢… Ⅱ.①王… Ⅲ.①钢筋混凝土桥—组合体系桥—桥面板 Ⅳ.①U443.32

中国版本图书馆 CIP 数据核字(2022)第 166666 号

Gang-Hun Zuhe Qiaomianban

书　　名：	钢混组合桥面板
著 作 者：	王　健　孟　磊　何晓晖　王　侃　等
责任编辑：	赵瑞琴
责任校对：	赵媛媛　龙　雪
责任印制：	张　凯
出版发行：	人民交通出版社股份有限公司
地　　址：	(100011)北京市朝阳区安定门外外馆斜街 3 号
网　　址：	http://www.ccpcl.com.cn
销售电话：	(010)59757973
总 经 销：	人民交通出版社股份有限公司发行部
经　　销：	各地新华书店
印　　刷：	北京印匠彩色印刷有限公司
开　　本：	787×1092　1/16
印　　张：	14
字　　数：	326 千
版　　次：	2023 年 2 月　第 1 版
印　　次：	2023 年 2 月　第 1 次印刷
书　　号：	ISBN 978-7-114-18213-6
定　　价：	48.00 元

(有印刷、装订质量问题的图书，由本公司负责调换)

序言

桥面板作为直接承受反复轮荷载的构件,是桥梁结构中必不可少的,应用很多,损伤故障也多。然而关于桥梁的书多涉及桥梁上部构造主体(承重结构)的叙述,很少谈及桥面板。其实桥梁的主要功能是行车,主体结构断裂会终止桥梁通行,主体结构一般性损坏可能影响桥梁通行,但不一定终止桥梁通行,而桥面板的断裂会终止桥梁通行,桥面板的一般性损坏亦可终止桥梁通行,从这个意义上认识,桥面板这一桥梁部件的安全度对桥梁运营似更重要(关于桥梁性能设计将涉及此问题的更深入的讨论)。我办公室的书架上存有各类斜拉桥、悬索桥、拱桥、梁桥以及各种桥梁各部件的专业书籍,但没有专谈桥面板的书,本书的出版在一定程度上弥补了这一空缺。

实际桥梁工程中,钢桥一般采用钢板面板(各向异性桥面板),混凝土桥一般采用钢筋混凝土桥面板。随着桥梁技术的进步,随着桥梁上部构造少主梁化,桥面板的跨径日益增大,故钢混组合桥面板、预应力混凝土桥面板的应用成了桥面板结构的一个发展方向。钢混组合桥面板、预应力混凝土桥面板日本应用较多,我们国家也在应用,作为钢混组合结构桥的重要部分,钢混组合桥面板值得向业界同行推荐。

薄薄的钢底板上焊开孔板剪力连接件(钢底板及其上焊接的剪力连接件称之为底钢板),既将钢底板与上置的混凝土桥面板连接成一整体,又加劲了钢底板,使之既成为钢混组合桥面板下缘的配筋,又成为混凝土面板施工用模板,构思很合理,故钢混组合桥面板构造合理、经济性突出、可施工性好。

综上所述,从构造合理化、结构经济性、施工方便性三方面看,应提倡在桥梁工程中广为应用钢混组合桥面板,这是编辑本书的技术目的。

本书内容涉及钢混组合桥面板的设计构造、制作与安装,有构造要点,有计算方法、计算实例、研究报告,很是丰富,值得有志于此项工作的桥梁界人士共飨,特此推荐!

中国工程设计大师　王用中
2022年7月

前言

近几年我们在国内致力于钢混组合结构桥梁的推广与应用,根据工程需要,我们设计建造了山东鄄城黄河公路大桥、合肥市南淝河大桥、深圳市深南彩田路跨线桥等多座波形钢腹板预应力混凝土桥梁以及郑州、深圳等地多座传统钢混组合梁桥。结合这些工程项目,我们还与东南大学、西南交通大学等高校开展了相关课题研究,编制了相应的规范。近期又在东莞市旧石马河桥、深汕开发区望鹏大桥等不同结构类型的桥梁中应用了钢混组合桥面板技术,深刻体会到钢混组合桥面板的诸多优点及其设计、施工、管理过程中存在的问题。为阐明并解决这些问题,借鉴国外同类结构经验,结合我国钢混组合桥面板相关的设计、施工、标准、规范、规程,编写了这本《钢混组合桥面板》,以便更好地在我国推广应用钢混组合桥面板。

全书共分6章,系统阐述了钢混组合桥面板的起源、发展、设计方法、制造及施工等内容。第1章介绍介绍了钢混组合桥面板国内外应用情况,借之详述了日本桥梁建设协会归纳的日本工程实际中应用的13种形式的钢混组合桥面板,并于附录1中详列了这13种形式桥面的设计参数选择情况,以助读者于工程应用中实际采用钢混组合桥面板参考。第2章介绍了钢混组合桥面板所应用的材料、构造要点与设计参数的选择;重点阐述了各式剪力连接件的受力机理与构造要点。第3章介绍了钢混组合桥面板设计总则、极限状态设计方法、荷载效应分析及剪力连接设计。第4章介绍了钢混组合桥的经时应力和次内力,此章主要内容是钢混组合结构的收缩、徐变对结构的影响及计算方法。第5章介绍了钢混组合桥面板的工厂制作及现场安装。第6章以东莞市旧石马河桥工程实践为例,介绍了窄幅箱梁钢混组合桥面板桥设计特点与构造设计要点。为便于读者做钢混组合桥面板设计参数选择,本书将日本桥梁建设协会归纳的13种典型钢混组合桥面板设计及主要设计计算成果作为附录1列之于正文后,鉴于钢筋格构剪力连接件的性能研究、计算方法等相关资料甚少,于本书后附录2列出我们与西南交通大学合作完成的

《钢混组合桥面板用钢筋格构剪力连接件研究报告》主要结果，以弥补本书涉及此论述的不足。

本书由王健、孟磊、何晓晖、王侃、张建勋、陈华利等编著，中国工程设计大师王用中主审。编写人员均在一线从事多年组合桥梁结构设计，编写具体分工为：第1章由王健、孟磊、张建勋编写，第2章由何晓晖、孟磊、王侃编写；第3章由王健、张建勋、何晓晖编写，第4章由王健、张建勋编写；第5章由陈华利、王侃、张建勋编写，第6章由孟磊、王健、余龙编写。本书中部分插图由深圳市市政设计研究院有限公司郑州分公司同事绘制，部分三维图形由郑州市交通规划勘察设计研究院BIM中心张万鹏绘制；施工照片图由河南新昱鑫桥梁钢构有限责任公司提供，在此一并表示感谢。

我国钢混组合结构及组合梁桥著作甚多，但很少涉及桥梁直接受力的重要构件——桥面板，我们结合钢混组合桥面板在实际工程中的应用编写此书，以作弥补。因范例不多，又为初步尝试，编著水平有限，书中难免有不妥之处，诚请读者不吝批评、指正。

编著者
2022年5月

目录

第1章 钢混组合桥面板定义与发展 ··· 1
  1.1 钢混组合桥面板定义与特点 ·· 1
  1.2 钢混组合桥面板的发展 ·· 9
  1.3 日本桥梁建设协会推荐的钢混组合桥面板 ······························· 13

第2章 钢混组合桥面板构造 ·· 20
  2.1 钢混组合桥面板结构材料 ·· 20
  2.2 钢混组合桥面板构造参数与形状 ·· 24
  2.3 底钢板的构造要点 ·· 28
  2.4 混凝土桥面板构造要点 ·· 32
  2.5 钢混组合桥面板的连接及加腋固定件 ···································· 34

第3章 钢混组合桥面板设计 ·· 36
  3.1 钢混组合桥面板设计总则 ·· 36
  3.2 设计规范与极限状态设计方法 ·· 38
  3.3 钢混组合截面几何特征值的计算 ·· 39
  3.4 钢混组合桥面板的作用与作用组合 ······································ 43
  3.5 钢混组合桥面板效应分析 ·· 49
  3.6 钢混组合桥面板极限状验算 ·· 63
  3.7 钢混组合桥面板剪力连接件计算 ·· 68

第4章 钢混组合结构的时变性能与次内力 ···································· 75
  4.1 关于混凝土的徐变模式 ·· 75
  4.2 钢混组合结构的经时应力与次内力 ······································ 77

第 5 章 钢混组合桥面板的制作与安装 ································· 89

5.1 底钢板的工厂制作 ··· 89
5.2 混凝土施工 ··· 100
5.3 底钢板或钢混组合桥面板的运输与架设 ······························· 104

第 6 章 窄幅钢箱梁-钢混组合桥面板桥 ································· 107

6.1 钢混组合桥面板——窄幅箱梁桥 ·· 107
6.2 窄幅箱梁组合梁-钢混组合桥面板桥的设计实例 ······················· 115

附录 1 基于性能复核设计法的钢混组合桥面板的设计 ················· 166

附录 2 钢混组合桥面板用钢筋格构剪力连接件研究报告 ·············· 179

参考文献 ··· 213

第1章 钢混组合桥面板定义与发展

1.1 钢混组合桥面板定义与特点

桥面板亦称行车道板,是直接承受车辆轮压的承重结构,在构造上它通常与主梁的梁肋和横隔板相连,这样,桥面板既能将车辆荷载传给主梁,又能成为主梁截面的组成部分,也能起纵向承重构件的横向联系(拱桥、索结构桥)作用,从而保证了多榀主梁桥的整体性。桥面板按其所使用的材料及施工方法不同可分为钢筋混凝土桥面板、预应力混凝土桥面板、钢桥面板及钢混组合桥面板。

(1)钢筋混凝土桥面板(图1.1-1)

按施工方式可分为:现浇钢筋混凝土桥面板、预制混凝土桥面板、预制+现浇组合钢筋混凝土桥面板(其下采用预制钢筋混凝土薄板作模板再在其上浇筑混凝土的两次浇筑钢筋混凝土桥面板)。

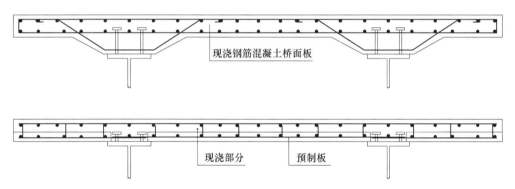

图1.1-1 钢筋混凝土桥面板

(2)预应力混凝土桥面板(图1.1-2)

按施工方式可分为:现场浇筑并张拉预应力的混凝土桥面板及预制预应力混凝土桥面板。

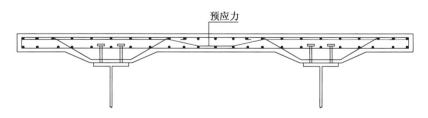

图1.1-2 预应力混凝土桥面板

(3)钢桥面板(图1.1-3)

一般应用于钢箱梁或其他形式的钢梁顶面,由盖板和焊接于盖板下面的U形纵肋及横隔(横肋)组成,盖板厚度一般为12~18mm。盖板上面设置防水层和沥青混凝土铺装层。根据其纵向和横向单位宽度内截面刚度是否相同可划分为正交异性板和正交同性板,桥梁工程中的钢桥面板主要指的是正交异性板,即是指纵、横向刚度相差很大的钢桥面板。

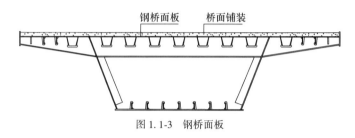

图1.1-3 钢桥面板

(4)钢混组合桥面板

钢混组合桥面板通常是指以薄钢板作为混凝土桥面板的底板,兼作底模板,并借其上剪力键连接混凝土面板与底钢板的桥面板。根据底层薄钢板的使用情况不同,底钢板可仅作为混凝土面板的施工模板,受力时不考虑其作用,也可通过剪力连接件与钢筋混凝土面板连接成一体共同承载受力,本书所述为后者。

本书钢混组合桥面板定义为:由兼作施工用模板的底钢板与钢筋混凝土面板借助剪力连接件连成一体共同承载的桥面板。总体来说,钢混组合桥面板可分仅有钢底板的钢混组合桥面板及上、下均有钢板的(称之为夹心饼式)钢混组合桥面板,工程中常用为前者。常用的钢混组合桥面板按其剪力连接件的不同又分为三类:栓钉式钢混组合桥面板(罗宾逊式钢混组合桥面板)、加劲肋式钢混组合桥面板及钢格构式钢混组合桥面板,上述钢混组合桥面板分类可见图1.1-4及图1.1-5。

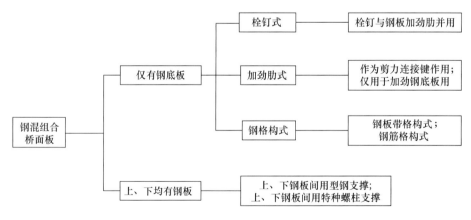

图1.1-4 钢混组合桥面板分类

第1章　钢混组合桥面板定义与发展

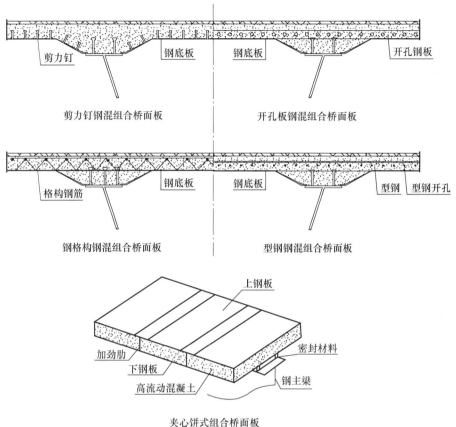

图 1.1-5　钢混组合桥面板种类

根据上述钢混组合桥面板定义及钢混组合桥面板多年的应用实践,可归纳其特点如下:

(1) 良好的受力性能与耐久性

钢混组合桥面板底钢板与混凝土面板之间靠剪力连接件连接为一整体共同受力,于桥面板跨中混凝土面板受压、底钢板受拉,充分发挥了材料性能,总体构造合理、受力性能良好;由于底钢板的存在,钢混组合结构桥面板下缘一般不会开裂,更由于底钢板与混凝土面板蓄热系数的差异,大大减少了桥面板顶缘、底缘的温差,从而减少了桥面板上下缘温差导致的温度裂缝。混凝土桥面板因局部轮压的反复作用,其应力幅导致的疲劳问题比较突出,而日本大量的桥面板轮载往复疲劳试验证实了钢混组合桥面板的耐疲劳性,且钢混组合桥面板在制造安装中采取了防水措施并进行了钢材防锈涂装,故而钢混组合桥面板耐久性更具有保证。

日本桥梁建设协会总结了日本前期所做钢混组合桥面板工程,对其归纳出的13种类型钢混组合桥面板均做了动载疲劳试验,论证了其耐疲劳性,并对钢筋混凝土桥面板、预应力混凝土桥面板、钢混组合桥面板三种不同形式桥面板的疲劳破坏形态做了对比,其结论如表1.1-1所示,对三种桥面板在疲劳荷载作用下的挠度随反复加载时间而变化的情况做了对比性描述,其结果如图1.1-6所示。

3

三种桥面板损伤过程　　　　　　　　　表1.1-1

状态	钢筋混凝土(RC)桥面板损伤过程		预应力混凝土(PC)桥面板损伤过程		钢混组合桥面板损伤过程	
初期	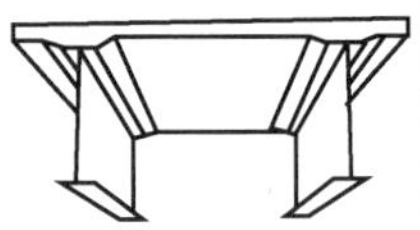	无裂缝	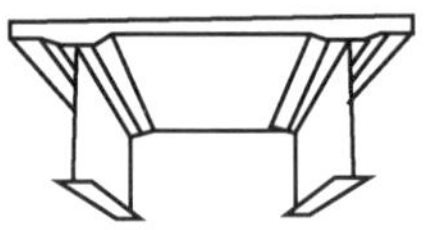	无裂缝	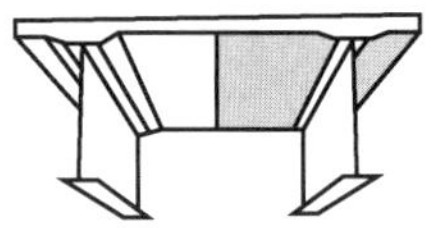	钢底板紧贴无裂缝
①		干燥收缩裂缝		干燥收缩裂缝	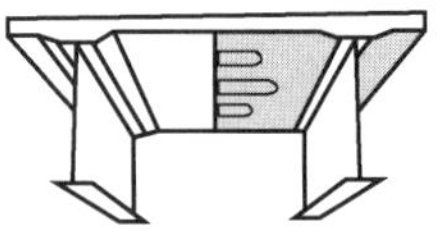	钢底板紧贴
②		①+活载单向裂缝		①+活载单向裂缝	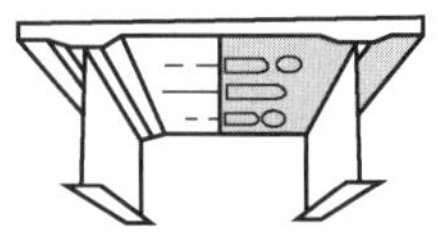	混凝土产生活载方向裂缝
③		两方向裂缝、裂缝开始加密		单向裂缝开始加密	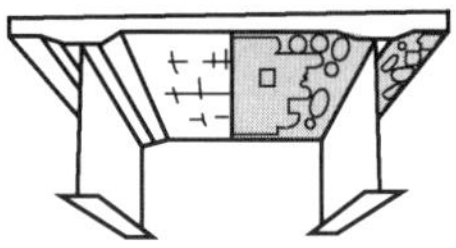	产生双向裂缝，裂缝小可恢复
④		裂缝网加密、板呈梁状受力		横向裂缝开始贯通呈梁状化	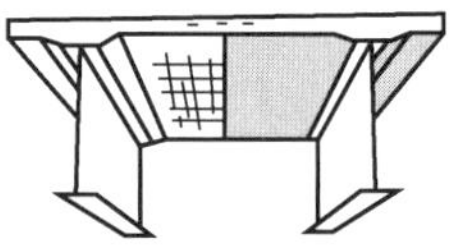	剪力键破坏出现水平裂缝
⑤		裂缝贯通并继续加密	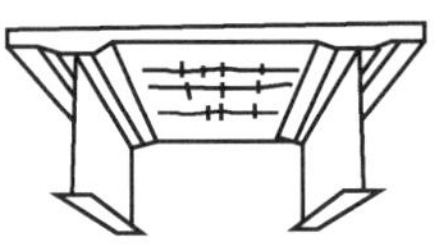	双向裂缝开展破坏加速	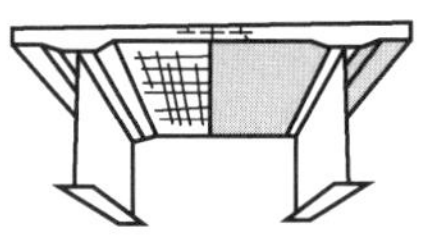	裂缝贯通、梁状化、水平裂缝发展
⑥	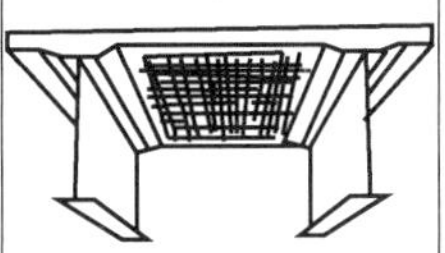	剪切抗力减少		剪切抗力减少	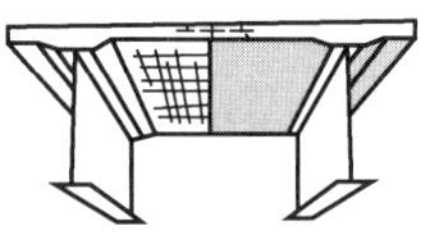	剪切抗力减少
⑦		冲切破坏	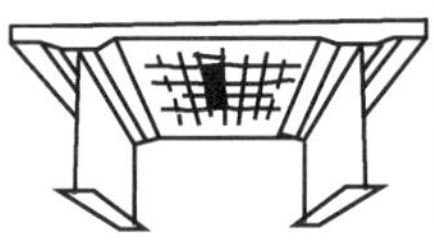	冲切破坏	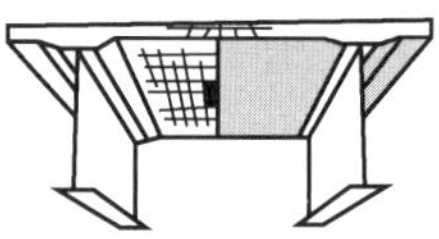	冲切破坏
破坏时	凹陷部位混凝土碎片下落		凹陷部位混凝土碎片下落		无混凝土碎片掉落	
修补时	有必要设置损伤设置防护装置；有必要替换已破损板件		有必要设置损伤设置防护装置；有必要按预应力施加方向全幅更换		混凝土破坏后由底钢板承受荷载；可能仅需对底钢板上面混凝土作局部修补	

由上述对比可知：

①对同一变幅的极限疲劳荷载，钢筋混凝土桥面板、预应力混凝土桥面板、钢混组合桥面板三者疲劳荷载反复作用的次数是一样的，钢混组合桥面板耐疲劳性高于预应力混凝土桥面板，远高于钢筋混凝土桥面板。

②即使同为疲劳破坏,钢筋混凝土桥面板、预应力混凝土桥面板于疲劳破坏时会有混凝土碎片下落而危及桥下行人、行车安全,而钢混组合桥面板疲劳破坏时无此现象,相对而言比较安全,其更换工作少、更为简单,因而在日本一般称钢混组合桥面板为耐久性桥面板。

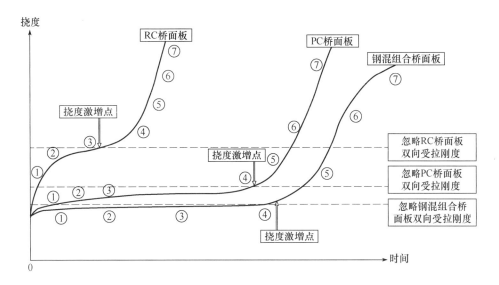

图 1.1-6　三种桥面板疲劳荷载作用下挠度变化

注:图中①~⑦为7种破坏状态,与表1.1-1中"状态"列中①~⑦对应。

钢混组合桥面板底钢板系统由钢底板及其上剪力连接件组成,钢底板较薄,一般为6~10mm。由于钢混组合桥面板最大跨度可达10m,仅钢底板刚度不足,需要利用剪力连接件作加劲肋,以加强底钢板的刚度。这些钢板、型钢剪力连接键作底钢板的加劲肋既加强底钢板的抗弯能力,又具有剪力连接作用承担剪力,使底钢板与混凝土面板共同受力;若在加劲肋上开孔形成钢筋混凝土销键,剪力连接作用得到充分发挥。因此,钢混组合桥面板的底钢板构造是很合理的。

底钢板既是钢混组合桥面板的构成部分,也是混凝土面板的浇筑模板,其受力要求应满足施工及运营时期的荷载要求。在混凝土面板施工阶段,底钢板承受底钢板自重和混凝土面板浇筑时的混凝土自重及其他施工荷载;在混凝土面板混凝土达到设计强度后形成钢混组合桥面板,则可共同承担运营阶段车轮荷载。

桥面板在桥梁运营阶段直接承受车辆荷载,运行车辆荷载引起桥面板受弯,车轮荷载作为集中荷载对桥面板冲剪;作为动荷载,车辆荷载对桥面板最不利的作用是反复施加引起的桥面板弯曲、剪切疲劳,钢混组合桥面板即根据这些受力工况设计,从而保证了其受力的安全性。

关于桥面板的疲劳荷载试验,可以用两种方式进行:定点反复加载与移动轮荷载反复施加。轮荷载行走疲劳试验装置如图1.1-7所示。

经多次试验,一般认为定点疲劳试验疲劳荷载为行走轮荷载疲劳试验疲劳荷载的一倍。由行走轮荷载疲劳试验得出桥面板疲劳破坏形态如表1.1-2所示。

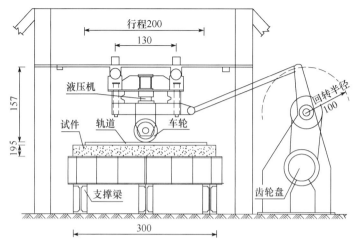

图 1.1-7 轮荷载疲劳试验装置示意图(尺寸单位:cm)

三种形式桥面板疲劳破坏形态　　　　表 1.1-2

类　　型		试　验　方　法		试验实例说明
		定点加载疲劳试验	轮荷载行走疲劳试验	
钢筋混凝土桥面板	开裂模式	以加载点为中心的放射状裂缝	桥面板下面呈格子状开裂,桥面板上面出现桥轴成直角方向裂缝	因行走轮反复加载导致裂缝开展
	最终破坏形态	钢筋疲劳破坏与混凝土拉压剪力破坏均发生	钢筋正常,混凝土呈拉压剪切破坏形态	裂缝贯通类似梁一样,桥面板拉压破坏
钢格构桥面板		在两种试验方法中,支承工字梁腹板圆孔周边出现环状龟裂,工字梁出现疲劳破坏,行走轮疲劳破坏试验发生龟裂的反复荷载次数明显小于定点疲劳破坏试验		因车轮行走致桥面混凝土板出现剪力和扭矩,导致裂缝开展呈正交异性板破坏状态,工字梁荷载分担力加大,结构的疲劳寿命大幅降低
栓钉连接件组合桥面板		焊有栓钉的底钢板先裂,出现疲劳龟裂,呈线形破坏形式	由栓钉焊接处剪切疲劳破坏导致疲劳破坏	因行走轮荷载造成栓钉根部焊缝疲劳,此焊缝的剪切强度为疲劳破坏的主要因素

(2) 良好的工程质量与可施工性

钢混组合桥面板施工可以将钢底板制作与混凝土面板浇筑均于工厂完成,钢混组合桥面板作为成型产品,经运输至桥梁施工现场并安装;亦可仅在工厂制作底钢板,以底钢板作为成型产品运至桥梁工地现场安装,而后在其上绑扎钢筋并以底钢板为模板现场浇筑混凝土面板,由此衍生出钢混组合桥面板多种形式的施工方法。

底钢板或钢混组合桥面板工厂制造带来的益处一是结构质量有保证、耐久性更好;二是省去了许多桥梁工地的现场作业,既简化现场施工,也有利于雨季、冬季桥梁施工,节省了工期,提高了工效。

某工程根据1800m²桥面板按三种结构方案制订现场施工计划,其工期安排见表1.1-3。

不同方案工期对比 表1.1-3

桥面板种类		施工项目	施工天数														
			10	20	30	40	50	60	70	80	90	100	110	120	130	140	150	160	170
RC桥面板	现浇	桥面板支架,模板																
		钢筋绑扎																
		混凝土浇筑,养护																
	预制	预制桥面板安装																
		砂浆调整高程																
		湿接缝施工																
		现场浇筑施工																
PC桥面板	现浇	固定支架	桥面板支架,模板															
			钢筋、预应力筋施工																
			混凝土浇筑,养护																
			预应力张拉																
		移动支架	移动模架安装															
			桥面板施工																
			移动模架拆除																
	预制	预制桥面板安装																
		砂浆调整高程																
		湿接缝施工																
		现场浇筑施工																
组合桥面板		底钢板组安装																
		钢筋施工																
		混凝土浇筑养护																

由表1.1-3可知,现浇钢筋混凝土桥面板施工总工期105d,预制钢筋混凝土桥面板施工总工期70d,现浇预应力混凝土桥面板施工总工期130d(采用固定支架时)或160d(采用移动支架时),预制预应力混凝土桥面板施工总工期70d,钢混组合桥面板施工总工期70d(注意工程按工厂制作底钢板现场浇筑混凝土桥面板安排)。由表1.1-4中的不同结构桥面板施工安排可以明显看出,钢混组合桥面板具有良好的可施工性。

(3)显著的经济效益

因钢混组合桥面板结构合理,故较钢筋混凝土桥面板有较大的跨越能力,主梁间距加大,对一定宽度的桥梁也就可减少主梁数量。根据工程经验,对一定宽度的桥,少主梁式上部结构相对于多主梁式上部结构经济效益会更好。

钢混组合桥面板由于上部结构主梁少,桥面系构造简化,且施工简化、快捷,故总体成本较低。日本以旭川一级公路丸中桥[双幅设置,桥跨分别为64m+50m和2×48m,幅宽10.64m+(11.5~11.76)m]二跨连续钢混组合梁桥为依托工程,对应用开口钢箱+钢混组合桥面板形成的钢混组合箱梁与应用传统的钢筋混凝土桥面板+钢箱梁形成的钢混组合梁桥的设计进行了较详细的对比,对比结果见表1.1-4。

开口箱梁与闭口断面箱梁对比　　　　　表 1.1-4

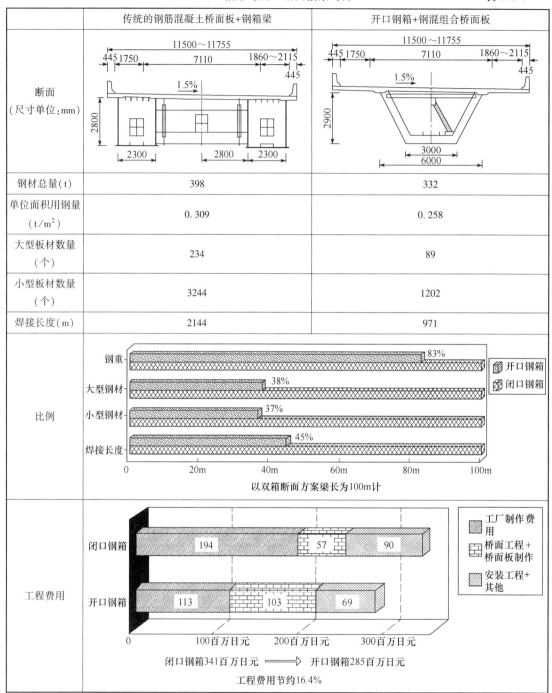

由上可知，钢混组合桥面板方案较原设计方案节省钢材15%，节省钢结构加工工作量约60%，工程造价节省16.4%。钢混组合桥面板的经济效益表现在三方面：结构合理用材节约；施工方便可使工期缩短、提高施工效益；结构耐久性有保证，大幅度减少了桥梁结构养护维修费用。

1.2 钢混组合桥面板的发展

1)钢混组合桥面板在国外的发展

钢混组合桥面板的发展,源于钢混组合楼板的广泛应用与应用领域的跨越,更源于钢结构与钢混组合结构桥梁的发展。

钢混组合板结构最早作为楼面板应用于欧美国家的高层建筑结构领域中,当时钢底板仅作为永久性模板及浇筑混凝土的施工作业平台,未考虑钢板与混凝土间的组合效应,且为了增加模板的刚度,特将钢底板压制成带凹凸槽的压型钢板。20世纪30年代起,随着应用的深入,工程师认识到若考虑钢板与混凝土的整体工作,则能够提高楼板的实际承载能力,从而开展了对压型钢板、混凝土组合楼板这种新型结构形式的理论与试验研究。

1954年,Friberg设计了名为"Cofar"的压型钢板混凝土组合楼板结构,由Granite City Steel公司生产并投放市场,从而得到广泛应用。Friberg采用经典的钢筋混凝土结构原理计算了Cofar板的极限承载能力,计算结果与试验结果吻合良好,从而逐渐建立了钢混组合板的设计理论。随着设计理论的发展,工程界又将钢混组合板应用于桥梁工程,因此引导了钢混组合桥面板的开拓与发展,促进了钢混组合楼面板更进一步发展与应用。

1894年美国宾夕法尼亚州匹兹堡市的一栋建筑物采用了外包混凝土的钢梁,当时应用目的仅基于防火需求,并未考虑钢与混凝土间的共同作用,但却成为钢混组合结构的雏形。20世纪初欧美及日本在高层建筑领域采用了型钢混凝土结构,目的是减小钢结构的侧向位移,即仅利用外包混凝土来增大结构刚度,而未考虑钢与混凝土组合成一体后的组合受力。随着工程师认识的深化,组合结构以其整体受力的经济性、发挥两种材料各自优势的合理性以及便于施工的突出优点而得到广泛应用。

20世纪30~60年代,欧美及日本建造了大量的钢混组合建筑与钢混组合桥梁。在组合结构桥梁中,组合钢板梁桥由于构造简单、制作与施工比较容易,早期应用较多。钢混组合结构发展到了20世纪30年代,基本形成了独立的学科体系。随着技术的发展、工程应用的增多,必会促使相应规范、规程的出现,又更进一步促进了技术的发展,相关规范的出台实质上反映了相关技术的发展。

德国在1937年进行了组合梁加载试验,并在1950年前后召开了多次关于组合结构的学术会议,制定了关于公路桥的组合梁设计指南。美国于1954年开始在伊利诺伊州进行了焊钉连接件的承载力与疲劳强度试验,随后开展了20年的组合梁的试验研究,并将组合结构桥梁纳入美国高速公路设计规范中。日本在1950年就开始建设公路与铁路组合梁桥,并于1959年制定了关于公路桥的组合梁设计施工规范。

1971年欧洲国际混凝土委员会(CEB)、欧洲钢结构协会(ECCS)、国际预应力混凝土协会和国际桥梁及结构工程协会(IABSE)组成了组合结构联合委员会,总结了20世纪60年代组合结构发展中所取得的经验,编制了组合结构模范准则(Model Code),进一步促进了组合结构桥梁的发展。20世纪70~80年代,法国、德国、日本等国家对组合结构的特性进行了深入的研究,开发了许多新型剪力键和施工方法,发展完善了分段现浇混凝土法、预制混凝土板纵向滑移工法,以及钢混组合桥面板工厂制作以底钢板作模板的混凝土面板现场摊铺施工法等方法。

进入20世纪80年代以来,组合结构有了新的发展。20世纪80年代后期,国际桥梁及结构工程协会(IABSE)召开的以混合结构(Mixed Structures)为主题的学术会议,促进了组合结构的新进展。

1985年,欧洲共同体委员会(CEC)又以《组合结构》规范为基础对钢混组合结构规范进行了修订和补充,首次正式颁布了关于钢混凝土组合结构的设计规范——《欧洲规范4:钢与混凝土组合结构设计》(简称《欧洲规范4》)。《欧洲规范4》是目前国际上最完整的一部组合结构设计规范,对组合结构的研究和应用做了相对全面的总结,并指出今后组合结构的发展方向。

至今钢混组合结构已经发展成为既区别于传统的混凝土结构及钢结构,又与二者密切相关和交叉的一门结构学科,在基础理论及工程应用等方面均有较大发展。

组合桥梁作为组合结构的一门重要应用门类,一开始就与组合结构的总体发展相伴而行,最早出现的是工字形钢梁+混凝土桥面板钢混组合梁简支梁;而后随跨度加大出现了钢板梁与混凝土桥面板组合的钢混组合梁;随着力学的进步,出现了混凝土桥面板+钢箱梁相结合的钢混组合梁。随着桥梁技术的进步,钢混组合结构广泛应用于拱桥、斜拉桥、悬索桥。桥梁工程技术与桥梁理论的发展,特别是少梁式钢混组合梁桥的应用促使预应力混凝土桥面板、钢混组合桥面板的出现。基于施工的方便性、建造的经济性、技术的合理性,预应力混凝土桥面板与钢混组合桥面板逐渐成为当代中小跨装配式桥梁桥面板的重要形式。

钢混组合结构已经在美国、欧洲和日本等国家得到广泛关注和研究,随着少梁式钢混组合梁桥的出现与相应研究工作的深入,因传统混凝土桥面板自重过大、预应力混凝土桥面板施工烦琐而开始研究钢混组合桥面板形式。法国Tancaville悬索桥采用罗宾逊式(底钢板与混凝土面板间剪力连接件为栓钉的钢混组合桥面板)组合桥面板,以增加其跨越能力,但由于当时制造工艺落后以及钢材成本较高,这一结构形式并未得到广泛应用。

其后钢混组合桥面板在日本得到推广应用,20世纪80年代日本研究开发了多种钢混组合桥面板形式,特别采用动载试验机研究了钢混组合桥面板的抗疲劳及耐久性,研究发现钢混组合桥面板疲劳试验的裂缝纵横向分布与实际工程现测结构疲劳裂缝分布非常相似,这进一步推进了钢混组合桥面板的发展。因世界经济技术发展总趋势,20世纪日本桥梁技术发展成为世界桥梁技术发展的主流。由日本桥梁界倡导的组合桥面板与波形钢腹板预应力混凝土桥这两种桥梁新技术不仅在日本有了长足的进步,且被广泛应用于世界各地。

1979年日本东京高速公路枝川刚架桥采用了罗宾逊式钢混组合桥面板,桥面板跨度2.1m、板厚15.63cm、底钢板6mm、剪力连接件ϕ13栓钉;1983年大板新桥采用了用加劲肋加强的罗宾逊式钢混组合桥面板;1991年阪神高速道路采用了钢桁架和钢混组合桥面板;1998年千顷谷霞C匝道桥采用跨度5.2m的带孔钢板作为连接件的钢混组合桥面板;福岗高速道路更是全面采用钢混组合桥面板技术,开发了多种形式钢混组合桥面板。

1997年日本推行了钢混组合桥面板多种技术标准、设计指南、施工指南,规范了钢混组合桥面板的应用,促进了钢混组合桥面板的发展。日本桥梁建设协会2001年制定了《钢混组合桥面板的设计施工手册》(初版),2006年颁发了"钢混凝土组合桥面板设计资料"。据2013年统计,日本钢混组合桥面板应用实例达400余处,日本钢混组合桥面板应用逐年增长,如图1.2-1所示,表1.2-1反映了日本钢混组合桥面板在各桥中的应用情况。

第1章 钢混组合桥面板定义与发展

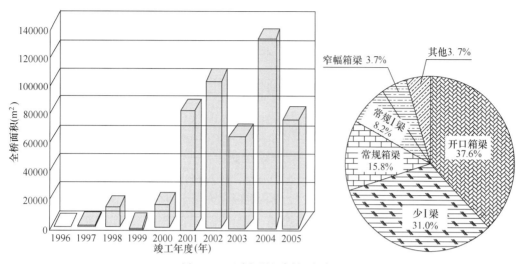

图 1.2-1 日本钢混组合桥面板发展

日本钢混组合桥面板应用实例 表 1.2-1

序号	施工中或完工年	桥 名	建造者	桥面板跨径（m）	桥面板面积（m²）	构造形式
1	施工中	下川侯立交桥	栃木县	8	6098	窄幅箱梁
2	施工中	纪势线赤习川桥	国土交通省中部地方整备局	7.925	4461	窄幅箱梁
3	施工中	守口立交A匝道	西日本高速道路株式会社	6	1988	窄幅箱梁
4	施工中	利根川高架桥	国土交通省关东地方整备局	5.3	9416	窄幅箱梁
5	施工中	中泽一桥（下行线）	国土交通省关东地方整备局	5.3	603	窄幅箱梁
6	施工中	开成高架桥	日本神奈川县	5	3613	窄幅箱梁
7	施工中	京都纵贯自动车道·长冈京第三高架桥 主线	西日本高速道路（株）关西支社	6.4	9881	窄幅箱梁、传统箱梁
8	施工中	京都纵贯自动车道·长冈京第三高架桥 A匝道	西日本高速道路（株）关西支社	6.66	3294	窄幅箱梁、传统箱梁
9	施工中	京都纵贯自动车道·长冈京第三高架桥 D匝道	西日本高速道路（株）关西支社	6.66	3296	窄幅箱梁、传统箱梁
10	施工中	利根川桥	国土交通省关东地方整备局	5.3	7106	窄幅箱梁
11	2012	水足南山第4高架桥 上行线	兵库县	5.96	2791	窄幅箱梁
12	施工中	伊豆跨巴氏沟高架桥	国土交通省中部地方整备局	7.995	11320	钢板组合梁
13	施工中	野田川桥	京都府道路公社	7.059	2968	钢板组合梁
14	施工中	下大崎第二高架桥 上、下行线	国土交通省关东地方整备局	6.9	8303	钢板组合梁
15	施工中	新名神高速道路·高规立交桥C匝道	西日本高速道路株式会社	6.4	2599	钢板组合梁-钢桁组合梁

11

续上表

序号	施工中或完工年	桥　名	建　造　者	桥面板跨径（m）	桥面板面积（m²）	构造形式
16	施工中	新河津桥	奈良县	6.5	2602	钢板组合梁
17	施工中	县道高速道路名古屋新宝线·第七区 S105CU	名古屋高速道路公社	5.7	2419	钢板组合梁
18	施工中	县道高速道路名古屋新宝线·第七区 S105CD	名古屋高速道路公社	5.7	3500	钢板组合梁
19	施工中	县道高速道路名古屋新宝线·第七区 S110CD	名古屋高速道路公社	5.5	1836	钢板组合梁
20	施工中	县道高速道路名古屋新宝线·第七区 S114CU	名古屋高速道路公社	5.5	3379	钢板组合梁
21	施工中	县道高速道路名古屋新宝线·第七区 S114CD	名古屋高速道路公社	5.5	2104	钢板组合梁
22	施工中	汤枪兽桥	群马县	6.34	482	钢箱梁
23	施工中	今切川桥	西日本高速道路株式会社	5.8	3600	钢箱梁
24	施工中	新名神高速道路·高规立交桥 D 匝道	西日本高速道路株式会社	5.5	2054	钢箱梁
25	施工中	野田川大宫道路·野田川桥梁上部	京都府道路公社	5.9	3712	开口钢箱梁
26	施工中	西名阪自动车道·大和郡山桥	西日本高速道路株式会社	4	710	钢箱梁
27	2012	富田高架桥	富山县	5.4	1084	钢箱梁
28	2012	国道 285 号	秋田县	7.5	931	钢板组合梁
29	2010	庵谷桥	国土交通省北陆地方整备局	6	3948	拱桥
30	2012	南星桥	富山县	2.15	539	预弯组合梁
31	2009	栈 4 号桥	国土交通省中部地方整备局	4.4	2960	钢拱梁桥

日本桥梁建设协会归纳本国所建钢混组合桥面板造型,将钢混组合桥面板分为四类:罗宾逊型(栓钉作连接件)、开孔板加劲型、型钢加劲型、钢格构加劲型。各形式钢混组合桥面板又因构造细节不同而形成种类繁多的钢混组合桥面板。

2)钢混组合桥面板在国内的发展

随着我国桥梁建设大规模展开与桥梁技术的快速发展,钢混组合桥面板近年来开始受到国内关注,西南交通大学 2004—2006 年对足尺开孔板连接件连接的钢混组合桥面板开展静力和疲劳试验;西安建筑大学 2009 年通过对 6 个开孔板连接件和贯穿钢筋作连接件的钢混组合桥面板试验,验证了钢底板与混凝土面板间无滑移的黏结行为,证明了钢混组合桥面板受弯时平面假定成立;广东佛山东平大桥、四川合江长江一桥采用了钢混组合桥面板。

纵观 21 世纪以来我国对钢混组合结构(桥)的研究还是相当成熟的:①关于栓钉剪力连

接件的研究;②关于开孔板剪力连接件的研究;③关于钢筋格构剪力连接件的研究以及钢混组合结构、钢混组合桥梁的工程应用与发展,让我们国家在这个技术领域里很快跟上了整个世界的发展步伐,并逐渐走向领先的水平。与欧洲、美国、日本等类似,我国在钢混组合桥面板的应用过程中也相继有了相关规范、规程,随之也得益于这些规范、规程,钢混组合桥面板在我国研究、应用工作得到了蓬勃发展。

深圳市市政设计研究院有限公司结合钢混组合梁桥、波形钢腹板预应力混凝土组合桥梁的研究与应用,于深南彩田路跨线桥、东莞旧石马河大桥设计中采用了钢混组合桥面板,开创了钢混组合桥面板在城市桥梁中的成规模应用先例,这两座桥钢混组合桥面板设计概况见表1.2-2。

深南彩田跨线桥和东莞旧石马河大桥钢混组合桥面板设计概况　　　表1.2-2

桥 名		桥宽(m)	桥跨设置(m)	主 梁 形 式	梁高(m)	组合桥面板跨度(m)	组合桥面板高度(cm)	组合桥面板形式
深南彩田跨线桥		13.25	54+72+48+36+32.25=242.25	单箱双室;钢底板波形钢腹板变截面组合连续梁	2.0~3.4	4.6	24(翼缘顶35)	桥面板厚24cm底钢板厚6mm,双开孔钢板连接(简称PBL键)连接 $t=$ 12mm 间距40cm
东莞旧石马河大桥	左幅	15	37+54.6+61=152.6	三箱(窄幅钢箱)组合连续梁	3	3.55	22(翼缘顶35)	桥面板厚22cm底钢板厚6mm,PBL键连接 $t=$10mm间距40cm
	右幅	12.5	31+48+60.5+31.4=170.9	双箱(窄幅钢箱)组合连续梁	3	5.8	25(翼缘顶35)	桥面板厚25cm底钢板厚8mm, $t=$12mm 间距40cm,PBL键连接

结合该工程,深圳市市政设计研究院有限公司与西南交通大学合作开展了钢混组合桥面板受力性能专题研究,考虑到今后的发展,课题组专门进行关于钢筋格构剪力连接件的研究,主要研究内容如下:①10块钢筋格构剪力连接件钢混组合桥面板和1块栓钉连接件钢混组合桥面板受力性试验;②用ABAQUS软件对钢筋格构剪力连接件钢混组合桥面板做受力机理分析;③在此基础上总结出钢筋格构剪力连接件、钢筋格构剪力连接件钢筋组合桥面板承载力计算公式。该项研究工作充实了钢筋格构剪力连接件、钢混组合桥面板的设计理论,具体内容详见本书附录2。

1.3　日本桥梁建设协会推荐的钢混组合桥面板

按剪力连接件和其他构造细节的差异,实际工程中应用的钢混组合桥面板形式更是多种多样,日本为钢混组合桥面板应用最多的国家,日本桥梁建设协会曾根据日本钢混组合桥面板工程应用情况归纳推荐了13种型钢混组合桥面板,列之如下:

钢混组合桥面板

(1) A 型钢混组合桥面板(图 1.3-1): 在与桥轴成直角的横向钢底板上焊有栓钉作剪力键,加腋由钢底板弯折而成,为了加劲钢底板通常在钢底板上焊横向加劲肋,混凝土面板的主钢筋及构造钢筋置于加劲肋之上,钢底板与主梁翼缘板的现场连接采用高强度螺栓连接或是焊接。

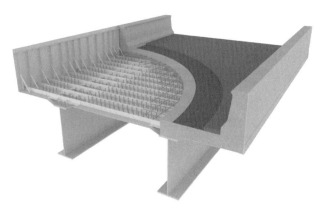

图 1.3-1 A 型钢混组合桥面板

这种钢混组合桥面板为钢混组合桥面板的雏形,习惯称之为罗宾逊式钢混组合桥面板。为减薄钢底板,提高钢混组合桥面板经济效益,发挥加劲肋的抗剪连接作用,以此为基准衍生了多种形式的加劲钢底板,形成多种形式的钢混组合桥面板。

(2) B 型钢混组合桥面板: 在钢底板上桥轴横向焊有球扁钢兼作钢底板加劲肋,其形式如图 1.3-2、图 1.3-3 所示。球扁钢上焊有栓钉形成钢混连接剪力键,带栓钉的球扁钢兼有加劲与剪力连接双重作用,此形式出现在 PBL 键广为应用之前,其剪力键传递效果差于开孔板,故现在很少在实际中采用。

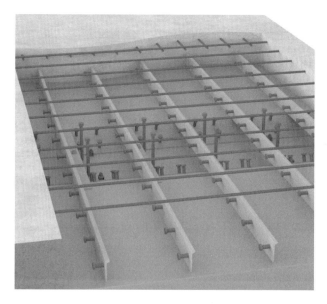

图 1.3-2 B 型钢混组合桥面板

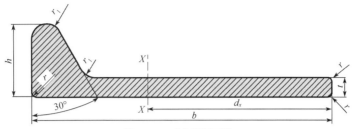

图 1.3-3 球扁钢断面图

h-高度;b-宽度;t-腹板厚度;r_1-球顶面与腹板间的圆角半径、球椭圆角半径;r-腹板端部圆角半径;d_x-重心距离

(3)C 型钢混组合桥面板(图 1.3-4):在钢底板桥轴横向预先浇筑有混凝土小梁,小梁间有剪力钉形成剪力连接件,其上再浇筑混凝土面板。这种形式钢混组合桥面板虽然预制件重量较大,且加工程序复杂,但经济性较好。

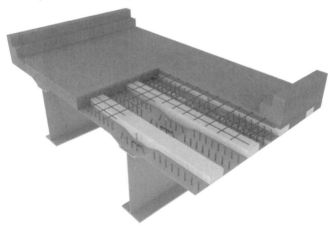

图 1.3-4 C 型钢混组合桥面板

(4)D 型钢混组合桥面板(图 1.3-5):钢底板上于桥轴横向焊有槽钢作加劲肋,剪力钉作剪力连接件,于加腋处特设"保形部"以保证加腋部于底钢板吊装时的形状。该型钢混组合桥面板与下述 E 型钢混组合桥面板类似,唯预制件加腋部更坚固。

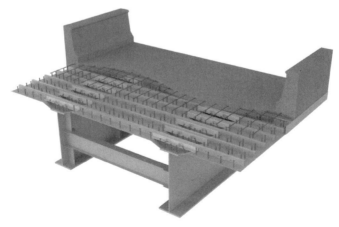

图 1.3-5 D 型钢混组合桥面板

(5)E型钢混组合桥面板(图1.3-6):钢底板于桥轴横向焊有开孔板,开孔板即作为钢底板加劲肋亦作为剪力连接件。底钢板上混凝土面板内设有纵、横向钢筋,于负弯矩区设有抵抗负弯矩的主筋。E型钢混组合桥面板预制件连接借助底钢板螺栓或混凝土面板中钢筋完成,为加强底钢板与混凝土面板的剪力连接,更有在开孔板间加焊栓钉以形成组合剪力连接件(如后述I型钢混组合桥面板),因构造简单、受力明确,故于工程中应用较多。

(6)F型钢混组合桥面板(图1.3-7):钢底板于桥轴横向焊有T形加劲肋,T形加劲肋顶板上开有椭圆孔形成混凝土销键,与T肋共同构成剪力连接件。这种剪力连接件混凝土销距垂直于剪力作用面,剪力传递线路不甚明确,故不多用。

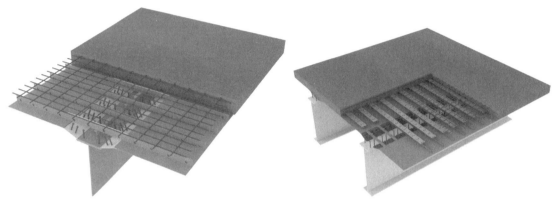

图1.3-6 E型钢混组合桥面板　　　　图1.3-7 F型钢混组合桥面板

(7)G型钢混组合桥面板(图1.3-8):钢底板于桥轴横向焊有T型加劲肋,T型钢腹板上开有圆孔兼作PBL键。这型钢混组合桥面板为F型钢混组合桥面板的改进形式,剪力传递路径较明确合理,T型钢翼对钢底板抗弯惯性矩有增强作用,但钢混组合桥面板用钢量略大。

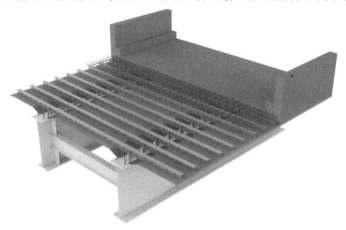

图1.3-8 G型钢混组合桥面板

(8)H型钢混组合桥面板(图1.3-9):钢底板于桥轴横向焊有工字型钢作加劲肋,工字形钢加劲肋腹板上开孔做成PBL键。该型钢混组合桥面板预制底钢板较强劲,有利于安装,底钢板安装后再浇筑混凝土面板,尽管材料用量稍大,但施工便利,多用于以底钢板作现浇的混凝土桥面板模板的施工场合。

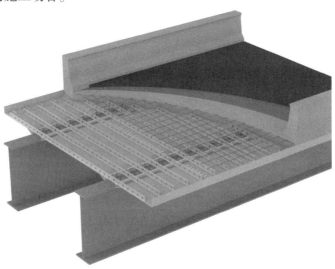

图 1.3-9 H 型钢混组合桥面板

（9）I 型钢混组合桥面板（图 1.3-10）：钢底板于桥轴横向焊有开孔板作加劲肋，加劲肋间焊有栓钉，形成 PBL-栓钉组合抗剪连接件。该型钢混组合桥面板另一个特点为可做成不带加腋，钢混组合桥面板预制底钢板直接置于其下主梁上翼边缘，主梁上翼可直接用作现浇混凝土面板的混凝土摊铺机轨道，有利于钢混组合桥面板机械化施工。其构造与 E 型钢混组合桥面板类似，唯一差别在于没有加腋，对桥面板支点处受力不利，但便于施工现场钢混组合桥面板混凝土面板摊铺施工。

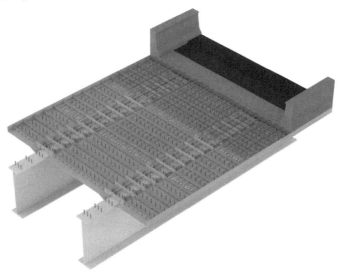

图 1.3-10 I 型钢混组合桥面板

（10）J 型钢混组合桥面板（图 1.3-11）：钢底板于桥轴向焊有小号 L 型钢作剪力键，在 L 型钢上再焊 T 型钢作加劲肋，然后在 T 型钢加劲肋上设置纵、横向钢筋，总体构造刚度较大，但用钢量较大且施工程序较多,故不常用。

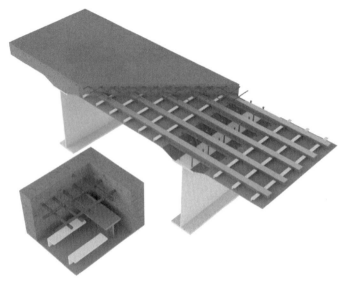

图 1.3-11　J 型钢混组合桥面板

(11) K 型钢混组合桥面板(图 1.3-12):钢底板于桥轴横向焊有开孔板作加劲肋,开孔板上开有椭圆孔,其间穿有钢管,形成以钢管作贯穿钢筋的剪力件,抗剪能力更强,并便于桥面管线铺设。

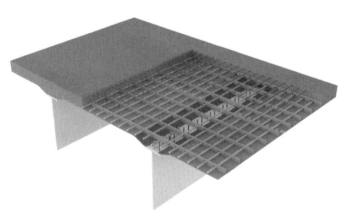

图 1.3-12　K 型钢混组合桥面板

(12) L 型钢混组合桥面板(图 1.3-13):钢底板的跨度方向焊接冷压成型、顶缘带凸块的 T 型钢以加强其横向抗弯刚度。底钢板沿纵向边缘两侧焊有钢板形成 U 型钢混组合桥面板预制件(简称 DFT)。DFT 桥面板中 T 型钢顶缘由模压机压成凸块状,T 型钢由 H 型钢切割而成,沿 DFT 桥面板跨度方向(即桥轴垂直方向)水平剪力由凸块承担,DFT 桥面板跨度垂直方向(即桥轴方向)剪力由 T 肋承担,混凝土未凝固前上浮力由 T 型钢顶缘凸块承担。该型钢混组合桥面板受力机制考虑细致,有一定合理性,然而赘余度比较大。此型组合桥面板缘于早期的钢混组合楼板,凸钢板需特殊加工,仅早期有应用。

(13) M 型钢混组合桥面板(图 1.3-14):钢底板上直接焊有钢筋(条钢)骨架构成的小格

构,主筋置于桥面板受力方式,构造钢筋置于桥轴方向,钢筋骨架既为钢底板加强件,亦为其与混凝土面板连接用剪力连接件,结构简略,受力明确,且经济性较好,为一新型钢混组合桥面板。

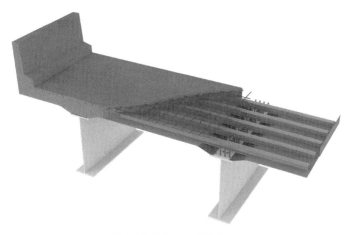

图 1.3-13 L 型钢混组合桥面板

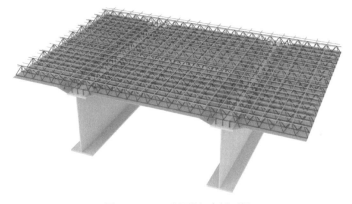

图 1.3-14 M 型钢混组合桥面板

上述 13 类钢混组合桥面板源自近年来钢混组合桥面板的工程实践,上述钢混组合桥面板总体构造大同小异,其主要结构部件为钢底板、混凝土面板及其间的抗剪连接件。13 类钢混组合桥面板中,A 型、E 型、M 型组合桥面板较为典型,I 型钢混组合桥面板为 A 型、E 型的组合,上述四种类型钢混组合桥面板为本书介绍重点。

关于上述各型钢混组合桥面板实用构造尺寸与相应设计验算资料列于本书附录 1,以资应用中参考。

第 2 章 钢混组合桥面板构造

2.1 钢混组合桥面板结构材料

第 1 章中钢混组合桥面板定义为:由兼作施工用模板的底钢板与其上钢筋混凝土面板靠剪力连接件成为整体的桥面板。根据上述定义,钢混组合桥面板由钢板、混凝土、钢筋及其他材料组成,下面分述其所用材料。

2.1.1 钢板

作为组合结构用钢板应符合现行《公路钢结构桥梁设计规范》(JTG D64)要求,而该规范规定:钢底板及加劲肋宜按现行《低合金钢高强度结构钢》(GB/T 1591)、《碳素结构钢》(GB/T 700)选用。在实际生产中,碳素结构钢仅有 Q235 用作钢混组合结构的构造钢材,而钢混组合桥面板的钢底板作为结构主体,宜用低合金高强度结构钢 Q355、Q390 和 Q420。

自 1966 年我国自行研发生产 16Mn 钢(即 Q345 低合金高强度结构钢)以来,低合金结构钢逐渐成为我国工程结构主要应用钢材,并成为我国钢结构规范推荐用钢材。低合金高强度结构钢作为工程应用钢材,产品已系列化,质量不断提高,国家钢材标准《低合金高强度结构钢》(GB/T 1591—2018)反映了这点,《低合金高强度结构钢》(GB/T 1591—2018)较已作废标准《低合金高强度结构钢》(GB/T 1591—2008)改动了以下几点:

(1)强化合金化程度,优化钢材综合性能,从而细化晶粒,提高强度、韧性、抗蚀性和淬硬性。

(2)增加按轧制工艺分类产品,更利于工程材质优化、细化要求。将钢材牌号按下屈服强度改以上屈服强度为准,使中国标准与国际通用标准更加吻合,提高了钢材名义强度值,有利于中国钢结构制造走向世界,有利于钢结构的经济性。对轧制工艺给予丰富,增加了正火、正火轧制钢、机械转制钢条,提高钢材综合性能。

(3)按不同轧制工艺、牌号优化、细化,规定了相应钢材强度等级和质量等级。

当桥梁的工作温度 t 处 $0 \geqslant t \geqslant -20℃$ 范围内时,Q235、Q355、Q345q、Q355NH 的冲击韧性应满足质量等级 C 的要求,而 Q390、Q420、Q370q、Q420q 或 Q355NH 的冲击韧性应满足质量等级 D 的要求;当桥梁工作温度 $t \leqslant -20℃$ 时,Q345、Q345q、Q355NH 应满足质量等级 D 的要求,而 Q390、Q420、Q370q、Q420q 或 Q355NH 的冲击韧性应满足质量等级 E 的要求。钢材冲击韧性标准见表 2.1-1。

桥梁工程中实际应用亦有采用现行《桥梁用结构钢》(GB/T 714)中的 Q345q、Q370q、Q420q 等,由表 2.1-1 知,低合金高强度结构钢与桥梁结构用钢两者力学性能差异,主要体现于低温韧性。由表 2.1-1 知,"桥梁用结构钢"冲击韧性保证值高于低合金钢,亦高于规范要求,这是它的优点,缺点则是价格稍高,在一般应用温度条件下没有采用"桥梁用结构钢"的必要。

钢材冲击韧性标准 表2.1-1

钢材牌号		Q355、Q345q			Q390、Q370q			Q420、Q420q		Q460、Q460q	
质量等级		C	D	E	C	D	E	D	E	D	E
试验温度(℃)		0	−20	−40	0	−20	−40	−20	−40	−20	−40
冲击试验吸收能量最小值 KV_2(J)	现行《桥梁用结构钢》(GB/T 714)	120			120			120		120	
	现行《低合金高强度结构钢》(GB/T 1591)	34\27	47\27		34\27	47\27		40\20	31\20	40\20	31\20

注:"\"前方数字为纵向,后方数字为横向。

(4)在保证基本性能条件下扩大了钢材产品的厚度范围。早期我国低合金高强度结构钢最大厚度仅35mm,而现在能达到200~250mm,这为大型工程与重型结构建造提供了方便。

(5)对伸长率和冲击功分别规定了纵向、横向保证限值,更便于设计选用。

(6)按轧制工艺类别细化规定了焊接性能的量化指标——碳当量(CEV)与焊接裂纹敏感指数(Pcm)。

由于焊接结构的广泛应用,各工程领域都对钢材焊接性能提出要求。早期应用碳素结构钢的经验表明,化学成分碳可显著提高钢材的强度,但也明显降低其焊接性能,故焊接钢结构用低碳钢均限于含碳量低于0.25%。而对于低合金结构钢,其所含部分化学成分亦不同程度降低了碳含量对钢材焊接性能的影响,故国际焊接学会提出一个将此类元素含量等效折算为碳含量的计算方法,其总量即为CEV,该指标也成为当今国际上公认的判定低合金结构钢焊接性能的量化指标。同时对含碳量较低(C含量≤0.12%)的低合金结构钢,还提出了一个更合适其焊接性能判定的指标,即Pcm。CEV与Pcm的量化计算公式可分别见式(2.1-1)与式(2.1-2)。

$$CEV = m(C) + m(Mn)/6 + [m(Cr) + m(Mo) + m(V)]/5 + [m(Ni) + m(Cu)]/15 \tag{2.1-1}$$

$$Pcm = m(C) + m(Si)/30 + m(Mn)/20 + m(Cu)/20 + m(Ni)/60 + m(Cr)/20 + m(Mo)/15 + m(V)/10 + 5m(B) \tag{2.1-2}$$

《低合金高强度结构钢》(GB/T 1591—2018)中按钢类与钢材厚度优化规定了各类钢应保证的CEV限值及热机械轧制钢应保证的Pcm限值。

为避免、减少钢材锈蚀的不利影响,工程中亦可选用相应强度等级的现行《耐候结构钢》(GB/T 4171)中的Q355NH、Q460NH,或是现行《桥梁用结构钢》(GB/T 714)中相关耐大气腐蚀的钢材,近几年耐候钢在桥梁中应用亦逐渐增多。

耐候钢是在低合金钢中加入铜、铬、镍等合金元素冶炼制成的一种耐大气腐蚀性钢材,在大气作用下,表面自动生成致密的锈层,起到表面保护作用。这种钢材应用于桥梁始于20世纪30年代末的美国,而后在日本得到广泛应用,表2.1-2比较了日本某无涂装耐候钢桥与普通钢桥成本。

日本某无涂装耐候钢桥与普通钢桥成本比较 表2.1-2

项　　目	普通钢材(涂装)(日元)	耐候钢材(镀面漆)(日元)	备　　注
钢材费	101222	116222	+14.8%
螺栓	5940	9954	+67.6%
焊接材料	14153	21143	+49.4%
钢砂	25500	25500	
表面处理(工厂)	62951	45050	−28.4%
表面处理(现场)	32657	6800	−79.2%
搬运费	100000	100000	
管理费	85606	81917	−4.3%
寿命期1次/10年	106506	0	
总计	534534	409568	−23.4%

由表2.1-2可知耐候钢的应用于桥梁,建设期经济优势并不明显,若考虑全寿命周期养护费用的节约、工程总成本则可节省投资23.4%左右,当然不仅是费用节约,还有环保、施工方面的优势。日本规范也建议:多雨潮湿、高浓盐水盐雾、工业腐蚀地区,与木材接触的结构,不宜采用无涂装耐候钢;封闭环境、低矮桥下积水或水流过缓时,不宜采用无涂装耐候钢。

2.1.2 混凝土

作为钢混组合结构,所用混凝土应符合《公路钢混组合桥梁设计与施工规范》(JTG D64-01—2015)第3节材料的要求。

鉴于钢混组合桥面板是混凝土面板与底钢板靠剪力连接件共同受力的钢混组合构件,其混凝土强度等级不宜低于C40,常用C50~C60,随着混凝土技术进步与高强钢材的应用,钢混组合桥面板有应用偏高强度混凝土的趋势。鉴于钢混组合桥面板钢筋配置较多,特别是开孔钢板剪力销的应用,需要混凝土的密实作保证,而为获得密实性则应注意混凝土浇筑中的流动性。作为桥面板需要有很好的防渗漏性,为达到较好的耐久性和防渗漏性,应选用品质较好的混凝土,并合理、有效地应用减水剂,避免混凝土的收缩裂缝。

工程中应用减水剂种类很多,根据减水剂减水及增强能力可分为普通减水剂(又称为塑化剂,减水率不小于8%,以木质素磺酸盐系为代表)、高效减水剂(又称为超塑化减水剂,减水率不小于14%,包括萘系、蜜胺系、氨基磺酸盐系)和高性能减水剂(以聚羧酸酯系为代表,减水率不小于25%),本书建议采用聚羧酸系高性能减水剂。

为减小组合桥面板混凝土部件的收缩效应,建议钢混组合桥面板采用微膨胀混凝土或补偿收缩混凝土。出于补偿混凝土初期收缩效应的目的,混凝土膨胀剂用量控制为20~30kg/m³为宜。

混凝土膨胀剂是指与混凝土拌和料拌和后经水化反应生成钙矾石或氢氧化钙等,使混凝土产生体积膨胀的外加剂。混凝土膨胀剂按水化产物分为硫铝酸盐类膨胀剂、钙矾石类膨胀剂、氧化镁类膨胀剂、氧化铁类膨胀剂、复合型膨胀剂。现行《混凝土膨胀剂》(GB/T 23439)所规定的膨胀剂属于复合型膨胀剂,主要有硫铝酸钙类膨胀剂、氧化钙类膨胀剂、硫铝酸钙-氧化钙类膨胀剂,这三种膨胀剂均不含钠盐,不会引起混凝土碱集料反应,耐久性良好,膨胀性能稳定,强度持续上升。

膨胀剂的使用会减少混凝土的流动性,而钢混组合桥面板多肋、多筋,为保证其混凝土的密实性,需要混凝土浇筑中很好的流动性;且钢混组合桥面板的大面积施工,也需要混凝土的流动性,故应注意膨胀剂的使用限量。

为保证钢混组合桥面板的强度、耐久性、抗渗性和良好的施工性,按我国混凝土工程惯例需使用除膨胀剂外的其他外加剂,但外加剂的总量不能超过水泥用量的5%,其技术标准必须符合现行国家标准《混凝土外加剂》(GB 8076)的规定。

2.1.3 钢筋

钢混组合桥面板用钢筋应按照现行《公路钢筋混凝土及预应力混凝土桥涵设计规范》(JTG 3362)中相关材料章节中的"钢筋"执行。宜选用HPB300、HRB400、RRB400、HRBF400、HRB500钢筋,一般多用HRB400、HRB500作受力钢筋,即屈服强度在400MPa以上钢筋作为主筋。

钢筋延性与钢筋混凝土延性直接相关,而钢筋混凝土的延性破坏又是设计者追求的目标,因此要关心最小配筋量问题,亦要关心钢筋延伸率的保证。

2.1.4 其他材料

底钢板连接用高强度螺栓、螺母、垫圈的技术条件应符合现行《钢结构用高强度大六角螺母》(GB/T 1228)、《钢结构用高强度大六角螺母》(GB/T 1229)、《钢结构用高强度垫圈》(GB/T 1230)、《钢结构用高强度大六角头螺栓、大六角螺母、垫圈技术条件》(GB/T 1231)、《钢结构用扭剪型高强度螺栓连接副》(GB/T 3632)的规定。

普通螺栓应符合现行《六角头螺栓 C级》(GB/T 5780)和《六角头螺栓》(GB/T 5782)的规定。

圆柱头焊钉连接件的材料应符合现行《电弧螺柱焊用圆柱头焊钉》(GB/T 10433)的规定。

焊接材料应与主体钢材相匹配,并应符合下列规定:

手工焊接采用的焊条应符合现行《非合金钢及细晶粒钢焊条》(GB/T 5117)或《热强钢焊条》(GB/T 5118)的规定。对需要验算疲劳的构件宜采用低氢型碱性焊条。

自动焊和半自动焊采用的焊丝和焊剂应符合现行《熔化焊用钢丝》(GB/T 14957)、《熔化极气体保护电弧焊用非合金钢及细晶粒钢实心焊丝》(GB/T 8110)、《非合金钢及细晶粒钢药芯焊丝》(GB/T 10045)、《热强钢药芯焊丝》(GB/T 17493)、《埋弧焊用非合金钢及细晶粒钢实心焊丝、药芯焊丝和焊丝-焊剂组合分类要求》(GB/T 5293)或《埋弧焊用热强钢实心焊丝、药芯焊丝和焊丝-焊剂组合分类要求》(GB/T 12470)的规定。

焊接方法有电弧焊、电阻焊和气焊,一般均采用电弧焊。手工电弧焊主要缺点为生产效率低,劳动条件差,对操作者技术水平要求高,一般用于现场焊接,工厂则多用自动或半自动埋弧焊,自动埋弧焊的焊缝质量均匀、塑性好、冲击韧度高,焊缝缺陷易控制。工厂焊接工程为钢混组合桥面关键工程之一,其工程质量应达到《钢结构焊接规范》(GB 50661—2011)要求,按《焊缝无损检测 超声检测 技术、检测等级和评定》(GB/T 11345—2013)规定钢结构的焊缝质量分为三级,三级焊缝只要求对全部焊缝做外观检查,符合三级标准,二级、一级焊缝还要求进行一定数量的超声波、射线、拍片检查,并符合相应级别的质量标准。钢混组合桥面板工厂制作焊缝质量应达到二级及以上焊缝要求。焊缝超声波探伤质量等级评定标准见表 2.1-3。

焊缝超声波探伤等级评定标准(单位:mm)　　　　表 2.1-3

评定等级	板 厚	单个缺陷指示长度	多个缺陷的累积指示长度
对接焊缝Ⅰ级	10~56	$t/4$,最小可为 8	在任意 $9t$ 焊缝长度范围不超过 t
对接焊缝Ⅱ级	10~56	$t/4$,最小可为 10	在任意 $4.5t$ 焊缝长度范围不超过 t
角焊缝Ⅰ级	10~56	$t/4$,最小可为 10	—
角焊缝Ⅰ级	10~56	$t/4$,最小可为 10	—

注:t-钢板厚度。

2.2 钢混组合桥面板构造参数与形状

2.2.1 钢混组合桥面板跨度

钢混组合桥面板跨度按其下支承梁两侧相邻腹板中心间距计算,如图 2.2-1 所示,实际工程中最大跨度为 8m(一般不宜超过 8m,超过 8m 应进行经济性分析和严格验算后慎重采用)。钢混组合桥面板悬出长度与跨度成正比,一般可取为跨度的 0.4 倍。当悬臂长度超过 2.5~3m 时,宜考虑悬臂下设加劲梁或支撑,以加强悬挑刚度。

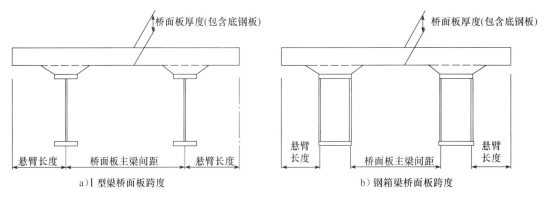

图 2.2-1 桥面板跨度图

图 2.2-2 所示为悬挑桥面板加劲形式,悬挑桥面板加劲梁一般做成变截面形式,根部梁高与加腋高度相同或略大,加劲梁端部梁高最小值为 20cm,加劲梁纵向间距为悬臂长度的 2 倍以上。如采用斜撑加劲,斜撑上、下端分别置于悬板靠近悬挑端和腹板下端,两端均应加承压块,以利于斜撑与顶、底板间力的传递。

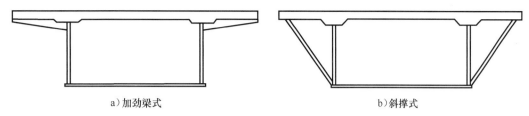

图 2.2-2 悬挑桥面板加劲形式示意图

2.2.2 钢混组合桥面板厚度(含底钢板)

钢混组合桥面板总厚度视跨径大小选用,对简支板,一般可按如下公式确定:

$$h = 25L + 110 \tag{2.2-1}$$

式中:h——钢混组合桥面板最小厚度(mm);

L——钢混组合桥面板跨度(m)。

上式是在钢筋混凝土桥面板最小厚度基础上,尽可能减少混凝土受拉区钢筋保护层厚度,且保证桥面板刚度要求这一条件导出。钢混组合桥面板最小厚度应能保证钢底板与混凝土面板的刚度以及剪力键机能最佳发挥,按后面这一条要求,混凝土面板最小厚度为160cm,于支点处通过加腋适当加厚,图 2.2-3 简要表示了这一导出过程。

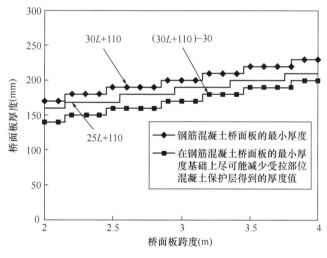

图 2.2-3 桥面板跨度与桥面板厚度的关系图
L-桥面板跨径(m)

2.2.3 钢混组合桥面板的平面形式

通常当钢混组合桥面板用于直线桥时,钢混组合桥面板的形状一般为矩形;钢混组合桥面板也可用于曲线桥或斜桥。当曲线桥弯曲半径大于130m,桥宽为10m左右时,钢混组合桥面板可做成扇形,如图 2.2-4 所示。

对斜桥,当斜角较小时钢混组合桥面板可仅于桥端做成梯形,其他仍做成长方形,如图 2.2-5 所示;当斜角较大时,钢混组合桥面板宜做成平行四边形,如图 2.2-6 所示。

对变宽桥,于局部加宽段钢混组合桥面板可如图 2.2-7 所示做成不等悬臂长度,用折线来近似适应桥宽的曲线变化。

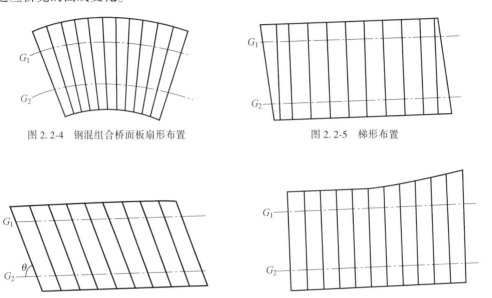

图 2.2-4 钢混组合桥面板扇形布置　　　　图 2.2-5 梯形布置

图 2.2-6 平行四边形布置　　　　图 2.2-7 钢混组合桥面板的加宽段

2.2.4 桥面横坡设置

钢混组合桥面板设有横坡时,可如图 2.2-8 所示,通过组合板的斜置或采用不等厚混凝土面板来设置。

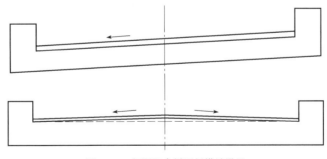

图 2.2-8 钢混组合桥面板横坡设置

2.2.5 钢混组合桥面板的加腋(承托)

为防止在荷载作用下,桥面板与主梁连接点附近因混凝土的局部拉应力过大而产生裂缝,且为分散板与梁连接处剪力件附近的局部应力,宜于此设加腋,加腋倾斜度一般为 1∶3～1∶5,加腋厚度以 100mm 左右为宜,如图 2.2-9 所示。当加腋倾斜度为 1∶3 时,可将加腋面积计入桥面板面积,如果加腋倾斜度小于 1∶3 时,则按 1∶3 考虑桥面板的有效厚度,然后采用如图 2.2-10 所示方法,将加腋厚度增加后作为加腋的有效断面。

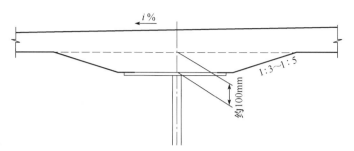

图 2.2-9 钢混凝土桥面板加腋示意图

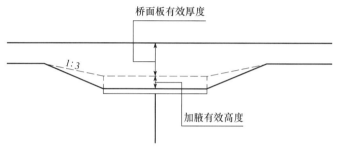

图 2.2-10 钢混凝土桥面板加腋有效断面示意图

当加腋高度在 80mm 以上时,应在加腋底面上侧布置横向加强钢筋,横向钢筋距钢梁上翼缘不应大于 50mm,间距不应大于 300mm 或 4 倍加腋高度,加腋边到连接件外侧距离不得小于 40mm(图 2.2-11)。为方便混凝土桥面板机械化施工,钢混组合桥面板亦可不设加腋。

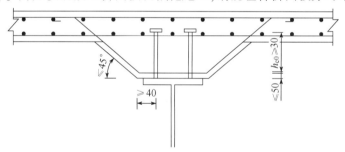

图 2.2-11 加腋钢筋布置示意图(尺寸单位:mm)

2.2.6 钢混组合桥面板在梁端部位的加强

梁端部的钢混组合桥面板宜设梁端横梁或横隔支承,并应局部加厚桥面板,梁端部钢混组合桥面板可按加腋高度局部加厚,加厚方式如图 2.2-12 所示,加厚范围由梁端计起,约为桥面板跨度一半的长度。

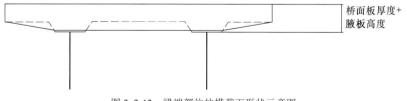

图 2.2-12 梁端部位的横截面形状示意图

2.3 底钢板的构造要点

1) 钢底板

底钢板组件由底钢板及焊于其上的加劲板、剪力连接件等构成,一般由工厂预制。钢底板厚度宜为6~10mm,为保证底钢板焊接后的平整及运营中的受力,原则上其钢板选用厚度不应小于6mm。钢底板由压延钢板制作一般采用钢板压延方向作跨度方向,钢底板顺桥轴向分块宽度视钢板出厂时的尺寸及预制件运输条件确定,一般不大于3.5m;横桥向分块长度由运输安装条件确定。

2) 加劲肋

钢底板较薄,需在其上焊接加劲肋,以保证在运输及施工时的刚度。加劲肋(图2.3-1)可用钢板、型钢、钢筋格构做成。对于钢混组合桥面板,常于加劲肋上开孔以形成混凝土销,增加钢底板与混凝土面板之间的剪力连接,一般将经过加劲的钢底板称之为底钢板组件,底钢板组件为钢混组合桥面板的结构组成部分。因底钢板组件的剪力连接件的不同,形成如本书1.3节所述多种类型的钢混组合桥面板,底钢板组件按其功能不同分两种类型:一种是仅作钢混组合桥面板混凝土部分施工用模板;另一种除具有前者功能外,还兼作钢混组合桥面板受力结构的组成部分。

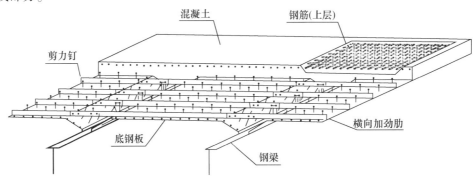

图2.3-1 钢混组合桥面板加劲肋

3) 开孔板

底钢板组件中开孔板除作为剪力键外,还兼具钢底板加劲作用,为钢混组合桥面板所常用,其构造宜注意以下几点:

(1) 钢底板上开孔钢板呈多列布置,其间距为不宜小于开孔板高度的3倍,一般间距为25~40cm,开孔板连接件相邻两孔最小边缘间距应满足下式要求:

$$L > \frac{V_{pn}}{t f_{vd}} \qquad (2.3\text{-}1)$$

式中:L——开孔板连接件相邻两孔最小边缘间距(mm);

V_{pn}——承载能力极限状态下开孔板连接件抗剪承载力设计值(N);

t——开孔板连接件板厚(mm);

f_{vd}——钢板抗剪强度设计值(MPa)。

(2)开孔板高度应低于混凝土面板顶面40mm以上,以便设置负弯矩钢筋。

(3)开孔钢板厚不宜小于12mm,不宜过薄,以保证钢底板系统的整体刚度。

(4)开孔板钢板的孔径不宜小于贯穿钢筋与混凝土集料最大粒径之和。

(5)开孔板连接件其贯穿钢筋应用螺纹钢筋,直径不小于12mm。

(6)开孔板连接件的相邻两孔最小间距,按此两孔间最小边缘间距极限抗剪强度大于开孔板孔销(含贯穿钢筋)抗剪极限强度来确定。

4)型钢

作钢混组合桥面板剪力连接件的型钢有角钢、I型钢、槽钢及球扁钢(一种常用于造船的型材,钢混组合桥面板中常用小型球扁钢作加劲肋)。剪力连接键依据其刚性分为柔性连接件与刚性连接件。一般认为栓钉、钢筋为柔性连接件,型钢为刚性连接件。当连接件处于破坏状态时,刚性连接件易在其周围混凝土中引起较高的集中应力而导致混凝土压碎或剪切破坏,故在工程应用较少。型钢剪力连接件因型钢刚度大易造成剪力连接件的脆性破坏是其缺点,但其优点是为施工较方便。型钢连接件的最大间距不宜超过50cm,焊接的V形焊缝表面直径不宜小于16mm。

5)栓钉(焊钉)

栓钉连接件为柔性连接件,其破坏形态多为柔性破坏,受力较为合理,很少突变,钢混组合桥面板沿用钢混组合结构的传统多用栓钉作剪力连接件,但栓钉不能加劲钢混桥面板的钢底板,故栓钉剪切连接件多用于小跨度钢混组合桥面板,或与开孔板连接件等具有加劲功能的剪力键形成组合剪力连接件。栓钉剪力连接件(图2.3-2)构造要点如下:

(1)栓钉(焊钉)材料、机械性及焊接性能应满足现行《电弧螺柱焊用圆柱头焊钉》(GB/T 10433)的规定。

(2)栓钉的公称直径有10mm、13mm、16mm、19mm、22mm及25mm,常选用16mm、19mm、22mm三种。

(3)作为主梁翼缘板与钢混组合桥面板连接用栓钉其长度不应小于栓钉直径4倍,当栓钉承受拉拔作用时不宜小于栓钉直径的10倍;栓钉纵向中心间距不应小于5倍栓钉直径且不应小于100mm,横桥向的中心间距不应小4倍直径且不应小50mm;栓钉间距沿主受力方向不应超过300mm,栓钉外侧边缘至钢板边缘距离不应小于25mm。

图2.3-2 栓钉剪力——连接件实景图

栓钉连接件是钢混组合结构最常用的柔性剪力连接件,关于其抗剪能力的计算已有较成熟的研究,但遇新颖结构或对连接受力情况有疑虑时须由抗剪连接件的抗剪试验确定。

抗剪连接件的试验方法有推出试验及梁式试验两种,推出试验的结果稍微偏低。通过对这两种试验方法试验结果对比后认为,推出试验结果大约是梁式试验结果的下限,一般均以推出试验结果作为制定规范的依据。

欧洲钢结构协会(ECCS)《组合结构》规范推荐的推出试验受剪试件尺寸及配筋如图2.3-3所示。

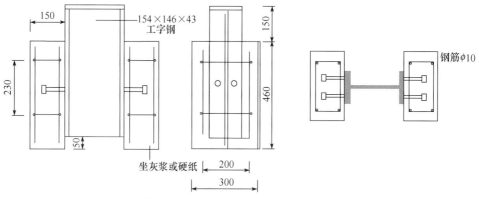

图2.3-3 推出试验试件(尺寸单位:mm)

根据ECCS建议,推出试验尚应遵守以下各点:

(1)钢梁翼面涂油,以防止混凝土与钢梁间黏结;
(2)试验时的混凝土强度必须为所设计梁中混凝土强度等级的70%±10%;
(3)必须检验连接件材料的屈服点;
(4)加载速度必须均匀,使得达到破坏的时间不少于15min。

关于试验评价,ECCS建议可以用以下两种方法来确定连接件承载力的标准值。

方法1:进行同样试件的试验不得少于3次,当任一个试验结果的偏差较全部试件所得的平均值不超过10%时,承载力标准值取试验的最低值;如果与平均值的偏差超过10%,应至少于再做3个同样试验,承载力标准值取这6个试验中的最低值。

方法2:当至少做10个试验时,计算其平均承载力取低于平均值5%或略低于5%的试验荷载值,将其作为承载力标准值。

6)钢筋格构式剪力连接件

钢筋格构式剪力连接件为近年来出现的新颖钢混组合桥面板剪力连接件,钢筋格构式剪力连接件即为借助混凝土面板中的下缘主筋,上缘构造钢筋,其间增加腹筋(或腹板)将三者焊接成桁架式。钢筋与钢底板焊接,借助钢筋与混凝土裹握力传递混凝土面板与钢底板剪切力形成的剪力连接件,如果图2.3-4所示。

钢筋格构式钢混组合桥面板主钢筋即为桥面板受力钢筋又兼作剪力连接件格构弦杆,其构造可遵循钢筋混凝土桥面板要求配置($\phi 16 \sim \phi 22$),格构中斜筋可按照钢筋混凝土桥面板箍筋要求配置($\phi 8 \sim \phi 12$)。钢筋格构间距在120~250mm之间,一般为150~200mm,具体由计算确定。

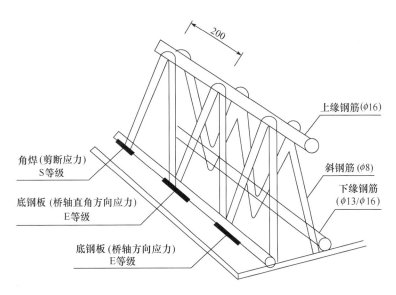

图 2.3-4　钢筋格构与钢底板的焊件（尺寸单位：mm）

下缘主筋与底钢板的焊缝是传递剪力的受力部位，一般为单面焊缝，图 2.3-4 示例中，斜腹筋节点焊缝长 6mm，焊缝厚度 4.2mm。

钢筋格构式剪力连接件应保证钢筋与混凝土的有效结合，共同承担作用力，并应具有一定的抗变形能力，以应对钢与混凝土接合面上连接件剪力不均匀而导致个别连接件承受剪力过大；同时防止连接件与混凝土接触面上局部应力集中问题。钢混组合桥面板剪力连接件常用形式可分为焊钉连接件、开孔板连接件及型钢连接件。钢混组合桥面板剪力连接件选择原则如下：

钢与混凝土结合面上剪力作用方向不明确时（如桥面板两支承方向间距之比近似 1~2 时）应选用栓钉剪力连接件，钢与混凝土结合面对抗剪刚度抗疲劳性能要求较高时宜选用开孔板连接件（对钢混组合桥面板而言，开孔板兼具对钢底板的加劲作用，且因桥面板直接承受车轮反复碾压产生频繁的变幅应力，易产生疲劳破坏，故应对钢混组合桥面的抗疲劳性加以关注，据此两点，钢混组合桥面板宜采用开孔板连接件）。钢与混凝土结合面对抗剪刚度、抗疲劳性要求更高且无拉应力作用时（对钢混组合桥面板可在跨度较大，加劲板加劲不足时）可选用型钢连接件。

7）侧钢板

侧钢板设于底钢板外侧，兼作钢混组合桥面板混凝土面板的模板，一般多用螺栓与底钢板连接，其高度一般比混凝土面板高度略高，也有沿护栏外侧一定高度设置（图 2.3-5），一般侧钢板于下缘突出底钢板 30mm 以作为滴水檐使用；为防止雨水浸入组合桥面板，应将侧钢板上缘突出混凝土面板或沿板 20~50mm 并设封缝胶。

8）排水孔、检查孔

钢混组合桥面板混凝土板施工中为防干燥、收缩产生的裂缝，一般均使用膨胀剂，所以混凝土防渗性较差，为使混凝土面板下的积水减少，设置排水管（孔）是钢混组合桥面板耐久性的一项重要工作。为确保钢混组合桥面板的耐久性，便于检查桥面板水害情况，宜于横断面横坡低端侧钢板与底钢板连接处设置排水孔,此孔也兼作混凝土施工期的泄水孔以及运营期桥面板的检查孔,如果单向横坡或是行车道上设置永久隔离墩时,宜于隔离墩高程较高侧及较低侧的桥面板加腋上方设置排水、检测两用孔,顺桥向需保证每块底钢板均设置一检查孔(设置纵坡较低侧),孔径一般20~30mm,如图2.3-6所示。

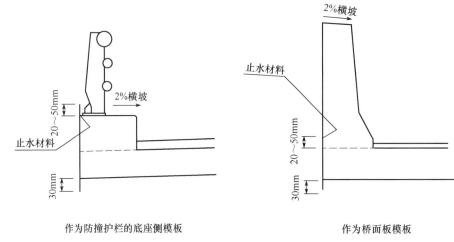

图 2.3-5　侧钢板构造示意图

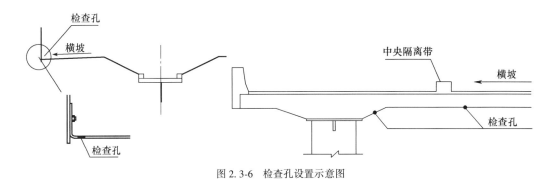

图 2.3-6　检查孔设置示意图

2.4　混凝土桥面板构造要点

对于钢混组合桥面板的混凝土桥面板,除了材料的选择要遵循本书2.1节相关规定外,其构造设计可参照以下要点:

(1)混凝土桥面板厚度一般不小于16cm。

(2)钢混组合桥面板的混凝土桥面板易形成内部积水,故应于桥面铺装下设具高防水性能的防水层。钢混组合桥面板宜采用公路桥梁专用防水涂料涂装作防水层,常用防水涂料有沥青基渗透结晶型防水涂料、SBS高聚物改性乳化沥青防水涂料、丙烯酸防水涂料、环氧树脂性防水涂料等。

(3)为防止钢混组合桥面板耐久性下降,除了在桥面板上设置防水层外,还应当安排相应的排水系统,以快速排出表面积水,为此宜设置铺装内部导水管和面板排水口。排水口的孔径及距离可参照桥梁排水相关规定执行,但是每段竖曲线最低点及汇水处必须设置排水口,如图2.4-1及图2.4-2所示。

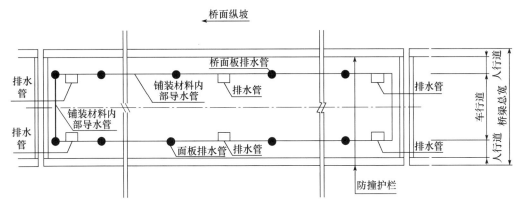

图2.4-1　桥面排水口设置示意图

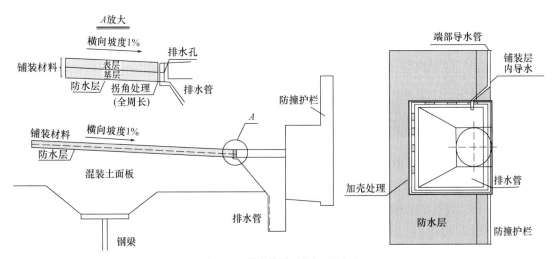

图2.4-2　排水管周围止水处理方法

(4)混凝土面板中的钢筋设置要点:

①钢混组合桥面板、混凝土面板下缘主筋(含钢底板与加劲肋)配筋率不应小于0.2%和$0.45f_{td}/f_{sd}$,构造钢筋配筋率不应小于0.1%。

②钢筋中心间隔原则上应当在100~300mm之间,主筋间隔不宜超过混凝土面板厚度。

③根据环境条件,为保证桥面板的耐久性,桥面板顶层钢筋保护层厚度在30mm以上,若考虑灾害作用,还宜增加保护层厚度。

④钢筋接头位置应尽可能避开应力较大截面,不同接头位置轴向间距应在25倍钢筋直径之上。

⑤钢筋连接可用搭接、机械连接或焊接,钢筋焊接接头宜采用闪光对焊。当对焊条件不具备时也可以采用电弧焊,此时应采用双面焊缝,焊缝长不小于5倍钢筋直径。

2.5 钢混组合桥面板的连接及加腋固定件

钢混组合桥面板连接包括钢混组合桥面板相互间的连接及钢混组合桥面板与主梁的连接。这两种连接是钢混组合桥面板设计、制造及施工中的关键。在总体设计中应尽可能让钢混组合桥面板两个方向支承间距之比大于2，以使钢混组合桥面板成为单向受力板（一般为桥轴横向单向受力板）。钢混组合桥面板间接缝一般横桥向设置，视制作运输安装条件宜设于受力较小部位，以利于安全。

工厂预制钢底板连接一般借助钢底板对接焊接完成，焊缝质量等级为二级。

施工现场钢底板连接有纵向、横向两种。对单向板受力方向连接，可按桥面板总体受力验算。连接方式主要有钢筋接头连接与高强螺栓连接两种，两者传力机理不同，钢筋接头用于传递承受钢筋方向弯矩产生的拉力，而高强螺栓（摩擦接头、拉伸接头）则用于传递钢底板相应方向的拉力。钢底板接头构造如图 2.5-1 所示。

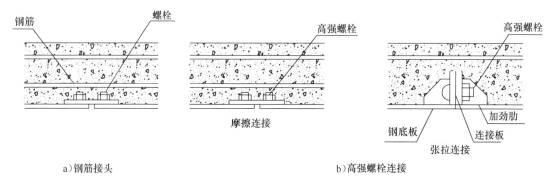

图 2.5-1 钢底板接头构造示意图

钢底板作为钢混组合桥面板的一部分，在很多情况下与混凝土面板共同均由工厂制造，以钢混组合桥面板成品方式运于工地，借助支承梁上翼的栓钉、型钢剪力连接件及现浇混凝土与主梁连接；也有仅由工厂制作底钢板以半成品方式运至工地，作为混凝土面板的模板安装与主梁上。因主梁为钢主梁，底钢板与主梁的连接方式可采用栓接或是焊接，连接构造设计应按受力连接验算其安全性。钢底板与翼缘板的连接如图 2.5-2 所示。此时为固定钢底板，在钢底板的加腋宜采用特定的金属固定件，如图 2.5-3 所示。

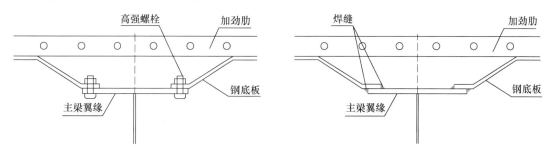

图 2.5-2 钢底板与翼缘板的连接示意图

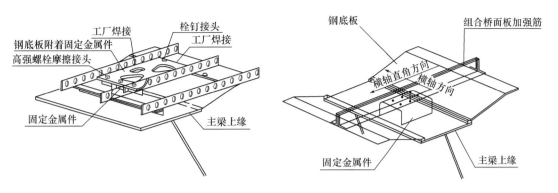

图 2.5-3　加腋处钢底板金属固定件

第3章 钢混组合桥面板设计

3.1 钢混组合桥面板设计总则

钢混组合桥面板置于钢或混凝土梁上,直接承受作用于其上的汽车、人行荷载并将其传递于主梁。对此,钢混组合桥面板可作为独自受力的板件进行设计。视性能要求与结构状态,钢混组合桥面板可以仅是支于主梁上的单独直接承受荷载(自重,汽车、行人及其他荷载)桥面板,亦可以除作单个承力构件外还与承重梁组合,成为主梁的一构成部分,参与主梁受力,与主梁共同承受全部桥梁荷载。此时,钢混组合桥面板除可作为承受恒载、轮载及行人的板件受力外,设计要求钢混组合桥面板与其支承梁共同受力,并应有连成整体的构造保证;作为钢混组合梁的一组成部分,钢混组合桥面板的设计还应包括桥面板与支承梁的连接,桥面板与支承梁组合共同受力这两部分内容。

我国桥梁设计规范的设计原则为保证桥梁结构的安全、耐久性、适用、环保、经济和美观,具体钢混组合桥面板应按其性能要求(安全性、使用性、持续性及恢复性)进行设计与相应核算。

(1)安全性

是指在预设到所有作用的前提下,钢混组合桥面板应具有保障使用者及周边他人生命安全的结构性能。安全性包括与承载力相关的安全性及与使用功能方面的安全性,对这两方面的安全性都应当予以设定。

设定与承载力相关的结构安全性,可以应对预期使用年限内发生的最大作用与重复作用,保持钢混组合桥面板的承载力。

钢混组合桥面板使用功能方面的安全性要求,桥面板在正常使用条件下不得发生混凝土面板开裂、底钢板部件脱落、底钢板与混凝土剥离、底钢板与混凝土面板脱落等意外破坏而造成有碍桥面板正常使用的损害。

(2)使用性

是指在正常使用时,钢混组合桥面板具有可以令使用者及周边他人感到方便、安全、舒适的性能。舒适性是在不影响外观的前提下,确保钢混组合桥面板的行车和行人对舒适性要求的性能。

(3)持续性

即钢混组合桥面板适应自然环境、社会环境、经济环境等条件相关的性能。

钢混组合桥面板的持续性是钢混组合桥面板对人文、地理及地域环境等自然环境的适应性、对施工环境及景观等社会环境的适应性,以及对工程投资、应用效益、工程建设、工程维修等方面经济环境的适应性。

(4)恢复性

是指钢混组合桥面板受到损伤后对恢复钢混组合桥面板上损伤的自愈能力,以及应对损伤修补工作的难易度。恢复性是指应对预期使用年限内发生的可变作用、偶然作用以及环境作用下,确保钢混组合桥面板始终处于不经修复仍可以使用的性能,或者经简单修复可恢复使用的性能。

可变作用、偶然作用及环境作用等作用往往会导致钢混组合桥面板的损伤。为了维护管理工作的正常进行,应当确保钢混组合桥面板具有不经修复仍可使用的性能。此外,因为偶发作用(一般包括地震、风害、冲撞等作用),产生偶然的损伤,对于偶然损伤的发生,钢混组合桥面板恢复性应当能够保证钢混组合桥面板具有在简单修复后,即可正常工作的性能。

因为目前对结构安全性、使用性乃至经济性都有相应的量化设计验算方法,而对持续性采取与安全性、使用性及恢复性相类似的量化计算验算手段在技术上仍十分困难,本书不做过多论述。为了使设计兼顾持续性与经济性,一般应当充分评价方案的技术合理性,以及设计、施工、维持管理、拆除等发生的费用。

相关性能要求见表3.1-1。

性能要求、性能项目、极限状态、核对指标及相应作用 表3.1-1

性能要求	性能项目	极限状态	核对指标	相应作用
安全性	承载力	断面破坏	断面应力、内力	所有作用的最大值
		疲劳损坏	断面应力、内力、变位	反复作用
	功能上的安全性	影响结构正常使用的界限	螺栓脱落、钢底板与混凝土脱开	环境作用
使用性	舒适性	车行性、人行性界限	加速度、振动、变位形变	永久作用、可变作用
		保护外观的能力	钢材腐蚀、裂缝宽度	永久作用、可变作用、环境作用
恢复性	修复性	损伤	变形、应变、应力等	可变作用、火灾作用、环境作用

性能核对有两种方法:计算核对和试验核对。

(1)计算核对

针对极限状态开展的安全性、使用性核对应当在确认的设计荷载作用下,桥面板的所有构造参数不会令桥面板达到截面损坏、疲劳破损、位移、形变等极限状态,由构造截面特性及材料的强度特性值,经结构分析,求得设计响应值与设计极限值,得到由下式表达的安全系数:

$$\gamma_i \cdot \frac{S_\mathrm{d}}{R_\mathrm{d}} \leq 1.0 \tag{3.1-1}$$

式中:γ_i——结构安全系数;

S_d——作用组合的设计效应值;

R_d——构件承载力设计值,是由构件承载力R除以材料系数γ_b求得,其中构件承载力R是设计强度f_d的函数,即$R_\mathrm{d}=R(f_\mathrm{d})/\gamma_\mathrm{b}$。

(2)试验核对

试验核对是指使用模拟实际结构的模型化样本,基于模型荷载试验的结果,开展对实际结构的核对。这一核对手段一般用于课题研究或用于新颖结构设计的验证。

3.2 设计规范与极限状态设计方法

钢混组合桥面板性能符合性核对应按规范执行,关于钢混组合桥梁的设计,我国规范(未计铁路)有《公路桥涵设计通用规范》(JTG D60—2015)、《公路钢混组合桥设计与施工规范》(JTG/T D64-01—2015)、《钢-混凝土组合桥梁设计规范》(GB 50917—2013)、《公路钢结构桥梁设计规范》(JTG D64—2015)、《公路钢筋混凝土及预应力混凝土桥涵设计规范》(JTG 3362—2018)。

可参考规范有《波形钢腹板组合梁桥技术标准》(CJJ/T 272—2017)。

这些规范均遵循以概率论为基础的极限状态设计法,然具体应用方面略有差别。《公路桥涵设计通用规范》(JTG D60—2015)(简称《通规》)规定:公路桥涵结构按承载能力极限状态和正常使用极限状态进行设计。公路桥涵应根据不同种类的作用及其对桥涵的影响,桥涵所处环境条件考虑以下四种状况,进行极限状态设计。

(1)持久状况:应进行承载能力极限状态和正常使用极限状态设计。
(2)短暂状况:应作承载能力极限状态设计,可根据需要进行正常使用极限状态设计。
(3)偶然状况:应作承载能力极限状态设计。
(4)地震状况:应作承载能力极限状态设计。

《公路钢筋混凝土及预应力混凝土桥涵设计规范》(JTG 3362—2018)与《通规》的设计总则保持着更紧密的配合,其1.0.3条规定:本规范采用以概率理论为基础,按分项系数表达的极限状态设计方法进行设计。

从编号看《公路钢混组合桥梁设计与施工规范》(JTG/T D64-01—2015)应属于《公路钢结构桥梁设计规范》(JTG D64—2015)的二级规范,这两规范在总则都规定采用以概率理论为基础的极限状态设计方法,按照分项系数的设计表达式进行设计,注意"状态""表达式"两词差别,实际后者在许多方面保留了传统允许应力设计方法的影子。

设计原则中具体规定:

组合梁的持久状况应按承载能力极限状态要求进行承载能力及稳定计算,必要时尚应进行结构的倾覆和界面滑移验算。在进行承载能力极限状态验算时,作用(或荷载)组合应采用基本组合,结构材料性能采用其强度设计值。

组合梁的持久状况设计应按正常使用极限状态的要求对组合梁的抗裂、裂缝宽度和挠度进行验算,并满足《公路钢混组合桥梁设计与施工规范》(JTG/T D64-01—2015)第5.4节要求。在进行正常使用极限状态计算时作用(或荷载)组合应采用频遇组合、准永久组合。

组合梁的短暂状况设计应对组合梁在施工过程中各阶段的承载能力及稳定性进行验算,必要时尚应进行结构的倾覆验算。承载能力验算作用组合采用作用基本组合,稳定性验算应符合现行《公路钢结构桥梁设计规范》(JTG D64)的规定。

组合梁进行抗疲劳设计时应符合现行《公路钢结构桥梁设计规范》(JTG D64)的规定。

钢混组合桥面板的设计也应遵循上述规定。

3.3 钢混组合截面几何特征值的计算

钢混组合桥面板由混凝土面板与底钢板组合而成,为钢混组合结构中的一种,故其计算亦应按钢混组合结构计算,结构计算的基础包括截面几何特征计算、钢混组合桥面板换算截面计算。

钢混组合结构应按钢混组合截面进行结构分析。钢混组合梁在正弯矩作用下按弹性理论进行截面内力分析时,应根据截面应变相同且总内力不变的原则,将受压混凝土板的有效宽度 b_e 折算成与钢材等效的换算截面宽度,如图 3.3-1 所示。

(1) 荷载短期效应(频遇组合)组合

$$b_{eq} = \frac{b_e}{\alpha_E} \quad (3.3\text{-}1)$$

(2) 荷载长期效应(准永久组合)组合

$$b_{eq} = \frac{b_e}{2\alpha_E} \quad (3.3\text{-}2)$$

(3) 考虑徐变作用

$$b_{eq} = \frac{b_e}{3\alpha_E} \quad (3.3\text{-}3)$$

式中:b_{eq}——混凝土翼板换算为钢材的等效宽度;

b_e——混凝土翼板的有效宽度;

α_E——钢材弹性模量 E 与混凝土弹性模量 E_c 的比值,即 $\alpha_E = E/E_c$。

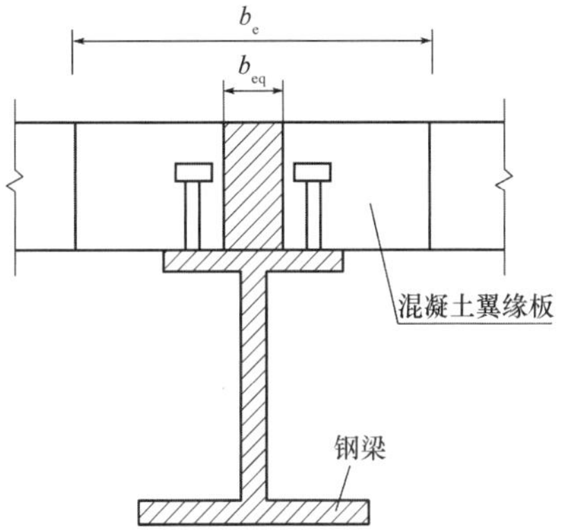

图 3.3-1 组合梁的单一材质换算截面

钢混组合桥面板构造如图 3.3-2 所示,上为钢筋混凝土桥面板,下为底钢板,底钢板一般由钢底板与加劲肋、剪力键组成。栓钉剪力连接件仅传递剪力,不与钢底板共同承载拉、压力,加劲板(包括开孔板)则应考虑与钢底板共同承力,故应按《公路钢结构桥梁设计规范》(JTG D64—2015)规定确定加劲肋尺寸,各符号含义如图 3.3-3 所示。

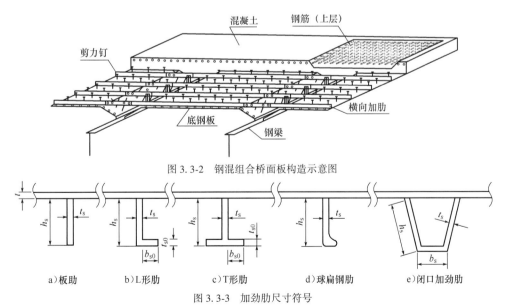

图 3.3-2 钢混组合桥面板构造示意图

图 3.3-3 加劲肋尺寸符号

(1) 板肋的宽厚比应满足下式要求：

$$\frac{b_s}{t_s} \leqslant 12 \tag{3.3-4}$$

(2) L形、T形钢加劲肋的尺寸比例应满足下式要求：

$$\frac{b_{s0}}{t_{s0}} \leqslant 12\sqrt{\frac{345}{f_y}} \tag{3.3-5}$$

$$\frac{h_s}{t_s} \leqslant 30\sqrt{\frac{345}{f_y}} \tag{3.3-6}$$

(3) 符合现行《热轧球扁钢》(GB/T 9945)的球扁钢加劲肋的尺寸比例应满足下式要求：

$$\frac{h_s}{t_s} \leqslant 18\sqrt{\frac{345}{f_y}} \tag{3.3-7}$$

(4) 闭口加劲肋的尺寸比例应满足下式：

$$\frac{b_s}{t_s} \leqslant 30\sqrt{\frac{345}{f_y}} \tag{3.3-8}$$

$$\frac{h_s}{t_s} \leqslant 40\sqrt{\frac{345}{f_y}} \tag{3.3-9}$$

受压加劲肋设计应满足如下要求：

(1) 受压加劲肋宜采用刚性加劲肋，构造布置困难或受力较小时可用柔性加劲肋。

(2) 受压加劲板的刚性加劲肋，其纵、横向加劲肋的相对刚度应满足下列要求：

$$\gamma_l \geqslant \gamma_l^* \tag{3.3-10}$$

$$A_{s,l} \geqslant \frac{bt}{10n} \tag{3.3-11}$$

$$\gamma_t \geqslant \frac{1 + n\gamma_l^*}{4\left(\frac{a_t}{b}\right)^3} \tag{3.3-12}$$

$$\begin{cases} \gamma_l^* = \frac{1}{n}[4n^2(1+n\delta_l)\alpha^2 - (\alpha^2+1)^2] & (\alpha \leqslant \alpha_0) \\ \gamma_l^* = \frac{1}{n}\{[2n^2(1+n\delta_l)-1]^2 - 1\} & (\alpha > \alpha_0) \end{cases} \tag{3.3-13}$$

$$\alpha_0 = \sqrt[4]{1+n\gamma_l} \quad n = n_l + 1$$

式中：γ_l——纵向加劲肋的相对刚度，$\gamma_l = \frac{EI_l}{bD}$；

γ_t——横向加劲肋的相对刚度，$\gamma_t = \frac{EI_t}{aD}$；

I_l——单根纵向加劲肋对加劲板 Y-Y 轴抗弯惯性矩，如图3.3-4所示；

I_t——单根横向加劲肋对加劲板 Y-Y 轴抗弯惯性矩，如图3.3-4所示；

t——母板的厚度;

a——加劲板的计算长度(横隔板或刚性横向加劲肋的间距),如图3.3-5所示;

b——加劲板的计算宽度(腹板或刚性纵向加劲肋的间距),如图3.3-5所示;

a_t——横向加劲肋的间距,如图3.3-5所示;

α——加劲肋的长宽比,$\alpha = a/b$;

δ_l——单根纵向加劲肋的截面面积与母板的面积之比,$\delta_l = \dfrac{A_{s,l}}{bt}$;

$A_{s,l}$——单根纵向加劲肋的截面面积;

D——单宽板刚度,$D = \dfrac{E t^3}{12 - (1 - \nu^2)}$;

n_l——等间距布置纵向加劲肋根数。

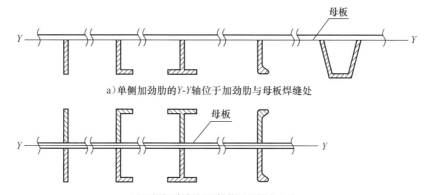

a) 单侧加劲肋的Y-Y轴位于加劲肋与母板焊缝处

b) 双侧加劲肋的Y-Y轴位于母板中心处

图3.3-4 计算加劲肋抗弯惯性矩的中性轴位置 Y-Y

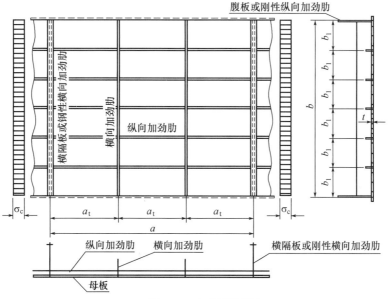

图3.3-5 加劲板示意图

对于构件的有效截面,应根据加劲肋的刚度采用相应的方法计算加劲板的有效宽度和面积。对于刚性加劲肋的截面,可在刚性加劲肋或腹板处将加劲板分割为若干板段,分别计算其有效宽度和面积,截面有效宽度和面积分别为各板段有效宽度和面积之和。对于柔性加劲肋的截面,可在腹板处将加劲板分割为若干板段,按正交异性板理论或其他更精确的方法分别计算弹性稳定系数、局部稳定折减系数、有效宽度和面积,截面的有效宽度和面积分别为各板段有效宽度和面积之和。

考虑局部稳定影响的受压加劲板有效宽度如图 3.3-6 所示。

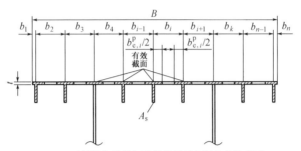

a)刚性加劲肋加劲板的板元分割和有效截面

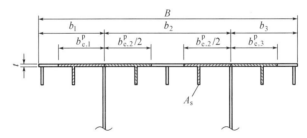

b)柔性加劲肋加劲板的板段分割和有效截面

图 3.3-6 考虑局部稳定影响的受压加劲板有效宽度示意图

若为刚性加劲肋则应考虑剪力滞影响,计算含加劲肋在内截面有效宽度 b_e^s 和有效截面面积 $A_{\mathrm{eff},s}$ 应按下列公式计算:

$$b_e^s = \sum_{i=1}^{n_s^p} b_{e,i}^s \tag{3.3-14}$$

$$A_{\mathrm{eff},s} = \sum_{i=1}^{n_s^p} b_{e,i}^s t_i + \sum_{j=1}^{n_s} A_{s,j} \tag{3.3-15}$$

式中:$b_{e,i}^s$——考虑剪力滞影响的第 i 块板段的翼缘有效宽度,如图 3.3-7 所示;

t_i——第 i 块板件的厚度;

$A_{s,j}$——有效宽度内第 j 根加劲肋的面积;

n_s^p——翼缘被腹板分割后的板段数;

n_s——有效宽度内的加劲肋数量。

若为柔性加劲肋应同时考虑剪力滞和局部稳定影响,计算其板的有效宽度 b_e 和有效截面面积 A_{eff},计算公式如下:

$$A_{\text{eff}} = \sum_{k=1}^{n_p} b_{e,k} t_k + \sum_{i=1}^{n_s} A_{s,i} \qquad (3.3\text{-}16)$$

$$b_e = \sum_{k=1}^{n_p} b_{e,k}$$

$$b_{e,k} = \rho_k^s b_{e,k}^p$$

$$\rho_k^s = \frac{\sum b_{e,j}^s}{b_k}$$

式中：n_p——受压翼缘被腹板分割后的板段数；

t_k——第 k 块受压板段的厚度；

b_k——第 k 块受压板段的宽度，如图 3.3-6 所示；

$b_{e,k}^p$——考虑局部稳定影响的第 k 块受压板段的有效宽度；

$\sum b_{e,j}^s$——考虑剪力滞影响的第 k 块受压板段的有效宽度之和，按上述有关公式计算；

$b_{e,k}$——考虑剪力滞和局部稳定影响的第 k 块受压板段的有效宽度；

ρ_k^s——考虑剪力滞影响的第 k 块受压板段的有效宽度折减系数；

$A_{s,i}$——有效宽度范围内第 i 根加劲肋的面积；

n_s——有效宽度范围内的加劲肋数量。

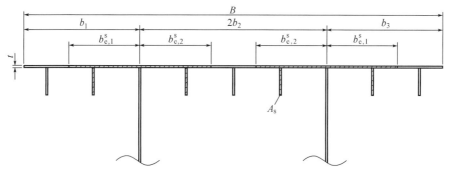

图 3.3-7 考虑剪力滞影响的翼缘有效宽度示意图

3.4 钢混组合桥面板的作用与作用组合

3.4.1 作用分类、代表值和作用组合

(1)钢混组合桥面板设计作用及其组合，按《公路桥涵设计通用规范》(JTG D60—2015)采用，其第 4 章对作用做了详细规定：公路桥涵设计采用的作用分为永久作用、可变作用、偶然作用和地震作用四类。

(2)公路桥涵设计时，对不同的作用应按下列规定采用不同的代表值：

①永久作用的代表值为其标准值；

②可变作用的代表值包括标准值、组合值、频遇值和准永久值；

③偶然作用取其设计值作为代表值;
④地震作用的代表值为其标准值。

(3)作用的设计值应为作用的标准值或组合值乘以相应的作用分项系数。

(4)公路桥涵结构设计应考虑结构上可能同时出现的作用,按承载能力极限状态、正常使用极限状态进行作用组合,均应按下列原则取其最不利组合效应进行设计:

①只有在结构上可能同时出现的作用,才进行组合。当结构或结构构件需做不同受力方向的验算时,则应以不同方向的最不利的作用组合效应进行计算。

②当某种可变作用的出现对结构或结构构件产生有利影响时,该作用不应参与组合;实际不可能同时出现的作用,或同时参与组合概率很小的作用,不考虑其参与组合。

③施工阶段的作用组合,应按计算需要及结构所处条件而定。

④多个偶然作用不同时参与组合。

⑤地震作用不与偶然作用同时参与组合。

(5)公路桥涵结构按承载能力极限状态设计时,对持久设计状况和短暂设计状况应采用作用的基本组合,对偶然设计状况应采用作用的偶然组合,对地震设计状况应采用作用的地震组合,并应符合下列规定:

①基本组合:永久作用设计值与可变作用设计值相组合。

作用基本组合的效应设计值可按下式计算:

$$S_{ud} = \gamma_0 S\left(\sum_{i=1}^{m} \gamma_{G_i} G_{ik}, \gamma_{Q_1} \gamma_L Q_{1k}, \psi_c \sum_{j=2}^{n} \gamma_{L_j} \gamma_{Q_j} Q_{jk}\right) \quad (3.4\text{-}1)$$

或

$$S_{ud} = \gamma_0 S\left(\sum_{i=1}^{m} G_{id}, Q_{1d}, \sum_{j=2}^{n} Q_{jd}\right) \quad (3.4\text{-}2)$$

式中:S_{ud}——承载能力极限状态下作用基本组合的效应设计值。

$S(\ )$——作用组合的效应函数。

γ_0——结构重要性系数,按规范规定的结构设计安全等级采用,按持久状况和短暂状况承载能力极限状态设计时,公路桥涵结构设计安全等级应不低于规范的规定,对应于设计安全等级一级、二级和三级(表3.4-1)分别取 1.1、1.0 和 0.9。

γ_{G_i}——第 i 个永久作用的分项系数,应按规范的规定采用,见表3.4-2。

G_{ik}、G_{id}——第 i 个永久作用的标准值和设计值。

γ_{Q_1}——汽车荷载(含汽车冲击力、离心力)的分项系数。采用车道荷载计算时取 $\gamma_{Q_1}=1.4$,采用车辆荷载计算时,其分项系数取 $\gamma_{Q_1}=1.8$。当某个可变作用在组合中其效应值超过汽车荷载效应时,则该作用取代汽车荷载,其分项系数取 $\gamma_{Q_1}=1.4$;对专为承受某作用而设置的结构或装置,设计时该作用的分项系数取 $\gamma_{Q_1}=1.4$;计算人行道板和人行道栏杆的局部荷载,其分项系数也取 $\gamma_{Q_1}=1.4$。

Q_{1k}、Q_{1d}——汽车荷载(含汽车冲击力、离心力)的标准值和设计值。

γ_{Q_j}——在作用组合中除汽车荷载(含汽车冲击力、离心力)、风荷载外的其他第 j 个可变作用的分项系数,取 $\gamma_{Q_j}=1.4$,但风荷载的分项系数取 $\gamma_{Q_j}=1.1$。

Q_{jk}、Q_{jd}——在作用组合中除汽车荷载(含汽车冲击力、离心力)外的其他第j个可变作用的标准值和设计值。

ψ_c——在作用组合中除汽车荷载(含汽车冲击力、离心力)外的其他可变作用的组合值系数,取$\psi_c=0.75$。

$\psi_c Q_{jk}$——在作用组合中除汽车荷载(含汽车冲击力、离心力)外的其他第j个可变作用的组合值。

γ_{L_j}——第j个可变作用的结构设计使用年限荷载调整系数。公路桥涵结构的设计使用年限按现行《公路工程技术标准》(JTG B01)取值时,可变作用的设计使用年限荷载调整系数取$\gamma_{L_j}=1.0$;否则,γ_{L_j}取值应按专题研究确定。

公路桥涵结构设计安全等级 表 3.4-1

设计安全等级	破坏后果	适用对象
一级	很严重	(1)各等级公路上的特大桥、大桥、中桥; (2)高速公路、一级公路、二级公路、国防公路及城市附近交通繁忙公路上的小桥
二级	严重	(1)三、四级公路上的小桥; (2)高速公路、一级公路、二级公路、国防公路及城市附近交通繁忙公路上的涵洞
三级	不严重	三、四级公路上的涵洞

注:本表所列特大、大、中桥等按《通规》的单孔跨径确定,对多跨不等跨桥梁,以其中最大跨径为准。

永久作用的分项系数 表 3.4-2

序号	作用类别		永久作用分项系数	
			对结构的承载能力不利时	对结构的承载能力有利时
1	混凝土和圬工结构重力(包括结构附加重力)		1.2	1.0
	钢结构重力(包括结构附加重力)		1.1 或 1.2	
2	预加力		1.2	1.0
3	土的重力		1.2	1.0
4	混凝土的收缩及徐变作用		1.0	1.0
5	土侧压力		1.4	1.0
6	水的浮力		1.0	1.0
7	基础变位作用	混凝土和圬工结构	0.5	0.5
		钢结构	1.0	1.0

注:本表序号1中,当钢桥采用钢桥面板时,永久作用项系数取1.1;当采用混凝土桥面板时,取1.2。

②偶然组合:永久作用标准值与可变作用某种代表值、一种偶然作用设计值相组合。

a.作用偶然组合的效应设计值可按下式计算:

$$S_{ad} = S\left(\sum_{i=1}^{n} G_{ik}, A_d, (\psi_n \text{ 或 } \psi_{q1})Q_{1k}, \sum_{j=2}^{n} \psi_{qj}Q_{jk}\right) \quad (3.4-3)$$

式中: S_{ad}——承载能力极限状态下作用偶然组合的效应设计值;

A_d——偶然作用的设计值;

ψ_n——汽车荷载(含汽车冲击力、离心力)的频遇值系数,取$\psi_n=0.7$;当某个可变作用在组合中其效应值超过汽车荷载效应时,则该作用取代汽车荷载,人群荷载$\psi_1=1.0$,风荷载$\psi_1=0.75$,温度梯度作用$\psi_1=0.8$,其他作用$\psi_1=1.0$;

$\psi_n Q_{1k}$——汽车荷载的频遇值;

ψ_{q1}、ψ_{qj}——第1个和第j个可变作用的准永久值系数,汽车荷载(含汽车冲击力、离心力)$\psi_q=0.4$,人群荷载$\psi_q=0.4$,风荷载$\psi_q=0.75$,温度梯度作用$\psi_q=0.8$,其他作用$\psi_q=1.0$;

$\psi_{q1}Q_{1k}$、$\psi_{qj}Q_{jk}$——第1个和第j个可变作用的准永久值。

b.作用地震组合的效应设计值应按现行《公路工程抗震规范》(JTG B02)的有关规定计算。

(6)公路桥涵结构按正常使用极限状态设计时,应根据不同的设计要求,采用作用的频遇组合或准永久组合,并应符合下列规定:

①频遇组合:永久作用标准值与汽车荷载频遇值、其他可变作用准永久值相组合。

a.作用频遇组合的效应设计值可按下式计算:

$$S_{fd} = S\left(\sum_{i=1}^{n} G_{ik}, \psi_{f1} Q_{1k}, \sum_{j=2}^{n} \psi_{qj} Q_{jk}\right) \quad (3.4\text{-}4)$$

式中:S_{fd}——作用频遇组合的效应设计值;

ψ_{f1}——汽车荷载(含汽车冲击力、离心力)频遇值系数,取0.7。

b.当作用与作用效应可按线性关系考虑时,作用频遇组合的效应设计值S_{fd}可通过作用效应代数相加计算。

②准永久组合:永久作用标准值与可变作用准永久值相组合。

a.作用准永久组合的效应设计值可按下式计算:

$$S_{qd} = S\left(\sum_{i=1}^{m} G_{ik}, \sum_{j=1}^{n} \psi_{qj} Q_{jk}\right) \quad (3.4\text{-}5)$$

式中:S_{qd}——作用准永久组合的效应设计值;

ψ_{qj}——汽车荷载(不计汽车冲击力)准永久值系数,取0.4。

b.当作用与作用效应可按线性关系考虑时,作用准永久组合的效应设计值S_{qd}可通过作用效应代数相加计算。

(7)钢结构构件抗疲劳设计时,除特别指明外,各作用应采用标准值,作用分项系数应取1.0。

(8)结构构件当需进行弹性阶段截面应力计算时,除特别指明外,各作用应采用标准值,作用分项系数应取为1.0,各项应力限值应按各设计规范规定采用。

3.4.2 永久作用

(1)结构重力包括结构自重及桥面铺装、附属设备等附加重力。结构重力标准值可按表3.4-3所列常用材料的重度根据下式计算。

$$G_k = \gamma V \quad (3.4\text{-}6)$$

式中:G_k——结构重力标准值(kN);

γ——材料的重度(kN/m^3);

V——体积(m^3)。

常用材料的重度 表3.4-3

材料种类	重度(kN/m³)	材料种类	重度(kN/m³)
钢、铸钢	78.5	浆砌片石	23.0
铸铁	72.5	干砌块石或片石	21.0
锌	70.5	沥青混凝土	23.0~24.0
铅	114.0	沥青碎石	22.0
黄铜	81.1	碎(砾)石	21.0
青铜	87.4	填土	17.0~18.0
钢筋混凝土或预应力混凝土	25.0~26.0	填石	19.0~20.0
混凝土或片石混凝土	24.0	石灰三合土、石灰土	17.5
浆砌块石或料石	24.0~25.0	—	—

(2)在结构进行正常使用极限状态设计和使用阶段构件应力计算时,预加力应作为永久作用计算其主效应和次效应,并计入相应阶段的预应力损失,但不计由于预加力偏心距增大引起的附加效应。

3.4.3 可变作用

公路桥涵设计时,汽车荷载的计算图式、荷载等级及其标准值、加载方法和纵横向折减等应符合下列规定:

(1)汽车荷载分为公路—Ⅰ级和公路—Ⅱ级两个等级。

(2)汽车荷载由车道荷载和车辆荷载组成。桥梁结构的整体计算采用车道荷载,桥梁结构的局部加载、涵洞、桥台和挡土墙土压力等的计算采用车辆荷载。车道荷载与车辆荷载的作用不得叠加。

(3)各级公路桥涵设计的汽车荷载等级应符合表3.4-4的规定。

各级公路桥涵的汽车荷载等级 表3.4-4

公路等级	高速公路	一级公路	二级公路	三级公路	四级公路
汽车荷载等级	公路—Ⅰ级	公路—Ⅰ级	公路—Ⅰ级	公路—Ⅱ级	公路—Ⅱ级

车辆荷载及车道荷载计算时取值参照《公路桥涵设计通用规范》(JTG D60—2015)中第4.3条执行。

3.4.4 疲劳核算

关于疲劳核算用车辆疲劳荷载的计算模型在《公路钢结构桥梁设计规范》(JTG D64—2015)于第5.5.2条做了如下规定:

(1)疲劳荷载计算模型Ⅰ采用等效的车道荷载,集中荷载为$0.7P_k$,均布荷载为$0.3q_k$。P_k和q_k按公路—Ⅰ级车道荷载标准取值;应考虑多车道的影响,横向车道布载系数应按现行《公路桥涵设计通用规范》(JTG D60)的相关规定选用。

(2)疲劳荷载计算模型Ⅱ采用双车模型,两辆模型车轴距与轴重相同,其单车的轴重与轴距布置如图3.4-1所示。加载时,两模型车的中心距不得小于40m。

(3)疲劳荷载计算模型Ⅲ采用单车模型,模型车轴载及分布规定如图3.4-2所示。

(4)当构件和连接不满足疲劳荷载模型Ⅰ验算要求时,应按模型Ⅱ验算。

(5)桥面系构件应采用疲劳荷载计算模型Ⅲ验算。

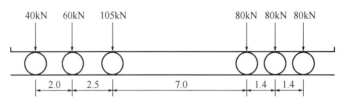

图3.4-1 疲劳荷载计算模型Ⅱ(尺寸单位:m)

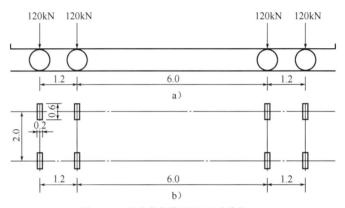

图3.4-2 疲劳荷载模型Ⅲ(尺寸单位:m)

3.4.5 钢混组合桥面板的温差效应

关于钢混组合桥面板的温度效应实际有两方面:一是整体温度的收缩膨胀;二是桥面板顶、底面温度差别。

关于整体温度变化现行《公路桥涵设计通用规范》(JTG D60)规定温度变化按当地温度变化取值,钢结构线膨胀系数 0.000012,混凝土结构膨胀系数 0.000010。为减少钢混组合桥面板混凝土的收缩带来的不利影响,在混凝土中添加膨胀剂,且在混凝土现场浇筑中根据浇混凝土强度,择优选择最佳混凝土面板浇筑分段(分块)以及分段(分块)浇筑步骤,以减少因混凝土收缩变形导致的混凝土面板受力变化、承重梁受力变化带来的种种不利影响,因此基本上可以不在运营阶段考虑混凝土的收缩问题。至于温度变化导致的钢混组合桥面系的总体伸缩变形,则应注意采取合理的计算模式及相应构造措施,尽可能减少其不利影响,合理配置相应的支座与伸缩装置。

混凝土的温度收缩应变可按下列公式计算:

$$\varepsilon_{cs}(t,t_s) = \varepsilon_{cs0} \cdot \beta_s(t-t_s) \tag{3.4-7}$$

$$\varepsilon_{cs0} = \varepsilon_s(f_{cm}) \cdot \beta_{RH} \tag{3.4-8}$$

$$\varepsilon_s(f_{cm}) = [160 + 10\beta_{sc}9 - (f_{cm}/f_{cm0})] \cdot 10^{-6} \quad (3.4\text{-}9)$$

$$\beta_{RH} = 1.55[1 - (RH/RH_0)^3] \quad (3.4\text{-}10)$$

$$\beta_s(t - t_s) = \left[\frac{(t - t_s)/t_1}{350(h/h_0)^2 + (t - t_s)/t_1}\right]^{0.5} \quad (3.4\text{-}11)$$

式中：t——计算考虑时刻的混凝土龄期(d)；

t_s——收缩开始时的混凝土龄期(d)，可假定为3~7d；

$\varepsilon_{cs}(t, t_s)$——收缩开始时的龄期为t_s，计算考虑的龄期为t时的收缩应变；

ε_{cs0}——名义收缩系数；

β_s——收缩随时间发展的系数；

f_{cm}——强度等级C25~C50混凝土在28d龄期时的平均圆柱体抗压强度(MPa)，$f_{cm} = 0.8f_{cu,k} + 8$MPa；

$f_{cu,k}$——龄期为28d，具有95%保证率的混凝土立方体抗压强度标准值(MPa)；

β_{RH}——与年平均相对湿度相关的系数，式(3.4-4)适用于40%≤RH<99%；

RH——环境年平均相对湿度(%)；

β_{sc}——依据水泥种类而确定的系数，对一般的硅酸盐类水泥或快硬水泥，$\beta_{sc} = 5.0$；

h——构件理论厚度(mm)，$h = 2A/u$，A为构件截面面积，u为构件与大气接触的周边长度；

$RH_0 = 100\%$；$h_0 = 100$mm；$t_1 = 1$d；$f_{cm0} = 10$MPa。

关于桥面板顶、底板温差，现行《公路桥涵设计通用规范》(JTG D60)规定，桥面表面最高温度视桥面铺装不同而不同：规范设定当桥面铺装为混凝土铺装时25℃，沥青铺装时14℃，铺装表面下10cm温度桥面铺装为混凝土铺装时6.7℃，沥青铺装时5.5℃，再往下，温度降到0℃，厚度为15cm。此规定对钢混组合桥面板并不合适，因混凝土的蓄热系数为2.81~17.2，而钢板蓄热系数为126，温差一定比混凝土桥面板小很多，建议考虑此项计算，可参照钢混组合桥梁规范相应条款计算，亦可近似地不予考虑。

3.5 钢混组合桥面板效应分析

作用效应(或作用响应)分析一般用基本假定与模型，经弹性(塑性)理论分析求得，为此要求结构分析采用的模型和基本假定，应能反映结构实际受力状态，其精度应能满足结构设计要求。作为钢混组合结构的钢混凝土组合桥面板，其作用效应计算应符合现行《公路钢混组合桥梁设计与施工规范》(JTG/T D64-01)要求：

(1)应按弹性方法进行计算，必要时应考虑结构的二阶效应。

(2)应考虑施工方法及施工顺序的影响。

(3)应考虑混凝土开裂混凝土收缩徐变等因素影响。

(4)一般情况下可不考虑钢混凝土结合面之间连接件滑移影响。

钢混组合桥面板作用效应分析一般按换算截面法进行，其中混凝土板取有效宽度截面，抗弯刚度分为未开裂截面刚度和开裂截面刚度计算,计算开裂截面惯性矩 I_{oy} 时应计算板有效宽度内钢筋的作用,不考虑受拉区混凝土的影响。

3.5.1 钢混组合桥面板效应:规范计算

如前所述,钢混组合桥面板可作为板桥,直接应用于小跨度桥涵。对桥幅宽小于桥跨的板桥,在竖向荷载作用下,钢混组合桥面板的桥轴线垂直于荷载布载方向,板桥按纵向受弯考虑;对桥幅宽大于桥跨的板桥,桥面板应考虑桥纵向弯矩的横向不均匀分布。

钢混组合桥面板应用于大跨径梁桥、拱桥、斜拉桥、悬索桥,可有三种结构体系:钢混组合桥面板与纵梁成整体组合梁;钢混组合桥面板简支于纵梁,弹性支承于横梁;钢混组合桥面板成为纵、横组成的桥面系盖板,桥面板成为正交异性板。

一般桥梁设计规范仅对作为单向受弯的桥面板效应分析有一些简化说明,而对双向受弯的桥面板效应分析宜参考本节之后的弹性薄板理论、有限元分析理论进行。

关于桥面板作用效应分析,《公路钢筋混凝土及预应力混凝土桥涵设计规范》(JTG 3362—2018)有较详细规定:

(1)四边支承的板,当长边长度与短边长度之比大于或等于2时,可按短边计算跨径的单向板计算;否则,应按双向板计算(即按弹性薄板理论计算,详见3.5.2节)。桥面板在车轮荷载作用下,除了沿桥跨方向发生弯曲变形外,在与桥横向也会发生弯曲变形,只是当桥跨方向跨径远大于桥宽方向支承间距时,此横向弯曲甚小,可忽略不计。然而沿跨径发生的纵向弯曲之弯矩沿桥梁横向不是均匀分布的,设计应采用横向分布有效宽度这种计算方式(将不均匀分布的弯矩视为均匀分布在一定宽度上弯矩)考虑这一横向分布。

(2)简支板的计算跨径应为两支承中心之间的距离。与梁肋整体连接的板,计算弯矩时其计算跨径可取为相邻两肋间的净距加板厚,但不得大于相邻两肋中心之间的距离。此时,弯矩可按下列简化方法计算:

①支点弯矩:

$$M = -0.7M_0 \tag{3.5-1}$$

②跨中弯矩:

板厚与梁肋高度比大于或等于1/4时:

$$M = +0.7M_0 \tag{3.5-2}$$

板厚与梁肋高度比小于1/4时:

$$M = +0.5M_0 \tag{3.5-3}$$

式中:M_0——与计算跨径相同的简支板跨中弯矩。

与梁肋整体连接的板,计算剪力时其计算跨径可取两肋间净距,剪力按该计算跨径的简支板计算。

(3)整体单向板计算时,通过车轮传递到板上的荷载分布宽度宜按下列规定计算:

①平行于板的跨径方向的荷载分布宽度:

$$b = b_1 + 2h \tag{3.5-4}$$

②垂直于板的跨径方向的荷载分布宽度:

a. 单个车轮在板的跨径中部时：$a=(a_1+2h)+\dfrac{l}{3}\geqslant\dfrac{2}{3}l$；

b. 多个相同车轮在板的跨径中部时，当各单个车轮按上式计算的荷载分布宽度有重叠时：$a=(a_1+2h)+d+\dfrac{l}{3}\geqslant\dfrac{2}{3}l+d$；

c. 车轮在板的支承处时：$a=(a_1+2h)+t$；

d. 车轮在板的支承附近，距支点的距离为 x 时：$a=(a_1+2h)+t+2x$，但不大于车轮在板的跨径中部的分布宽度；

e. 按 a~d 规定计算得到的所有分布宽度，当大于板全宽时取板全宽；

f. 彼此不相连的预制板，车轮在板内分布宽度不大于预制板宽度。

以上式中：l——板的计算跨径；

h——铺装层厚度；

t——板的跨中厚度；

d——多个车轮时外轮之间的中距；

a_1、b_1——垂直于板跨和平行于板跨方向的车轮着地尺寸。

(4) 当支承轴线的垂直线与桥纵轴线的夹角即斜交角不大于15°时，整体式斜板桥的斜交板可按正交板计算；当 $l/b\leqslant1.3$ 时，其计算跨径取两支承轴线间的垂直距离；当 $l/b>1.3$ 时，其计算跨径取斜跨径长度。以上 l 为斜跨径，b 为垂直于桥纵轴线的板宽。

装配式铰接斜板桥的预制板块，可按宽为两板边间的垂直距离、计算跨径为斜跨径的正交板计算。

当 $l_c\leqslant2.5\text{m}$ 时，悬臂板垂直于其跨径方向的车轮荷载分布宽度可按下列规定计算：

$$a=(a_1+2h)+2l_c \tag{3.5-5}$$

式中：a——垂直于悬臂板跨径方向的车轮荷载分布宽度；

a_1——垂直于悬臂板跨径方向的车轮着地尺寸；

l_c——平行于悬臂板跨径方向的车轮着地尺寸的外缘，通过铺装层45°分布线的外边线至腹板外边缘的距离(图 3.5-1)；

h——铺装层厚度。

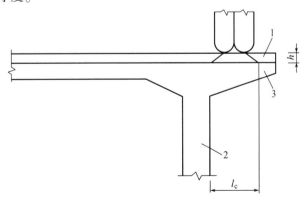

图 3.5-1 车轮荷载在悬臂板上的分布
1-桥面铺装；2-腹板；3-悬臂板

(5)与梁肋整体连接且具有承托的板(图3.5-2),当进行承托内截面或肋内板的截面验算时,板的计算高度可按下式计算:

$$h_e = h'_f + s \cdot \tan\alpha \tag{3.5-6}$$

式中:h_e——自承托起点至肋中心线之间板的任一验算截面的计算高度;

h'_f——不计承托时板的厚度;

s——自承托起点至肋中心线之间的任一验算截面的水平距离;

α——承托下缘与悬臂板底面夹角,当 $\tan\alpha > 1/3$ 时,取 $1/3$。

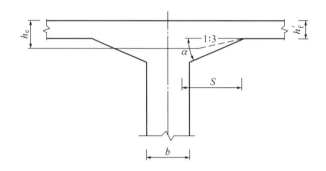

图3.5-2 承托板的计算高度

3.5.2 钢混组合桥面板效应:薄板弯曲弹性理论计算

作用于钢筋混凝土桥面板的荷载,有均匀作用于桥面板中央面的桥面板自重、铺装、护栏等恒载和垂直作用于与桥面板的通行车辆,通行车辆以轮载形式作用于桥面板,行车荷载的轮载[按《公路桥涵设计通用规范》(JTG D60—2015)取重车后轮荷载并按其双倍轮胎宽度设定分布面积为20cm×50cm 的部分分布荷载]。一般公路桥采用的钢筋混凝土桥面板多为桥面板跨度远大于桥面板厚度的薄板,故可偏安全地用弹性薄板理论计算其弯矩与剪力,据之进行断面设计。故而下面介绍承受面外竖向荷载的弹性薄板弯曲理论,以备应用。

1)承受竖向荷载的弹性薄板小变形理论

(1)板的弯曲微分方程

荷载垂直作用于平板表面时,若板由荷载产生的挠度小于板厚,则以下板弯曲小变形理论的基本假定成立:

①板厚比板跨小,板由弹性、匀质、各向同性材料组成。

②板的挠度比板厚小,变形前垂直于板中央面的法线变形后仍与中央面保持垂直。

③板与中央面垂直方向的应变以及变形后板中央面内薄膜内力产生的应变可以忽略。

根据上述假定,图3.5-3中右手直角坐标系中 x、y 板中央面由板切出一微小六面体单元。在与 xy 平面成直角方向作用有荷载 $q(x,y)$,六面体单元 $x=x$ 的 yz 平面、$y=y$ 的 xz 平面作用有内力,x、y 方向的单位长度上的弯矩 M_x、M_y,扭矩 M_{xy}、M_{yx} 以及垂直于单元平面的剪力 Q_x、Q_y。

这些弯矩、扭矩、剪力都是 x、y 的函数,当 x、y 增加微量 dx、dy 后其内力亦做相应增加,

$x = x + \mathrm{d}x, y = y + \mathrm{d}y$ 的 yz、xz 面上内力如图 3.5-3 所示。

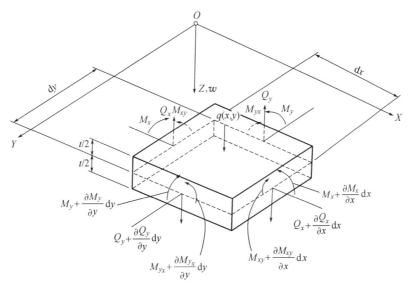

图 3.5-3 板的弯曲微分方程坐标示意图

微小六面体板上面作用有竖直方向的均匀分布的荷载 $q(x,y)$，则六面体表面荷载为 $q\mathrm{d}x\mathrm{d}y$，则六面体竖直方向力的平衡方程式成立。

$$\frac{\partial Q_x}{\partial x}\mathrm{d}x\mathrm{d}y + \frac{\partial Q_y}{\partial y}\mathrm{d}x\mathrm{d}y + q\mathrm{d}x\mathrm{d}y = 0 \tag{3.5-7}$$

$$\frac{\partial Q_x}{\partial x} + \frac{\partial Q_y}{\partial y} + q = 0 \tag{3.5-8}$$

微小六面体绕 y 轴弯矩的平衡式为：

$$\left(M_x + \frac{\partial M_x}{\partial x}\mathrm{d}x\right)\mathrm{d}y - M_x\mathrm{d}y + \left(M_{yx} + \frac{\partial M_{yx}}{\partial y}\mathrm{d}y\right)\mathrm{d}x - M_{yx}\mathrm{d}x - \left(Q_x + \frac{\partial Q_x}{\partial x}\mathrm{d}x\right)\mathrm{d}y\frac{\mathrm{d}x}{2} - Q_x\mathrm{d}y\frac{\mathrm{d}x}{2} = 0 \tag{3.5-9}$$

忽略二次微小项 $\frac{1}{2}\left(\frac{\partial Q_x}{\partial x}\right)(\mathrm{d}x)^2\mathrm{d}y$，则可得：

$$\frac{\partial M_x}{\partial x}\mathrm{d}x\mathrm{d}y + \frac{\partial M_{yx}}{\partial y}\mathrm{d}y\mathrm{d}x - Q_x\mathrm{d}x\mathrm{d}y = 0 \tag{3.5-10}$$

据之得：

$$\frac{\partial M_x}{\partial x} + \frac{\partial M_{yx}}{\partial y} = Q_x \tag{3.5-11}$$

同样由绕 x 的弯矩可得：

$$\frac{\partial M_y}{\partial y} + \frac{\partial M_{xy}}{\partial x} = Q_y \tag{3.5-12}$$

将式(3.5-11)、式(3.5-12)代入式(3.5-8)，考虑到 $M_{xy} = M_{yx}$，可得下式：

$$\frac{\partial^2 M_x}{\partial x^2} + 2\frac{\partial^2 M_{xy}}{\partial x \partial y} + \frac{\partial^2 M_y}{\partial y^2} = -q \tag{3.5-13}$$

为将式(3.5-13)以挠度 ω 表达,先考虑将板厚应力表达弯矩(扭矩) M_x、M_y、M_{xy} 得到下式:

$$M_x = \int_{-t/2}^{t/2} \sigma_x z \mathrm{d}z \tag{3.5-14a}$$

$$M_y = \int_{-t/2}^{t/2} \sigma_y z \mathrm{d}z \tag{3.5-14b}$$

$$M_{xy} = \int_{-t/2}^{t/2} \tau_{xy} z \mathrm{d}z \tag{3.5-14c}$$

根据前述假定,Z 方向应力为 σ_z,故由平面应力弹性理论胡克定律得到:

$$\sigma_x = \frac{E}{1-\nu^2}(\varepsilon_x + \nu \varepsilon_y) \tag{3.5-15a}$$

$$\sigma_y = \frac{E}{1-\nu^2}(\varepsilon_y + \nu \varepsilon_x) \tag{3.5-15b}$$

$$\tau_{xy} = \frac{E}{2(1+\nu)}\gamma_{xy} \tag{3.5-15c}$$

式中:ε_x,ε_y——x,y 方向的弯曲应变;

γ_{xy}——因扭转造成的剪切应变;

E——杨氏弹性模量;

ν——泊松比。

由空间弹性理论,应变 ε_x、ε_y、γ_{xy} 可用板的挠度 ω 来表示,据之得:

$$\varepsilon_x = -z\frac{\partial^2 \omega}{\partial x^2} \tag{3.5-16a}$$

$$\varepsilon_y = -z\frac{\partial^2 \omega}{\partial y^2} \tag{3.5-16b}$$

$$\gamma_{xy} = -2z\frac{\partial^2 \omega}{\partial x \partial y} \tag{3.5-16c}$$

考虑式(3.5-16),以式(3.5-15)代入式(3.5-14),并对 M_x、M_y、M_{xy} 积分可得:

$$M_x = -D\left(\frac{\partial^2 \omega}{\partial x^2} + \nu\frac{\partial^2 \omega}{\partial y^2}\right) \tag{3.5-17a}$$

$$M_y = -D\left(\frac{\partial^2 \omega}{\partial y^2} + \nu\frac{\partial^2 \omega}{\partial x^2}\right) \tag{3.5-17b}$$

$$M_{xy} = -D(1-\nu)\frac{\partial^2 \omega}{\partial x \partial y} \tag{3.5-17c}$$

此处 D 为板的抗弯刚度,有:

$$D = \frac{Et^3}{12(1-\nu^2)} \tag{3.5-18}$$

将式(3.5-17)代入式(3.5-13),得到板在荷载 q 作用下板的平衡方程式:

$$\frac{\partial^4 \omega}{\partial x^4} + 2\frac{\partial^4 \omega}{\partial x^2 \partial y^2} + \frac{\partial^4 \omega}{\partial y^4} = \frac{q(x,y)}{D} \tag{3.5-19}$$

根据边界条件,可解得挠度 ω 的函数,而板任意点的弯矩、扭转弯矩可由式(3.5-17)计算,而剪力 Q_x、Q_y 可由式(3.5-11)、式(3.5-12)以及式(3.5-17)求得:

$$Q_x = \frac{\partial M_x}{\partial x} + \frac{\partial M_{yx}}{\partial y} = -D\frac{\partial}{\partial x}\left(\frac{\partial^2 \omega}{\partial x^2} + \frac{\partial^2 \omega}{\partial y^2}\right) \tag{3.5-20a}$$

$$Q_y = \frac{\partial M_y}{\partial y} + \frac{\partial M_{xy}}{\partial x} = -D\frac{\partial}{\partial y}\left(\frac{\partial^2 \omega}{\partial x^2} + \frac{\partial^2 \omega}{\partial y^2}\right) \tag{3.5-20b}$$

(2)边界条件

钢筋混凝土桥面板通常有四边支承的矩形板,两边支承或一边固结一边自由的无限连续板,三边支承、一边自由的矩形板几种支撑形式。下面考察板的侧边平行于 x,y 轴的长方形板,$x=a$ 板的侧边边界条件。

①固结

因为固结边沿板中央面边缘、挠度与转角都受到约束,其边界条件如下:

$$(\omega)_{x=a} = 0 \tag{3.5-21a}$$

$$\left(\frac{\partial \omega}{\partial x}\right)_{x=a} = 0 \tag{3.5-21b}$$

②简支

因为简支边板的支承边挠度 ω 为 0,而其转动却是自由的,故而 $x=a$ 处,M_x 为 0,即边界条件为:

$$(\omega)_{x=a} = 0 \tag{3.5-22a}$$

$$\left(\frac{\partial^2 \omega}{\partial x^2} + \nu \frac{\partial^2 \omega}{\partial y^2}\right)_{x=a} = 0 \tag{3.5-22b}$$

式(3.5-22b)中 $x=a$,不管 y 为何值,ω 总是 0,所以 $\frac{\partial^2 \omega}{\partial y^2}$ 也是 0,故式(3.5-22b)与 $\frac{\partial^2 \omega}{\partial x^2} = 0$ 等价。

③自由

因为自由边 $x=a$ 不受约束,当自由边没有荷载时,自由边上弯矩及竖向力均为 0,即:

$$(M_x)_{x=a} = 0 \tag{3.5-23a}$$

$$(V_x)_{x=a} = 0 \tag{3.5-23b}$$

板缘竖向力由横向剪力及扭转剪力组合,故式(3.5-23b)亦可写作:

$$(V_x)_{x=a} = \left(Q_x - \frac{\partial M_{xy}}{\partial y}\right)_{x=a} = 0 \tag{3.5-24}$$

将式(3.5-17a)、式(3.5-17c)以及式(3.5-20a)中的 M_x、M_{xy}、Q_x 的挠度表达式代入式(3.5-23)、式(3.5-24),即自由边边界条件为:

$$\left(\frac{\partial^2 \omega}{\partial x^2} + \nu \frac{\partial^2 \omega}{\partial y^2}\right)_{x=a} = 0 \tag{3.5-25a}$$

$$\left(\frac{\partial^3 \omega}{\partial x^3} + (2 - \nu) \frac{\partial^3 \omega}{\partial x \partial y^2}\right)_{x=a} = 0 \tag{3.5-25b}$$

2) 正交异性板

前面所述,是以板的正交两个方向、材料性质相等的各向同性板为对象,但混凝土组合桥面板根据实际构造,两个方向板的性质差异较大,所以应以上述各向同性板公式推导为基础进行扩展推导,求得各向异性弹性板的计算式。仍以右 x,y 轴为正交异性弹性板的主轴,两正交方向弹性模量与泊桑系数分别记为 E_x、E_y 以及 ν_x、ν_y,正交异性板的应力-应变关系为:

$$\varepsilon_x = \frac{\sigma_x}{E_x} - \nu_y \frac{\sigma_y}{E_y} \tag{3.5-26a}$$

$$\varepsilon_y = \frac{\sigma_y}{E_y} - \nu_x \frac{\sigma_x}{E_x} \tag{3.5-26b}$$

$$\gamma_{xy} = \frac{\tau_{xy}}{G_{xy}} \tag{3.5-26c}$$

这里 G_{xy} 为正交异性板剪切弹性模量,可用 E_x、E_y、ν_x、ν_y 按下式求得:

$$G_{xy} \approx \frac{\sqrt{E_x E_y}}{2(1 + \sqrt{\nu_x \nu_y})} \tag{3.5-27}$$

由式(3.5-26)解得:

$$\sigma_x = \frac{E_x}{1 - \nu_x \nu_y}(\varepsilon_x + \nu_y \varepsilon_y) \tag{3.5-28a}$$

$$\sigma_y = \frac{E_y}{1 - \nu_x \nu_y}(\varepsilon_y + \nu_x \varepsilon_x) \tag{3.5-28b}$$

$$\tau_{xy} = G_{xy} \gamma_{xy} \tag{3.5-28c}$$

与前述各向同性板一样,将式(3.5-16)代入式(3.5-28),再将其代入式(3.5-14)并积分,可得到:

$$M_x = -D_x\left(\frac{\partial^2 \omega}{\partial x^2} + \nu_y \frac{\partial^2 \omega}{\partial y^2}\right) \tag{3.5-29a}$$

$$M_y = -D_y\left(\frac{\partial^2 \omega}{\partial y^2} + \nu_x \frac{\partial^2 \omega}{\partial x^2}\right) \tag{3.5-29b}$$

$$M_{xy} = -2 D_{xy} \frac{\partial^2 \omega}{\partial x \partial y} \tag{3.5-29c}$$

这里 D_x、D_y 为正交异性板两个方向抗弯刚度有:

$$D_x = \frac{E_x t^3}{12(1 - \nu_x \nu_y)} \tag{3.5-30a}$$

$$D_y = \frac{E_y t^3}{12(1 - \nu_x \nu_y)} \tag{3.5-30b}$$

D_{xy} 为正交异性板的抗扭刚度,有:

$$D_{xy} = \frac{G_{xy} t^3}{12} \tag{3.5-31}$$

将式(3.5-29)代入板单元的基本微分方程(3.5-13),得到正交异性板基本方程:

$$D_x \frac{\partial^4 \omega}{\partial x^4} + 2H \frac{\partial^4 \omega}{\partial x^2 \partial y^2} + D_y \frac{\partial^4 \omega}{\partial y^4} = q(x,y) \tag{3.5-32}$$

这里,$2H = \nu_y D_x + \nu_x D_y + 4 D_{xy}$一般称之为正交异性板的有效扭转刚度。根据Maxwell-Betti互等定理,有:

$$\nu_x E_y = \nu_y E_x \tag{3.5-33a}$$

即

$$\nu_x D_y = \nu_y D_x \tag{3.5-33b}$$

所以,

$$H = \nu_y D_x + 2 D_{xy} = \nu_x D_y + 2 D_{xy} \tag{3.5-34}$$

将式(3.5-29)代入Q_x、Q_y的计算式(3.5-11)、式(3.5-12),得:

$$Q_x = -\frac{\partial}{\partial x}\left(D_x \frac{\partial^2 \omega}{\partial x^2} + H \frac{\partial^2 \omega}{\partial y^2}\right) \tag{3.5-35a}$$

$$Q_y = \frac{\partial M_y}{\partial y} + \frac{\partial M_{xy}}{\partial x} = -\frac{\partial}{\partial y}\left(D_y \frac{\partial^2 \omega}{\partial y^2} + H \frac{\partial^2 \omega}{\partial x^2}\right) \tag{3.5-35b}$$

与前述各向同性板一样,根据边界条件可用式(3.5-32)求得ω,继而由式(3.5-29)、式(3.5-35)求得相应内力M_x、M_y、M_{xy}以及Q_x、Q_y。设计中对弹性薄板的实际计算常使用上述理论计算出的表格。

上述为弹性薄板的经典理论,理论较严谨,计算难度也较大,且只能解决少数特殊问题,具体工作中多采用数值解法,常用的数值解法有级数解法、差分解法及有限元解法,这里仅介绍有限元解法。

3) 薄板弯曲有限元分析理论

鉴于有限元结构分析的发展得益于计算机应用的发展与应用,故实际常借助弹性薄板弯曲有限元软件对桥面板进行有限元结构分析。

在有限单元法中,代替连续薄板的是一些离散的四边形或三角形的薄板单元(例如图3.5-4所示的矩形单元),它们只在结点互相连接。由于相邻单元之间有法向力和力矩的传送,所以必须把结点当作刚接的。借助单元结点力与荷载的平衡和边界条件,列出大型方程组,即可解算出结点力,进而完成对结构整体的受力分析。为了便于分析,每个单元所受的荷载仍然是按照静力等效的原则移置(分解)到结点上。

如弹性平板理论,作为基本未知量的是结点的一个线位移(挠度ω)和两个角位移(绕x轴的转角θ_x及绕y轴的转角θ_y)。线位移以沿z轴正向的为正,角位移则以按右手螺旋定则标出的矢量沿坐标轴正向的为正。

图3.5-4示出结点位移的正向及其相应的结点力。根据微小位移假定,由几何关系有$\theta_x = \frac{\partial \omega}{\partial y}$及$\theta_y = -\frac{\partial \omega}{\partial x}$。因此,在一个不受支承的结点$i$,它的位移可以表示为:

$$\boldsymbol{\delta}_i = \begin{bmatrix} \omega_i \\ \theta_{xi} \\ \theta_{yi} \end{bmatrix} = \begin{bmatrix} \omega_i \\ \left(\dfrac{\partial \omega}{\partial y}\right)_i \\ -\left(\dfrac{\partial \omega}{\partial x}\right)_i \end{bmatrix} \tag{3.5-36}$$

相应的结点力表示为:

$$\boldsymbol{F}_i = \begin{bmatrix} W_i \\ M_{\theta xi} \\ M_{\theta yi} \end{bmatrix} \tag{3.5-37}$$

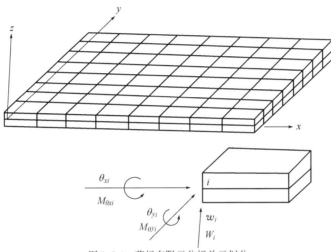

图 3.5-4 薄板有限元分析单元划分

由薄板弹性理论可知,薄板的位移、形变、应力、内力等,都可以单一地用挠度 ω 来表示。因此,薄板单元中的位移模式问题,就是把挠度 ω 取为什么样的函数(坐标 x 和 y 的函数),即形函数的问题。一个矩形薄板单元,如图 3.5-5 中的 i、j、m、p,共有 $4 \times 3 = 12$ 个自由度,因此,挠度 ω 的表达式必须含有 12 个参数。若取多项式作形函数,则可取如下的位移模式:

$$\omega = \alpha_1 + \alpha_2 x + \alpha_3 y + \alpha_4 x^2 + \alpha_5 xy + \alpha_6 y^2 + \alpha_7 x^3 + \alpha_8 x^2 y + \alpha_9 xy^2 + \alpha_{10} y^3 + \alpha_{11} x^3 y + \alpha_{12} xy^3 \tag{3.5-38}$$

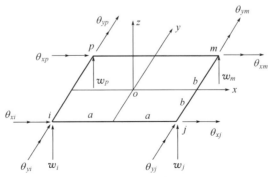

图 3.5-5 薄板单元自由度示意图

该单元的结点位移,如图 3.5-5 所示,可以用列阵表示为:
$$\boldsymbol{\delta}^e = [\delta_i^T \ \delta_j^T \ \delta_m^T \ \delta_p^T]^T = [\omega_i \ \theta_{xi} \ \theta_{yi} \ \omega_j \ \theta_{xj} \ \theta_{yj} \ \omega_m \ \theta_{xm} \ \theta_{ym} \ \omega_p \ \theta_{xp} \ \theta_{yp}]^T$$
在结点 $i(-a,-b)$,应当有:

$$\left.\begin{aligned}\omega_i &= \alpha_1 - a\alpha_2 - b\alpha_3 + a^2\alpha_4 + ab\alpha_5 + b^2\alpha_6 - a^3\alpha_7 - a^2b\alpha_8 - ab^2\alpha_9 - b^3\alpha_{10} + \\ & \quad a^3b\alpha_{11} + ab^3\alpha_{12}\\ \theta_{xi} &= \left(\frac{\partial\omega}{\partial y}\right)_i = \alpha_3 - a\alpha_5 - 2b\alpha_6 + a^2\alpha_8 + 2ab\alpha_9 + 3b^2\alpha_{10} - a^3\alpha_{11} - 3ab^2\alpha_{12}\\ -\theta_{yi} &= \left(-\frac{\partial\omega}{\partial x}\right)_i = \alpha_2 - 2a\alpha_4 - b\alpha_5 + 3a^2\alpha_7 + 2ab\alpha_8 + b^2\alpha_9 - 3a^2b\alpha_{11} - b^3\alpha_{12}\end{aligned}\right\}$$

(3.5-39)

在结点 j,m,p,也各有与式(3.5-39)类似的三个方程。由这 12 个方程联立求解,得出 $\alpha_1 \sim \alpha_{12}$,再代入式(3.5-38),整理以后得到:

$$\begin{aligned}\omega &= N_i\omega_i + N_{xi}\theta_{xi} + N_{yi}\theta_{yi} + N_j\omega_j + N_{xj}\theta_{xj} + N_{yj}\theta_{yj} + N_m\omega_m + \\ & \quad N_{xm}\theta_{xm} + N_{ym}\theta_{ym} + N_p\omega_p + N_{xp}\theta_{xp} + N_{yp}\theta_{yp}\end{aligned}$$

(3.5-40)

式中的形函数 $N_i, N_{xi}, \cdots, N_{yp}$ 都是 x 和 y 的四次多项式:

$$\left.\begin{aligned}[N_i \quad N_{xi} \quad N_{yi}] &= \frac{X_1Y_1}{16}[X_1Y_1 - X_2Y_2 + 2X_1X_2 + 2Y_1Y_2 - 2bY_1Y_2 - 2aX_1X_2]\\ [N_j \quad N_{xj} \quad N_{yj}] &= \frac{X_2Y_1}{16}[X_2Y_1 - X_1Y_2 + 2X_1X_2 + 2Y_1Y_2 - 2bY_1Y_2 - 2aX_1X_2]\\ [N_m \quad N_{xm} \quad N_{ym}] &= \frac{X_2Y_2}{16}[X_2Y_2 - X_1Y_1 + 2X_1X_2 + 2Y_1Y_2 - 2bY_1Y_2 - 2aX_1X_2]\\ [N_p \quad N_{xp} \quad N_{yp}] &= \frac{X_1Y_2}{16}[X_1Y_2 - X_2Y_1 + 2X_1X_2 + 2Y_1Y_2 - 2bY_1Y_2 - 2aX_1X_2]\end{aligned}\right\}$$

(3.5-41)

其中,$X_1 = 1 - \frac{x}{a}; X_2 = 1 + \frac{x}{a}; Y_1 = 1 - \frac{y}{b}; Y_2 = 1 + \frac{y}{b}$。

表达式(3.5-40)也可以写成矩阵形式:

$$f = \omega = N\boldsymbol{\delta}^e \tag{3.5-42}$$

其中

$$\boldsymbol{N} = [N_i \quad N_{xi} \quad N_{yi} \quad N_j \quad N_{xj} \quad N_{yj} \quad N_m \quad N_{xm} \quad N_{ym} \quad N_p \quad N_{xp} \quad N_{yp}]$$

(3.5-43)

矩形薄板单元上的荷载向结点移置,矩形薄板单元上的、与各结点位移相应的结点荷载,如图 3.5-6 所示,可用列阵表示为:

$$\boldsymbol{R}^e = [Z_i \quad T_{xi} \quad T_{yi} \quad Z_j \quad T_{xj} \quad T_{yj} \quad Z_m \quad T_{xm} \quad T_{ym} \quad Z_p \quad T_{xp} \quad T_{yp}]^T$$

设有法向集中荷载 P 作用在单元 i、j、m、p 的任意一点(x,y)上,如图 3.5-6 所示,可以导出公式:

$$\boldsymbol{R}^e = \boldsymbol{N}^T P \tag{3.5-44}$$

当荷载 P 作用在单元的中心时，即 $x=y=0$ 时，由式(3.5-44)、式(3.5-43)及式(3.5-41)可得：

$$\boldsymbol{R}^e = P\left[\frac{1}{4} \quad \frac{b}{8} \quad -\frac{a}{8} \quad \frac{1}{4} \quad \frac{b}{8} \quad \frac{a}{8} \quad \frac{1}{4} \quad -\frac{b}{8} \quad \frac{a}{8} \quad \frac{1}{4} \quad -\frac{b}{8} \quad -\frac{a}{8}\right]^T$$

即 $Z_i = Z_j = Z_m = Z_p = \dfrac{P}{4}$，$T_{xi} = T_{xj} = -T_{xm} = -T_{xp} = \dfrac{Pb}{8}$，$-T_{yi} = T_{yj} = T_{ym} = -T_{yp} = \dfrac{Pa}{8}$。

如图 3.5-7 所示。这里须注意：移置到各结点的荷载，除了法向荷载以外，还有力矩荷载。

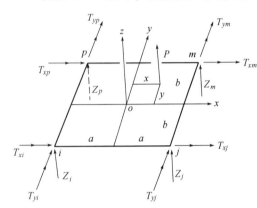

图 3.5-6 集中力作用下结点荷载示意图

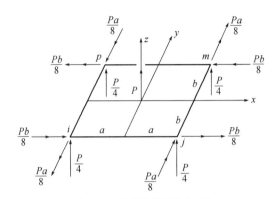

图 3.5-7 结点荷载结果示意图

如果单元 $ijmp$ 受有分布的法向荷载，它在任意一点 (x,y) 处的集度为 q，可将微分面积 $dxdy$ 上的荷载 $qdxdy$ 当作集中荷载 P，利用式(3.5-44)的积分，得到：

$$\boldsymbol{R}^e = \iint \boldsymbol{N}^T q dx dy \tag{3.5-45}$$

当荷载为均匀分布时，q 为常量，由上式得：

$$\boldsymbol{R}^e = q\int_{-a}^{a}\int_{-b}^{b} \boldsymbol{N}^T dxdy = q\int_{-a}^{a}\int_{-b}^{b}[N_i \ N_{xi} \cdots N_{yp}]^T dxdy$$

将表达式(3.5-41)代入后，对每个元素进行积分，得：

$$\boldsymbol{R}^e = 4qab\left[\frac{1}{4} \quad \frac{b}{12} \quad -\frac{a}{12} \quad \frac{1}{4} \quad \frac{b}{12} \quad \frac{a}{12} \quad \frac{1}{4} \quad -\frac{b}{12} \quad \frac{a}{12} \quad \frac{1}{4} \quad -\frac{b}{12} \quad -\frac{a}{12}\right]^T$$

即 $Z_i = Z_j = Z_m = Z_p = qab$，$T_{xi} = T_{xj} = -T_{xm} = -T_{xp} = 4qab\left(\dfrac{b}{12}\right)$，$-T_{yi} = T_{yj} = T_{ym} = -T_{yp} = 4qab\left(\dfrac{a}{12}\right)$。

矩形薄板单元的内力矩阵及刚度矩阵，将表达式(3.5-40)代入薄板弯曲问题中的几何方程(3.5-46)：

$$\boldsymbol{\chi} = \begin{bmatrix} -\dfrac{\partial^2 \omega}{\partial x^2} \\ -\dfrac{\partial^2 \omega}{\partial y^2} \\ -2\dfrac{\partial^2 \omega}{\partial x \partial y} \end{bmatrix} \tag{3.5-46}$$

由此,可将单元的应变用结点位移表示为:
$$\chi = B\delta^e \quad (3.5-47)$$
其中
$$B = -\begin{bmatrix} \dfrac{\partial^2 N_i}{\partial x^2} & \dfrac{\partial^2 N_{xi}}{\partial x^2} & \cdots & \dfrac{\partial^2 N_{yp}}{\partial x^2} \\ \dfrac{\partial^2 N_i}{\partial y^2} & \dfrac{\partial^2 N_{xi}}{\partial y^2} & \cdots & \dfrac{\partial^2 N_{yp}}{\partial y^2} \\ 2\dfrac{\partial^2 N_i}{\partial x \partial y} & 2\dfrac{\partial^2 N_{xi}}{\partial x \partial y} & \cdots & 2\dfrac{\partial^2 N_{yp}}{\partial x \partial y} \end{bmatrix} \quad (3.5-48)$$

再将表达式(3.5-47)代入式 $M = D\chi$,得:
$$M = \begin{bmatrix} M_x & M_y & M_{xy} \end{bmatrix}^T = DB\delta^e$$

令
$$M = S\delta^e$$

其中,S 为薄板单元的内力矩阵,则和以前一样有:
$$S = DB \quad (3.5-49)$$

其中,D 是薄板弯曲问题的弹性矩阵:
$$D = -\frac{Et^3}{12(1-\mu^2)} = \begin{bmatrix} 1 & \mu & 0 \\ \mu & 1 & 0 \\ 0 & 0 & \dfrac{1-\mu}{2} \end{bmatrix} \quad (3.5-50)$$

将式(3.5-48)及弹性矩阵 D 代入式(3.5-49),即得:
$$S = -\frac{Et^3}{12(1-\mu^2)} = \begin{bmatrix} 1 & \mu & 0 \\ \mu & 1 & 0 \\ 0 & 0 & \dfrac{1-\mu}{2} \end{bmatrix} \begin{bmatrix} \dfrac{\partial^2 N_i}{\partial x^2} & \dfrac{\partial^2 N_{xi}}{\partial x^2} & \cdots & \dfrac{\partial^2 N_{yp}}{\partial x^2} \\ \dfrac{\partial^2 N_i}{\partial y^2} & \dfrac{\partial^2 N_{xi}}{\partial y^2} & \cdots & \dfrac{\partial^2 N_{yp}}{\partial y^2} \\ 2\dfrac{\partial^2 N_i}{\partial x \partial y} & 2\dfrac{\partial^2 N_{xi}}{\partial x \partial y} & \cdots & 2\dfrac{\partial^2 N_{yp}}{\partial x \partial y} \end{bmatrix} \quad (3.5-51)$$

按照表达式(3.5-41)求出上式中的各二阶导数,依次将 i、j、m、p 四个结点的坐标代入,求出乘积,即得四个结点处的内力矩阵。

按虚位移原理,在薄板的每单位面积内,应力 δ 在虚应变 ε^* 上的虚功,必然等于应力合成的内力 M 在其相应虚应变 χ^* 上的虚功,即等于 $(\chi^*)^T M$。

$$[(\delta^*)^e]^T F^e = \iint (\chi^*)^T M dx dy \quad (3.5-52)$$

将表达式(3.5-46)、式(3.5-48)代入,得:
$$[(\delta^*)^e]^T F^e = \iint [B(\delta^*)^e]^T DB\delta^e dx dy \quad (3.5-53)$$

应用矩阵乘积的逆序法则,并注意 δ^e 和 $(\delta^*)^e$ 都不是坐标的函数,上式可改写为:

$$[(\pmb{\delta}^*)^e]^T \pmb{F}^e = [(\pmb{\delta}^*)^e]^T [\iint \pmb{B}^T \pmb{D} \pmb{B} dxdy) \pmb{\delta}^e] \tag{3.5-54}$$

根据 $(\pmb{\delta}^*)^e$ 的任意性,可将上式简化为:

$$\pmb{F}^e = \iint \pmb{B}^T \pmb{D} \pmb{B} dxdy \pmb{\delta}^e \tag{3.5-55}$$

或者写成

$$\pmb{F}^e = \pmb{k} \pmb{\delta}^e \tag{3.5-56}$$

其中

$$\pmb{k} = \iint \pmb{B}^T \pmb{D} \pmb{B} dxdy \tag{3.5-57}$$

矩阵 $\pmb{k}$ 就是薄板单元的刚度矩阵,它决定于该单元的方位、尺寸和弹性,而与该单元的位置无关(亦即不因坐标轴的平移而改变)。

同理可导得三角形平板单元的刚度矩阵。有了单元刚度矩阵,即可按照有限元计算程序由单元刚度矩阵形成总刚度矩阵,根据边界条件,求解弹性薄板得到各相关截面内力。

有限元求解一般步骤:

(1)将结构划分为由单元构成的网络,单元间以结点相连接。

(2)求算每一单元的单元刚度矩阵($\pmb{K} \cdot \pmb{U} = \pmb{F}$)与单元结点力得出结点位移。

(3)列出每一结点力的平衡方程式,即得以结点位移为未知数的方程组每一列:

$$\left.\begin{array}{l} k_{11}u_1 + k_{12}u_1 + \cdots + k_{1n}u_1 = F_1 \\ k_{21}u_2 + k_{22}u_2 + \cdots + k_{2n}u_2 = F_2 \\ \cdots\cdots \\ k_{n1}u_n + k_{n2}u_n + \cdots + k_{nn}u_n = F_n \end{array}\right\} \tag{3.5-58}$$

式中:u_n——单元的结点变位。

即可得总刚度矩阵($\pmb{K}$)与结点位移矩阵($\pmb{U}$)及结点力列阵 $\pmb{F}$,得到结构平衡方程 $\pmb{K} \cdot \pmb{U} = \pmb{F}$。

(4)考虑外荷载及边界条件解上述方程组,求得结点位移,进而求得结点单元位移单元应力。

上述为有限元弹性分析,亦称为线性分析,其有两条基本假定:材料本构关系符合胡克定理,应力与应变成正比;变形(位移)较小,不影响结构分析模型。然而混凝土材料本身为非线性材料,钢材进入弹性极限后呈现非线性。对大跨度结构,几何变形的影响也不能完全忽略,于是出现了非线性有限元分析问题。

如前所述,非线性分析包括几何非线性与材料非线性,具体包括三个方面:

(1)结构内部发生相对位移较大,从而造成结构几何模型边界条件荷载模型发生变形。

(2)应力、应变较大引发结构变形的非线性。关于非线性分析应于计算中加入以下两方面:①因应变较大单元分析中需计入位移高阶导数,须考虑材料本构关系的非线性;②方程整体集中加入增量形式表示刚度矩阵。

(3)方程求解可采用增量法、迭代法进行。

因篇幅所限,关于结构有限元非线性分析多用于性能研究,设计计算中一般不采用,故此处不再详述。

得益于计算机计算速度、计算机容量的增加,结构有限元分析应用于工程实际中日益增多。有限单元法在工程应用中表现许多突出优点:①对复杂几何结构的适应性;②具有广泛的适用性和灵活性;③因数学学科的发展,其更适用于计算复杂精密大型课题;④随着计算软件的发展,使之更贴近实际,更可靠,更细致,故而得到更广泛应用。

桥面板的有限元分析一般均可采用商用有限元程序(软件)。

3.6 钢混组合桥面板极限状验算

钢混组合桥面板应按承载能力极限状态进行验算,验算工作分两阶段进行:混凝土浇灌后但混凝土尚未凝固,仅作为荷重由底钢板承担,此时应按《公路钢结构桥梁设计规范》(JTG D64—2015)规定验算底钢板应力;混凝土凝固并达到设计强度后混凝土面板与底钢板成为一体,共同承担使用荷载,此时应按《公路钢混组合桥梁设计与施工规范》(JTG D64-01—2015)验算钢混组合桥面板受弯、受剪承载能力极限状态验算。

3.6.1 钢混组合桥面板抗弯计算

(1)底钢板作为混凝土桥面板施工模板时可按钢板受弯计算,钢板弯曲正应力应满足以下要求:

主平面内受弯时的实腹式构件:

$$\gamma_0 \sigma_x = \gamma_0 \frac{M_y}{W_{y,\text{eff}}} \leqslant f_d \tag{3.6-1}$$

双向受弯时的实腹式构件:

$$\gamma_0 \left(\frac{M_y}{W_{y,\text{eff}}} + \frac{M_z}{W_{z,\text{eff}}} \right) \leqslant f_d \tag{3.6-2}$$

式中:M_y、M_z——计算截面的弯矩设计值;

$W_{y,\text{eff}}$、$W_{z,\text{eff}}$——有效截面相对于 y 轴和 z 轴的截面模量,其中受拉翼缘应力考虑剪力滞影响,受压翼缘应同时考虑剪力滞和局部稳定影响。

(2)若底钢板与其下支承梁组合且承受纵向弯曲,导致桥面板承受拉(压)力,此时应将此拉(压)力与板的纵向局部弯曲组合按钢底板受拉弯、压弯作用计算,其强度应满足以下规定:

$$\gamma_0 \left(\frac{N_d}{N_{\text{Rd}}} + \frac{M_y + N_d e_z}{M_{\text{Rd},y}} + \frac{M_z + N_d e_y}{M_{\text{Rd},z}} \right) \leqslant 1 \tag{3.6-3}$$

$$N_{\text{Rd}} = A_{\text{eff}} f_d$$
$$M_{\text{Rd},y} = W_{y,\text{eff}} f_d$$
$$M_{\text{Rd},z} = W_{z,\text{eff}} f_d$$

式中:N_d——轴心力设计值;

M_y、M_z——绕 y 轴和 z 轴的弯矩设计值(注意拉压力组合时的正负号);

A_{eff}——有效截面面积,计算中带肋底钢板仿 T 形截面对受拉翼缘应力考虑剪力滞影响,受压翼缘应同时考虑剪力滞和局部稳定影响;

$W_{y,\text{eff}}$、$W_{z,\text{eff}}$——有效截面相对于 y 轴和 z 轴的截面模量,其中受拉翼缘应力考虑剪力滞影响,受压翼缘应同时考虑剪力滞和局部稳定影响。

(3)钢混组合桥面板共同承受轮载与自重拉弯时,其抗弯计算应符合下列规定:

①计算组合板抗弯承载力时,应考虑施工方法及顺序的影响,并应对施工过程进行抗弯验算,施工阶段作用组合效应应符合现行《公路桥涵设计通用规范》(JTG D60)的规定。

②组合板截面抗弯承载力应采用线弹性方法进行计算,以截面上任意一点达到材料强度设计值作为抗弯承载力的标志,并应符合下列规定:

$$\sigma = \sum_{i=1}^{\text{II}} \frac{M_{d,i}}{W_{\text{eff},i}} \tag{3.6-4}$$

$$\gamma_0 \sigma \leq f \tag{3.6-5}$$

式中:i——变量,表示不同的应力计算阶段,其中,$i = \text{I}$ 表示未形成组合板截面(钢梁)的应力计算阶段,$i = \text{II}$ 表示形成组合板截面之后的应力计算阶段;

$M_{d,i}$——对应不同应力计算阶段,作用于钢梁或组合板截面的弯矩设计值(N·mm);

$W_{\text{eff},i}$——对应不同应力计算阶段,钢梁或组合板截面的抗弯模量(mm^3);

f——钢筋、钢梁或混凝土的强度设计值(MPa)。

③计算组合板抗弯承载力时应考虑混凝土板剪力滞效应的影响。

④计算组合板负弯矩区抗弯承载力时,如果考虑混凝土开裂的影响,应不计负弯矩区混凝土抗拉贡献,但应计入混凝土板翼缘有效宽度内纵向钢筋的作用(含底钢板等代钢筋面积)。

3.6.2 钢混组合桥面板剪力验算

钢混组合桥面板剪力验算分三部分:竖向剪切计算、冲压剪力计算以及抗剪连接件剪力计算。下面介绍竖向剪切计算及冲压剪力计算。

(1)竖向剪切计算

组合梁竖向抗剪验算应按下式计算:

$$\begin{gathered}\gamma_0 V_{vd} \leq V_{vn} \\ V_{vn} = f_{vd} A_w\end{gathered} \tag{3.6-6}$$

式中:V_{vd}——组合梁的竖向剪力设计值(N);

V_{vn}——组合梁的竖向抗剪承载力(N);

A_w——钢梁腹板的截面面积(mm^2);

f_{vd}——钢梁腹板的抗剪强度设计值(MPa)。

(2)冲压剪力计算

钢混组合桥面板的设计冲压抗力,可以根据公下式计算。

$$V_{pcd} = \frac{\beta_d \beta_p \beta_r f'_{pcd} u_p d}{\gamma_b} \tag{3.6-7}$$

式中:$f'_{pcd} = 0.2\sqrt{f'_{cd}}$ (MPa),$f'_{pcd} \leq 1.2\text{MPa}$;

$\beta_d = \sqrt{1000/d}$,$\beta_d > 1.5$ 时取 1.5;

$\beta_p = \sqrt[3]{100\alpha_2\rho}$,$\beta_p > 1.5$ 时取 1.5;

$$\beta_{\mathrm{r}} = 1 + \frac{1}{1 + 0.25u/d};$$

f'_{cd}——混凝土的设计压缩强度(MPa);

u——荷载面的周长(mm);

u_{p}——核对截面的周长,可以根据距离荷载面 $d/2$ 的位置计算;

d——有效高度(mm);

α_2——根据剪力键的种类以及配置方法所确定的折减系数;

ρ——拉伸钢筋含筋率;

γ_{b}——材料分项性系数,取 1.3。

此处,与研究单向板剪切问题一样,应当在设计抗力计算公式中对拉伸钢筋含筋率导入折减系数 α_2,其中,对于面板厚度为 380mm 以下,使用栓钉或者与栓钉类似的剪力键的钢-混凝土组合桥面板,折减系数 $\alpha_2(\alpha_2 \leq 1)$ 可以根据下式计算。

$$\alpha_2 = \frac{V_{\mathrm{sud}} A_{\mathrm{u}}}{2 R_{\mathrm{u}} \lambda_x \lambda_y} \tag{3.6-8}$$

式中:V_{sud}——栓钉的设计剪切抗力;

A_{u}——圆锥状的冲压剪断损坏截面的底面积(参考图3.6-1);

R_{u}——底钢板屈服时,圆锥状的冲压剪切损坏面底部栓钉的抵抗力,$R_{\mathrm{u}} = t_{\mathrm{s}}(b + 2h_{\mathrm{s}}) f_{\mathrm{yd}}$;

t_{s}——底钢板厚度;

h_{s}——混凝土厚度;

b——荷载面宽度;

f_{yd}——钢板的设计屈服强度。

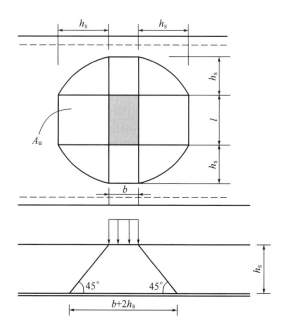

图 3.6-1 假设的冲压剪断损坏形式

若钢混组合桥面板使用的是栓钉以外的其他类型的剪力键,由于试验资料的匮乏,其冲压剪切抗力尚不明确。因此这种情况下必须通过试验等方法进一步确认面板在冲压剪断损坏方面的安全性。

钢混组合桥面板的冲压剪断损坏性状一般与钢筋混凝土桥面板的情形大致类似,但是,因为钢混组合桥面板有很多种具体类型,而且不同类型的剪力键形状、种类以及配置方法都不同,有些情况下剪切抗力以及冲压抗力也会很低,所以直接使用钢筋混凝土的设计剪断抗力公式有可能会过高评估钢混组合桥面板的剪断抗力与冲压抗力。为了避免不利后果,计算剪断抗力与冲压抗力时,应当使用可靠性更强的设计抗力计算公式。此外,当剪力键各方面构造不同,导致无法确认面板切断抗力时,还需要进行试验或者解析计算。

3.6.3 裂缝宽度计算和变形计算

1) 裂缝宽度计算

对组合连续梁负弯矩作用区,需对钢混组合桥面板做裂缝验算,验算可参照《公路钢混组合桥梁设计与施工规范》(JTG/T D64-01—2015)规定执行,钢混组合桥面板按钢筋混凝土构件考虑,计算配筋率时考虑钢底板的等代面积。

钢筋混凝土和 B 类预应力混凝土构件应按作用频遇组合,并考虑长期效应的影响验算裂缝宽度。

各类环境中,钢筋混凝土和 B 类预应力混凝土构件的最大裂缝宽度计算值不应超过表 3.6-1规定的限值。

最大裂缝宽度限值 表 3.6-1

环 境 类 别	最大裂缝宽度限值(mm)	
	钢筋混凝土构件、采用预应力螺纹钢筋的 B 类预应力混凝土构件	采用钢丝或钢绞线的 B 类预应力混凝土构件
Ⅰ类:一般环境	0.20	0.10
Ⅱ类:冻融环境	0.20	0.10
Ⅲ类:近海或海洋氯化物环境	0.15	0.10
Ⅳ类:除冰盐等其他氯化物环境	0.15	0.10
Ⅴ类:盐结晶环境	0.10	禁止使用
Ⅵ类:化学腐蚀环境	0.15	0.10
Ⅶ类:磨蚀环境	0.20	0.10

钢筋混凝土构件和 B 类预应力混凝土受弯构件,其最大裂缝宽度 W_{cr}(mm) 可按下式计算:

$$W_{cr} = C_1 C_2 C_3 \frac{\sigma_{ss}}{E_s}\left(\frac{c+d}{0.36+1.7\rho_{tc}}\right) \quad (3.6-9)$$

式中:C_1——钢筋表面形状系数,对光面钢筋,$C_1 = 1.40$;对带肋钢筋,$C_1 = 1.00$;对环氧树脂涂层带肋钢筋,$C_1 = 1.15$;

C_2——长期效应影响系数,$C_2 = 1 + 0.5 \dfrac{M_l}{M_s}$,其中 M_l 和 M_s 分别为按作用准永久组合和作用频遇组合计算的弯矩设计值(或轴力设计值);

C_3——与构件受力性质有关的系数,当为钢筋混凝土板式受弯构件时,$C_3 = 1.15$,其他受弯构件 $C_3 = 1.0$,轴心受拉构件 $C_3 = 1.2$,偏心受拉构件 $C_3 = 1.1$,圆形截面偏心受压构件 $C_3 = 0.75$,其他截面偏心受压构件 $C_3 = 0.9$;

σ_{ss}——钢筋应力,由作用(或荷载)频遇组合效应引起的开裂截面纵向受拉钢筋的应力,σ_{ss} 应满足下列要求:

$$\sigma_{ss} = \frac{M_s y_s}{I_{cr}} \qquad (3.6\text{-}10)$$

M_s——形成组合作用之后,按作用(荷载)频遇组合效应计算的组合梁截面弯矩值;

I_{cr}——由纵向普通钢筋与钢梁形成的组合截面的惯性矩,即开裂截面惯性矩;

y_s——钢筋截面形心至钢筋和钢梁形成的组合截面中性轴的距离;

c——最外排纵向受拉钢筋的混凝土保护层厚度(mm),当 $c>50\text{mm}$ 时,取 50mm;

d——纵向受拉钢筋直径(mm),当用不同直径的钢筋时,d 改用换算直径 d_e,$d_e = \dfrac{\sum n_i d_i^2}{\sum n_i d_i}$,式中 n_i 为受拉区第 i 种钢筋的根数,d_i 为受拉区第 i 种钢筋的直径,按表 3.6-2 取值;

ρ_{tc}——纵向受拉钢筋的有效配筋率,当 $\rho_{tc}>0.1$ 时,取 $\rho_{tc}=0.1$;当 $\rho_{tc}<0.01$ 时,取 $\rho_{tc}=0.01$。

受拉区钢筋直径 d_i 表 3.6-2

受拉区钢筋种类	单根普通钢筋	普通钢筋的束筋	钢绞线束	钢丝束
d_i 取值	公称直径 d	等代直径 d_{se}	等代直径 d_{pe}	等代直径 d_{pe}

注:1. $d_{se} = \sqrt{n}\, d$,n 为组成束筋的普通钢筋根数,d 为单根普通钢筋公称直径。

2. $d_{pe} = \sqrt{n}\, d_p$,n 为钢丝束中钢丝根数或钢绞线束中钢绞线根数,d_p 为单根钢丝或钢绞线公称直径。

2)变形计算

钢混组合桥面板变形,参考现行《公路钢混组合桥梁设计与施工规范》(JTG/T D64-01)相应条款计算:

(1)组合板在正常使用极限状态下的挠度,可根据构件刚度按结构力学方法计算。

(2)计算组合板在正常使用极限状态下的挠度时,应采用弹性分析方法考虑混凝土板开裂、收缩徐变及预应力的影响。

(3)组合板在正常使用极限状态下的挠度应按现行《公路钢混组合桥梁设计与施工规范》(JTG/T D64-01)第 7.1.3 条的规定考虑作用(或荷载)长期效应的影响。

组合桥面板的刚度计算应符合下列规定:

(1)计算组合板正常使用极限状态下的挠度时,简支组合板截面刚度可取考虑滑移效应的折减刚度。连续组合板采用未开裂分析方法时,全桥均应采用考虑滑移效应的折减刚度;连续组合板采用开裂分析方法时,中支座两侧 $0.15L$(L-跨度)范围以内区段组合梁截面刚度应取开裂截面刚度,其余区段组合板截面刚度可取考虑滑移效应的折减刚度。

(2)组合板考虑滑移效应的折减刚度 B 可按下列公式计算:

$$B = \frac{EI_{un}}{1+\xi} \quad (3.6\text{-}11)$$

$$\xi = \eta \left[0.4 - \frac{3}{(\alpha L)^2} \right]$$

$$\eta = \frac{36Ed_{sc}pA_0}{n_s khL^2}$$

$$\alpha = 0.81 \sqrt{\frac{n_s k A_1}{EI_0 p}}$$

$$A_0 = \frac{A_c A}{n_0 A + A_c}$$

$$A_1 = \frac{I_0 + A_0 d_{sc}^2}{A_0}$$

$$I_0 = I_s + \frac{I_c}{n_0}$$

式中:E——钢材弹性模量(MPa);
I_{un}——组合梁未开裂截面惯性矩(mm^4);
ξ——刚度折减系数;当 $\xi \leq 0$ 时,取 $\xi = 0$;
A_c——混凝土板截面面积(mm^2);
A——钢梁截面面积(mm^2);
I_s——钢梁截面惯性矩(mm^4);
I_c——混凝土板截面惯性矩(mm^4);
d_{sc}——钢梁截面形心到混凝土板截面形心的距离(mm);
h——组合梁截面高度(mm);
L——组合梁跨径(mm);当为连续组合梁时取等效跨度 $L_{e,i}$;
k——连接件刚度系数,$k = V_{su}$ (N/mm),V_{su} 为圆柱头焊钉抗剪承载力;
p——连接件的平均间距(mm);
n_s——连接件在一根梁上的列数;
n_0——钢材与混凝土弹性模量的比值,当采用作用(或荷载)准永久组合效应时,上式中的 n_0 应采用考虑长期效应的换算模量比 n_L。

3.7 钢混组合桥面板剪力连接件计算

3.7.1 钢混组合桥面板剪力连接件计算原则

钢混组合桥面板使用的连接件是底钢板与混凝土间传递剪力的关键装置。为使底钢板与

钢筋混凝土成一整体共同承受荷载作用,连接件选用原则为:

宜选用抗剪受力均匀的剪力连接件。钢底板与混凝土板结合面上的连接件所受剪力并不均匀,当每个连接件具有一定的剪切变形能力时,作用剪力就随着连接件的剪切变形重新分配。为不会因剪力重分配使个别连接件承受的剪力过大,而选用具有一定抗剪切变形能力的连接件,以利于其受力均匀,不易使混凝土应力局部集中。

宜选用受力可靠的剪力连接件。连接件在钢混凝土组合结构中的应用范围拓宽后,应用形式也呈多样化,按照形式分类主要有圆柱头焊钉连接件、开孔板连接件、型钢连接件、钢筋桁架及其他连接件等。设计时宜根据桥梁结构实际情况,在保证其安全可靠前提下,宜选用栓钉、开孔板、钢格构等技术成熟的剪力连接件形式。

慎将不同类型的剪力连接件混用,不同类型剪力连接件性能差异较大,抗剪刚度各有不同,当不同类型连接件混合使用时,需考虑因连接件抗剪刚度差异引起的局部应力集中和剪力分布不均现象。实际工程中,在同一截面处抗剪刚度差异较大的连接件不宜混合使用,尤其是刚性连接件和柔性连接件在同一截面处不宜混合布置。

因开孔板具有加劲钢底板的作用,故为钢混组合桥面板常用剪力连接件。

3.7.2　焊钉连接件

焊钉为钢混组合结构最常用的剪力连接件,常用焊钉为圆柱头焊钉,形式和尺寸如图 3.7-1、表 3.7-1 所示。

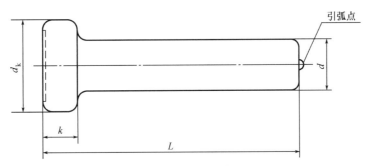

图 3.7-1　圆柱头焊钉

焊钉的尺寸和质量(单位:mm)　　表 3.7-1

公称直径 d		10	13	16	19	22	25
d	最小值	9.64	12.57	15.57	18.48	21.48	24.48
	最大值	10	13	16	19	22	25
d_k	最大值	18.35	22.42	29.42	32.5	35.5	40.5
	最小值	17.65	21.58	28.58	31.5	34.5	39.5
k	最大值	7.45	8.45	8.45	10.45	10.45	12.55
	最小值	6.55	7.55	7.55	9.55	9.55	11.45

其力学性能和化学成分应符合现行《电弧螺柱焊用圆柱头焊钉》(GB/T 10433)的规定,圆

柱头焊钉借助专用焊接机焊接于钢底板或主梁上翼缘上,使钢板(梁)与其上混凝土成为整体共同受力。焊钉焊接时以钢板为正极,焊钉为负极,在强电流作用下放电起弧,焊钉金属熔化,借助焊枪将焊钉压入熔池,焊于钢板。

(1)焊钉连接件长度不应小于4倍焊钉直径,当有直接拉拔力作用时不宜小于焊钉直径的10倍。

(2)焊钉连接件的最大中心间距应符合下列规定:

①圆柱头焊钉连接件剪力作用方向中心间距不应大于 $18t_f\sqrt{345/f_y}$,t_f 为焊接位置处的钢板厚度;

②受压钢板边缘与相邻最近的焊钉连接件边缘距离不应大于 $7t_f\sqrt{345/f_y}$;

③焊钉连接件的最大中心间距不宜大于3倍混凝土板厚度且不宜大于300mm。

(3)焊钉连接件剪力作用方向中心间距不应小于焊钉直径的5倍且不应小于100mm;剪力作用直角方向中心间距不宜小于焊钉直径的4倍。

(4)焊钉连接件的外侧边缘至钢板自由边缘的距离不应小于25mm。

(5)焊钉连接件直径不宜大于焊接处钢板厚度的1.5倍。

连接件承受钢底板与混凝土面板结合面上的全部剪力,使之成为整体(组合板)。钢底板与混凝土结合面上单位长度横桥向水平剪力 V_{ld},按下式计算:

$$V_{ld} = \frac{V_d \cdot s}{I_{un}} \qquad (3.7\text{-}1)$$

式中:V_{ld}——组合桥面板横断面(桥轴方向)剪力设计值(N);

s——组合桥面板对组合梁截面中和轴的面积矩(m^3);

I_{un}——组合梁未开裂时横截面惯性矩(m^4)。

因 V_d 一般大于 V_{ld} 且差值不大,偏于安全,可令 $V_{ld} = V_d$。

圆柱头焊钉是一种最常见的钢混组合结构剪力连接件,应用范围很广,对其研究亦较深入,我国单个圆柱头焊钉的抗剪承载力可按现行《公路钢结构桥梁设计规范》(JTG D64)的相关条款计算。

目前各国规范对焊钉连接件的抗剪承载力计算方法主要有三类:

(1)采用公式计算,公式形式大多数如现行《公路钢结构桥梁设计规范》(JTG D64)条文中的式(11.4.4)所示,只是不同规范采用的系数不同;

(2)采用表格形式,设计时只需查阅表格,如英国桥梁规范 BS5400-5;

(3)采用推出试验方法确定极限承载力值,再按照一定的材料分项系数进行折减,得到设计所用的抗剪承载力。

第(1)种和第(3)种方法在各国应用较为普遍,而第(2)种方法有较大的局限性,焊钉的长度等均已固定,这就使得超出表格规定范围的应用形式全都需要通过试验确定。

研究结果表明:焊钉连接件高度与杆径之比大于4之后,焊钉高径比的增大对焊钉连接件抗剪承载力有一定的影响,鉴于问题复杂性及影响值不大,计算公式中忽略此项因素的影响。

栓钉的设计剪应力应当通过式(3.7-2)与式(3.7-3)计算,两者取较小的值。

$$V_{ssud} = \left\{\left[31A_{ss}\sqrt{\left(\frac{h_{ss}}{d_{ss}}\right)f'_{cd}} + 10000\right]\right\}\frac{1}{\gamma_b} \qquad (3.7\text{-}2)$$

$$V_{\text{ssud}} = A_{\text{ss}} f_{\text{ssud}} \frac{1}{\gamma_{\text{b}}} \tag{3.7-3}$$

式中：V_{ssud}——单件栓钉的设计抗剪强度（N）；

A_{ss}——栓钉的横截面面积（mm²）；

d_{ss}——栓钉的轴直径（mm）；

h_{ss}——栓钉的高度（mm）；

f_{ssud}——栓钉的设计拉伸强度（MPa）；

f'_{cd}——混凝土的设计抗压强度（MPa）；

γ_{b}——构件系数，一般取 1.3，栓钉抗剪强度设定较小，对构造物性能进行危险性评估后取 1.0。

栓钉的设计疲劳抗剪强度应通过下列公式计算，此外，下列公式中的损坏形态是指栓钉自身损坏的形态。

$$\frac{V_{\text{ssrd}}}{V_{\text{ssud}}} = 0.99 N^{-0.105} \tag{3.7-4}$$

式中：V_{ssrd}——考虑疲劳效果时的设计抗剪强度；

V_{ssud}——单件栓钉的设计抗剪强度，$V_{\text{ssud}} = \left\{ \left[31 A_{\text{ss}} \sqrt{\left(\frac{h_{\text{ss}}}{d_{\text{ss}}}\right) f'_{\text{cd}}} + 10000 \right] \right\} \frac{1}{\gamma_{\text{b}}}$；

N——疲劳寿命及疲劳作用的等价重复次数；

γ_{b}——材料系数，一般取 1.0。

3.7.3 开孔钢板连接

开孔钢板剪力连接件源自德国的 PBL 键，因开孔钢板亦可作为钢底板的加劲肋，于减薄钢底板、降低钢混组合桥面板造价十分有利，故为钢混组合桥面板所常用。

开孔钢板抗剪连接件在混凝土中受到剪力作用时破坏模式有三种：①两孔之间钢板发生剪切破坏；②圆孔中混凝土（一般称为混凝土销）受剪切破坏；③圆孔中混凝土销受剪发生剪切破坏，因孔中有贯穿钢筋，故钢筋混凝土销受压破坏。

(1) 混凝土剪力销受剪承载力设计值应按下式计算：

$$V_{\text{u1}} = 1.38 \cdot (d_{\text{p}}^2 - d_{\text{s}}^2) \cdot f_{\text{cd}} + 1.24 \cdot d_{\text{p}}^2 \cdot f_{\text{sd}} \quad \text{（有贯穿钢筋时）} \tag{3.7-5}$$

$$V_{\text{u1}} = d_{\text{p}} \cdot t \cdot 7.5 f_{\text{cd}} \quad \text{（无贯穿钢筋时）} \tag{3.7-6}$$

式中：V_{u1}——混凝土剪力销受剪承载力设计值（N）；

d_{p}——开孔钢板孔径（mm）；

d_{s}——贯穿钢筋直径（mm）；

f_{cd}——混凝土抗压强度设计值（MPa）；

f_{sd}——贯穿钢筋抗拉强度设计值（MPa）；

t——开孔钢板的厚度（mm）。

(2) 开孔钢板孔间受剪承载力设计值应按下式计算：

$$V_{\text{u2}} = \frac{5}{3} \cdot f_{\text{vd}} \cdot d_{\text{j}} \cdot t \tag{3.7-7}$$

式中：V_{u2}——开孔钢板孔间抗剪承载力设计值(N)；
　　　f_{vd}——开孔钢板抗剪强度设计值(MPa)；
　　　d_j——开孔钢板的孔间净距(mm)。

《公路钢结构桥梁设计规范》(JTG D64—2015)第11.4.5条提出与上述钢筋混凝土销抗剪承力类似计算公式：

$$v_{su} = 1.4(d_p^2 - d_s^2)f_{cd} + 1.2d_s^2 f_{sd} \tag{3.7-8}$$

日本钢混组合桥面板采用带孔钢板剪力键者亦很多，关于其抗剪承载力有如下规定：安全系数一般取作1.3，若带孔钢板抗剪强度设定值较小时，需要对构造物性能进行危险性评估的情况下取1.0为宜。

3.7.4 钢管(销)

钢管(销)是在应用带孔钢板(销)的基础上发展而成的新型剪力装置，兼具刚性剪力性能和高强度的优点。钢管(销)是在桥轴方向安装构造用钢管，通过钢管贯穿钢板加劲肋上的椭圆孔，发挥剪力件效能的装置。钢管(销)如图3.7-2所示。

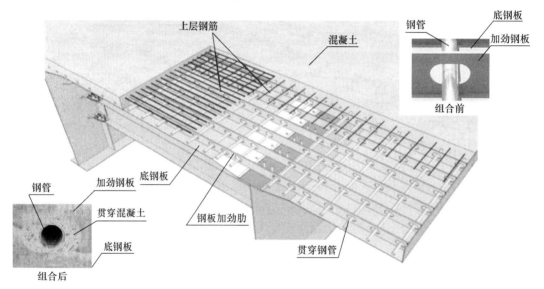

图3.7-2　钢管(销)示意图

钢管(销)的设计抗剪强度应根据椭圆孔形状，使用下列公式计算。以下公式基于标准推压测试结果求得，适用于贯穿长孔形状 $\phi85×150$mm，$\phi70×125$mm 的钢板加劲肋(钢板厚 $t = 10\sim30$mm)、钢管直径48.6mm(板厚 = 1.6~2.3mm)的钢管(销)，加劲肋与钢管间距设置为400mm。

长孔径为 $\phi85×150$mm 时：

$$V_{elsud} = (8.51f'_{cd} + 335.1)1/\gamma_b \tag{3.7-9}$$

长孔径为 $\phi70×125$mm 时：

$$V_{elsud} = (4.44f'_{cd} + 335.1)1/\gamma_b \tag{3.7-10}$$

式中：V_{elsud}——钢管(销)的设计抗剪强度(kN)；

f'_{cd}——混凝土的设计压缩强度(MPa);

γ_b——构件系数,取 1.3。

应注意的是:设计压缩强度适用范围为 30~40MPa。

考虑疲劳效果时应当使用下式求设计抗剪强度。该公式基于定点冲压疲劳试验结果,通过使用下限值进行回归分析计算得出。

$$\frac{V_{Lsrd}}{V_{elsud}} = -3.649 \lg N + 106 \tag{3.7-11}$$

式中:V_{Lsrd}——考虑疲劳值时的设计抗剪强度(kN);

N——重复次数(次)。

3.7.5 凸面 T 型钢剪力键

图 3.7-3 所示的凸面 T 型钢剪力键翼缘于轧制时即有凸块,以形成抗剪功能,是专门开发用于钢混组合构造用材料的剪力键部位的钢材。

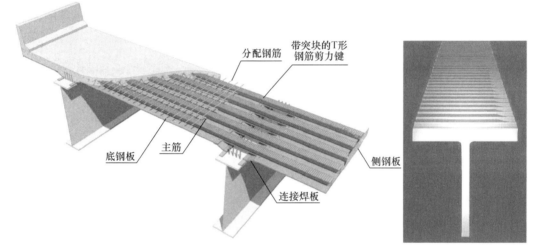

图 3.7-3 带有突块的 T 型钢剪力键

该型钢销和变形钢筋一样,具有防滑功能(黏着构造),通过对比混凝土中埋设型钢剪力键的做法与变形钢筋 D51 拔出测试的试验结果,已经可以确认型钢剪力键的黏着性能不亚于变形钢筋 D51(与小直径钢筋有同等性能)。此外,混凝土组合梁的定点疲劳测试结果也证实,型钢剪力键的疲劳剪断强度也不亚于变形钢筋 D51。

型钢剪力键的设计剪断强度 f_{bod} 以及设计疲劳剪断强度 f_{scrd} 和变形钢筋一样,可以通过式(3.7-12)以及日本混凝土规范(2012 年日本土木学会制定)所示的式(3.7-13)计算得出。

$$f_{bod} = 0.28 f'^{2/3}_{cd} \tag{3.7-12}$$

式中:f_{bod}——混凝土的设计压缩强度(MPa)。

应注意:$f_{bod} \leqslant 4.2$MPa。

$$f_{scrd} = 190 \frac{10^\alpha}{N^k} \left(1 - \frac{f_{sp}}{f_{ud}}\right) \frac{1}{\gamma_s} \tag{3.7-13}$$

式中：f_{ud}——型钢剪力键的设计拉伸强度(MPa)；
　　　f_{sp}——持续作用条件下的钢材应力(MPa)。

$$\alpha = k_{0f}(0.81 - 0.003\phi)$$

　　　ϕ——钢筋直径(mm)；
　　　k_{0f}——与钢筋形状有关的系数，取 1.0；
　　　γ_s——钢筋的材料系数，一般取 1.05。

此外，型钢剪力键单体的疲劳强度和《道路规范书·附解释》(平成 24 年，日本道路协会)所规定的型钢一致。

3.7.6 桁架式钢筋剪力键

桁架式钢筋剪力键(钢筋格构剪力连接件)即用角焊型焊接法将桁架式钢筋与钢板熔接，与接合底钢板连接形成钢混组合桥面板的剪力键构件。

桁架式钢筋剪力键的设计抗剪强度可使用下式求得：

$$V_{e2sud} = \frac{alf_{yd}}{\sqrt{3}} \frac{1}{\gamma_b} \qquad (3.7\text{-}14)$$

式中：V_{e2sud}——桁架式钢筋剪力键的设计抗剪强度(N)；
　　　a——桁架式钢筋焊接部位的设计厚度(mm)；
　　　l——桁架式钢筋焊接部位长度(mm)；
　　　f_{yd}——底钢板的设计拉伸屈服强度(MPa)；
　　　γ_b——构件系数。

上述厚度以及焊接部位长度样式较多，焊脚长为 6mm 的角焊厚度应定为 4.2mm 为宜。底钢板与桁架式钢筋间焊接部位在剪应力作用下，焊接部位疲劳强度等级应定为 S。

第4章 钢混组合结构的时变性能与次内力

钢混组合结构由钢材与钢筋混凝土组合而成,两者借助剪力连接件连成整体共同受力,其于弹性阶段承受外载(作用)的内力、应力计算已如上章所述,可用考虑两种材料弹性模量的不同换算截面做细致分析。对因混凝土的干燥收缩、徐变、预应力钢材的松弛等与时间相关联的因素所导致的应变,则应考虑材料的性能随时间变化因约束而造成的经时应力和次内力。相对于上章所述弹性内力分析,这是个较新颖的课题,尽管其数值不大,但是作为精准的结构受力分析却不可或缺,故近年来业界对此有较多的研究。钢混组合桥面板因钢材约束面更大,钢混组合结构的时变性能与次内力亦更大,其研究内容更重要,故在本章加以介绍。

4.1 关于混凝土的徐变模式

混凝土持续承受一定的应力,尽管应力不变,但应变(变形)却会随时间的推移而逐渐增大,是为徐变。徐变实为混凝土塑性的一种表现形式。对于单个构件,徐变的影响仅为变形持续增大,若构件受到约束或多个构件组合而成为外超静定、内超静定结构,因徐变将会导致二次应力(次应力)。故对钢混组合桥面板应于工厂制作中考虑因自重作用而导致的徐变变形,考虑设置相应的预弯度,于混凝土面板现场浇筑中,需视混凝土龄期考虑桥面板的徐变挠度,设置必要的上拱度,并考虑因钢混桥面板徐变变形导致的其支承部件(梁、拱、杆)的次内力。

徐变按弹性应变乘以徐变系数计算。目前国内外关于混凝土收缩应变和徐变系数的计算方法众多,常用的有 CEB-FIP1978 模式、CEB-FIP1990 模式、FIB MC2010 模式、ACI 209-92 模式、B3 模式、GL2000 模式等,其中 FIB(国际结构混凝土协会)是 CEB(欧洲混凝土委员会)和 FIP(国际预应力混凝土协会)合并后的名称。我国《公路钢筋混凝土及预应力混凝土桥涵设计规范》(JTJ 023—85)采用的模式是对 CEB-FIP 1978 模式略做修改所得(本书称其为 CEB-FIP78-M 模式),而其后续规范《公路钢筋混凝土及预应力混凝土桥涵设计规范》(JTG D62—2004)和《公路钢筋混凝土及预应力混凝土桥涵设计规范》(JTG 3362—2018)均采用了 CEB-FIP 1990 模式的修改模式(本书称其为 CEB-FIP90-M 模式)。

通过对以上各资料的分析,可以得出以下几点结论:

(1)不同计算模式的计算结果之间差别很大,且这些差异随不同材料和环境参数以及试验条件的变化而有所不同。

(2)尽管存在较大变异性,但对于 CEB-FIP1978 和 CEB-FIP78-M,CEB-FIP1990 和 CEB-FIP90-M 两大类模式之间的差异,一般认为 CEB-FIP1990 和 CEB-FIP90-M 的计算值更接近试验值,而 CEB-FIP1978 和 CEB-FIP78-M 的计算结果高出试验结果很多。按两种规范模式计算的挠度值相差只有 5%,80d 挠度增量差异也只有 0.24mm,故两者皆可用于实际计算。

(3)在某些情况下,GL2000 模式具有更好的精度,但该模式不是我国规范推荐的模式,且其结果并不比 CEB-FIP90-M 模式好多少,所以作为一般工程设计,不建议使用 GL2000。

混凝土的徐变系数可按下列公式计算：

$$\phi(t,t_0) = \phi_0 \cdot \beta_c(t-t_0) \qquad (4.1\text{-}1)$$

$$\phi_0 = \phi_{RH} \cdot \beta(f_{cm}) \cdot \beta(t_0) \qquad (4.1\text{-}2)$$

$$\phi_{RH} = 1 + \frac{1 - RH/RH_0}{0.46(h/h_0)^{\frac{1}{3}}} \qquad (4.1\text{-}3)$$

$$\beta(f_{cm}) = \frac{5.3}{\left(\frac{f_{cm}}{f_{cm0}}\right)^{0.5}} \qquad (4.1\text{-}4)$$

$$\beta(t_0) = \frac{1}{0.1(t_0/t_1)^{0.2}} \qquad (4.1\text{-}5)$$

$$\beta_c(t-t_0) = \left[\frac{(t-t_0)/t_1}{\beta_H + (t-t_0)/t_1}\right]^{0.3} \qquad (4.1\text{-}6)$$

$$\beta_H = 150\left[1 + \left(1.2\frac{RH}{RH_0}\right)^{18}\right]\frac{h}{h_0} + 250 \leqslant 1500 \qquad (4.1\text{-}7)$$

式中：t_0——加载时的混凝土龄期(d)；

t——计算考虑时刻的混凝土龄期(d)；

$\phi(t,t_0)$——加载龄期为t_0，计算考虑龄期为t时的混凝土徐变系数；

ϕ_0——名义徐变系数；

β_c——加载后徐变随时间发展的系数。

式中f_{cm}、f_{cm0}、RH、RH_0、h、h_0、t_1的意义及其采用值与混凝土收缩计算时采用的参数值相同。

强度等级C25~C50混凝土的名义徐变系数ϕ_0，可采用按式(4.1-2)算得的表4.1-1所列数值。

混凝土名义徐变系数 ϕ_0　　　　　表4.1-1

加载龄期 (d)	40%≤RH<70%				70%≤RH<99%			
	理论厚度 h(mm)				理论厚度 h(mm)			
	100	200	300	≥600	100	200	300	≥600
3	3.90	3.50	3.31	3.03	2.83	2.65	2.56	2.44
7	3.33	3.00	2.82	2.59	2.41	2.26	2.19	2.08
14	2.92	2.62	2.48	2.27	2.12	1.99	1.92	1.83
28	2.56	2.30	2.17	1.99	1.86	1.74	1.69	1.60
60	2.21	1.99	1.88	1.72	1.61	1.51	1.46	1.39
90	2.05	1.84	1.74	1.59	1.49	1.39	1.35	1.28

注：1.本表适用于一般硅酸盐类水泥或快硬水泥配制而成的混凝土。

2.本表适用于季节性变化的平均温度-20~+40℃。

3.对强度等级C50及以上混凝土，表列数值应乘以$\sqrt{\dfrac{32.4}{f_{ck}}}$，式中$f_{ck}$为混凝土轴心抗压强度标准值(MPa)。

4.构件的实际理论厚度和加载龄期为表列中间值时，混凝土名义徐变系数按直线内插法求得。

4.2 钢混组合结构的经时应力与次内力

钢混组合桥面板由钢筋混凝土面板与底钢板两种材料组合而成,但两种材料性能与时间依存关系不同,总体上说混凝土有干燥收缩、徐变等与时间有依存关系的性能(即随着时间推移发生变化的性能),而钢材没有这种随时间推移而变化的性能。当混凝土发生干燥收缩徐变时,混凝土会受到其中所配钢筋约束,因为钢筋用量不大,这种约束可以忽略。而对于钢混组合结构,特别对于钢混组合桥面板,因底钢板、剪力连接件共同约束,其约束作用比较大,钢材对混凝土的收缩徐变约束作用在钢混组合结构中必然会导致断面内应力的重分布(调整),而对于静定结构,这种断面内应变、应力在不同材料之间的调整也许不会引起结构内力的变化;而对于超静定结构,这种断面内材料应变、应力的再分配,因部件变形受到约束,将导致超静力内力,从而引发断面产生次应力。鉴于这些应力均源自混凝土与时间有依存关系的性能,故其相应应变、应力亦是随时间变化的,本书统称之为经时应变、经时应力。

除钢混组合结构会因混凝土的干燥收缩徐变、预应力钢筋松弛产生经时应力外,采取断面分步施工的钢筋混凝土、预应力钢筋混凝土结构,因断面中各部龄期不一样,也会因前者对后者的经时应变的约束产生经时应力,工程中亦常据此有意识安排断面中各部件错时施工,以避免过大的经时应力,取得理想的施工应力,借此形成合理的施工方法。

下述为捷克Podebtady高速公路一座预应力混凝土斜拉桥分步施工及其经时应力分析实例。此工程按截面构成要素分步施工,总体步骤如图4.2-1所示,其特点是,利用被称为核心截面的中央箱形截面先进行节段悬臂施工,而后进行左右两侧大悬挑斜撑安装及顶板的现浇施工,并借助架设器材等的轻量化,使核心截面节段形状变得细长。为了减少一次顶板和二次顶板之间产生的徐变、收缩应变差,利用控制核心截面节段部和现浇筑顶板的材龄差使两者徐变、收缩应变差、时差错位,从而减小截面总的徐变、收缩应变差,减少截面内的总的收缩、徐变(图4.2-2)。

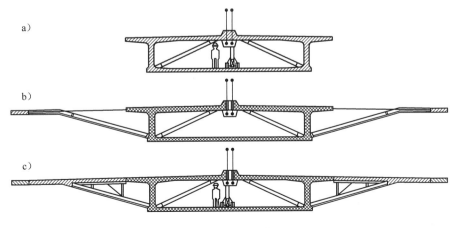

图4.2-1 桥梁施工断面

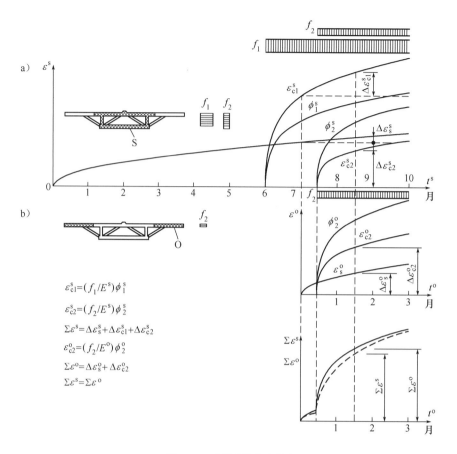

图 4.2-2 主梁收缩徐变效应

对此可借助图 4.2-2 进行简单说明:先行施工的主梁的核心截面部分(S),将其作为悬臂施工段的核心箱形断面在 6 个月前浇制完成。在这段时期内先发生收缩形变,随着自重 f_1 产生自重应力,在自重应力产生的同时,按照混凝土徐变曲线亦将产生徐变变形。另外,约 1 个月后将浇筑悬臂顶板部(O),对主梁施加由顶板自重 f_2 引起的新应力和相应徐变变形。同时,主梁悬臂板部(O)也会发生收缩应变和徐变应变。悬臂顶板部浇筑后亦会产生该部的自身收缩和徐变,若 f_1 的徐变对 S 部分为正作用,则 f_2 的徐变对 S 部的作用为反作用,同理 f_1 的徐变对 O 部的作用为反作用,f_2 的徐变对 O 部的作用为正作用。因为材龄差约 7 个月的 S 部和 O 部混凝土收缩、混凝土自重、徐变发展状况基本一致,如上所述,两者作用又互相抵销,因此截面内的应力不会因徐变应变而重新分配,正因为有了这种细致的考虑与错时施工解决了前后 S 部、O 部应力重分配问题,从而成功实现桥梁分步施工。

4.2.1 组合断面经时应力的调整

对组合结构的组合横断面,在各部经时应变的不同、产生约束导致断面内力不变的前提下,断面各部将产生经时应力调整,关于这一调整有多种方法,下面介绍其中之一的 Sattler 解法。

因徐变影响应力发生转移如图 4.2-3 所示,桥面板初期分配到的断面力 N_{co}、M_{co} 随徐变系数 φ 的变化渐变为 N_c、M_c:

$$N_c = -N_s = -N_{co}(1 - e^{-F\phi_1}) + \frac{M_{co}}{1-F} \cdot \frac{A_c dF}{I_c + nI_s} \cdot (e^{-F\phi_1} - e^{-\phi_1}) \quad (4.2\text{-}1)$$

$$M_c = -M_{co1} - e - \phi_1 + H_1 + (e - F\phi_1 - e - \phi_1) \quad (4.2\text{-}2)$$

$$M_s = dN_c - M_c \quad (4.2\text{-}3)$$

式中:

$$N_{co} = -N_{so} = -\frac{d_c A_c}{nI_v} \cdot M_o \quad (4.2\text{-}4)$$

$$M_{co} = \frac{I_c}{nI_v} \cdot M_o \quad (4.2\text{-}5)$$

$$F = \frac{1}{1 + \dfrac{A_c}{nA_s} + \dfrac{A_c d^2}{I_c + nI_s}} \quad (4.2\text{-}6)$$

$$H = \frac{I_c}{nI_s} dF \cdot N_{co} \quad (4.2\text{-}7)$$

这里,A_c、I_c 为混凝土桥面板的面积和惯性矩;I_s、I_v 为钢梁及组合断面经弹性模量换算的惯性矩。轴力以拉力为正,弯矩以下缘拉伸为正。

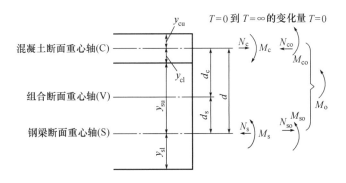

图 4.2-3 因徐变造成的断面力再分配

混凝土收缩的影响如图 4.2-4 所示,收缩变化量为 ε_s,桥面板被分配的 N_c、M_c 变化量为:

$$N_c = -N_s = \frac{E_c}{1 + \phi_2/2} \cdot A_c \cdot \varepsilon_s \cdot F \quad (4.2\text{-}8)$$

$$M_c = N_c \cdot d \cdot \frac{I_c}{I_c + n_\phi I_s} \quad (4.2\text{-}9)$$

$$M_s = N_c \cdot d \cdot \frac{n_\phi I_s}{I_c + n_\phi I_s} \quad (4.2\text{-}10)$$

$$M_v = N_c \cdot \frac{d_c}{F} \quad (4.2\text{-}11)$$

式中：

$$n_\phi = n\left(1 + \frac{\phi_2}{2}\right) \tag{4.2-12}$$

$$F = \frac{1}{1 + \dfrac{A_c}{n_\phi A_s} + \dfrac{A_c d^2}{I_c + n_\phi I_s}} \tag{4.2-13}$$

再者，当徐变系数按德国混凝土规范 DIN4227 取值时，$\phi_1 = 2.0$，$K = 2.0$。图 4.2-5 为龄期修正系数 K 随 σ/σ_∞ 的变化关系。因收缩在早期完成，此时可取 $K=2$，故 $\phi_2 = 2.0$，$\phi_1 = 4.0$。

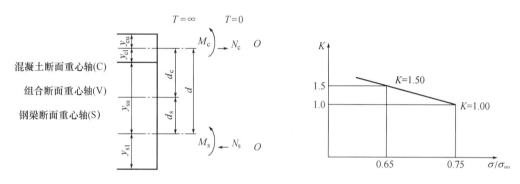

图 4.2-4　因混凝土收缩导致的断面力再分配图　　　　图 4.2-5　龄期修正系数

计算实例表明，此经时断面应力调整对于断面高度较大、断面作用轴力较大的场合最大可达 5%，对工程实际影响并不大。但为精准认识分步实施断面施工法的施工应力，采用合理的工期调整步骤，此类分析还是必要的。

超静定结构发生经时应变将受到约束，在赘余约束处将产生赘余约束力，由此将导致次内力产生，其情况比较复杂，数值亦难预估，设计中宜慎重考虑。

4.2.2　因混凝土干燥收缩及徐变导致的次内力计算方法

1）因干燥收缩及徐变导致的内力增量

结构各部件由干燥收缩和徐变造成的断面内力增量计算按下述假定设立：

（1）断面平面假定成立；

（2）混凝土、钢筋、底钢板和其下钢梁为一整体。

关注的是由干燥收缩、徐变导致的徐变后续恒载，而忽略受拉区混凝土的徐变，计算中仍认为全断面有效。

结构各部件由干燥收缩和徐变造成的断面内力增量诱导算法如下：

图 4.2-6 示出组合桥面板的组合梁断面因干燥收缩产生的应变与断面各部的分布与分担的断面内力增量，图中 A、I、E 分别表示各部件的断面面积、断面二次矩和弹性模量。

与干燥收缩相伴的有组合桥面板的钢混组合梁桥断面应变分布及各部分担断面力的增量，据前述，本分析为合理把握钢材对混凝干燥收缩的约束，考虑了钢筋对干燥收缩的约束，这里 C 表示混凝土，R 表示钢筋，A 代表底钢板，S 代表钢梁，M 表示弯矩，则根据各部分担断面

力分析法,其各部分担断面力推导如下:

在任意时刻t,各部断面力合成条件式如式(4.2-14)所示:

$$\left.\begin{array}{l}\Delta N_{c,t}^{sh} + \Delta N_{r,t}^{sh} + \Delta N_{a,t}^{sh} + \Delta N_{s,t}^{sh} = 0 \\ \Delta N_{c,t}^{sh} d_2 + \Delta M_{c,t}^{sh} + \Delta N_{r,t}^{sh} d_1 + \Delta M_{r,t}^{sh} + \Delta N_{a,t}^{sh} d_3 + \Delta M_{a,t}^{sh} + \Delta M_{s,t}^{sh} = 0\end{array}\right\} \quad (4.2\text{-}14)$$

式中:$\Delta N_{c,t}^{sh}$,$\Delta M_{c,t}^{sh}$——任意时刻与干燥收缩相伴的由混凝土分担的轴力增量和分担的弯矩变化量;

$\Delta N_{r,t}^{sh}$,$\Delta M_{r,t}^{sh}$——任意时刻t与干燥收缩相伴的由钢筋分担的轴向力增量和分担的弯矩变化量;

$\Delta N_{a,t}^{sh}$,$\Delta M_{a,t}^{sh}$——任意时刻t与干燥收缩相伴的由底钢板分担的轴向力增量和分担的弯矩变化量;

$\Delta N_{s,t}^{sh}$,$\Delta M_{s,t}^{sh}$——任意时刻t与干燥收缩相伴的由钢梁分担的轴向力增量和分担的弯矩变化量。

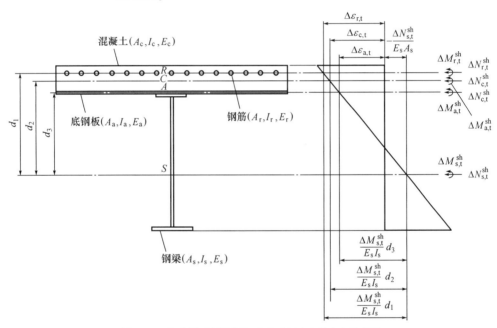

图4.2-6 组合桥面板因收缩、徐变引起应变及应力示意图

其次,设混凝土形心位置为C,钢筋的形心位置为R,底钢板的形心位置为A,相应各部因干燥收缩产生的应变增量为$\Delta\varepsilon_{c,t}$、$\Delta\varepsilon_{r,t}$、$\Delta\varepsilon_{a,t}$,其可用下列公式计算:

$$\Delta\varepsilon_{c,t} = \left(1 + \frac{1}{2}\varphi_{sh,t}\right)\frac{\Delta N_{c,t}^{sh}}{E_c A_c} + \varepsilon_{sh,t} \quad (4.2\text{-}15)$$

$$\Delta\varepsilon_{r,t} = \frac{\Delta N_{r,t}^{sh}}{E_r A_r} \quad (4.2\text{-}16)$$

$$\Delta\varepsilon_{a,t} = \frac{\Delta N_{a,t}^{sh}}{E_a A_a} \quad (4.2\text{-}17)$$

而上述应变增量亦可用钢梁分担的断面力增量 $\Delta N_{s,t}^{sh}, \Delta M_{s,t}^{sh}$ 表示。

$$\Delta \varepsilon_{c,t} = \frac{\Delta N_{s,t}^{sh}}{E_s A_s} + \frac{\Delta M_{s,t}^{sh}}{E_s I_s} d_2 \tag{4.2-18}$$

$$\Delta \varepsilon_{r,t} = \frac{\Delta N_{s,t}^{sh}}{E_s A_s} + \frac{\Delta M_{s,t}^{sh}}{E_s I_s} d_1 \tag{4.2-19}$$

$$\Delta \varepsilon_{a,t} = \frac{\Delta N_{s,t}^{sh}}{E_s A_s} + \frac{\Delta M_{s,t}^{sh}}{E_s I_s} d_3 \tag{4.2-20}$$

混凝土、钢筋、底钢板及钢梁的弯曲曲率增量可表达为：

$$\Delta \theta_{c,t} = \left(1 + \frac{1}{2} \varphi_{sh,t}\right) \frac{\Delta M_{s,t}^{sh}}{E_c I_c} \tag{4.2-21}$$

$$\Delta \theta_{r,t} = \frac{\Delta M_{r,t}^{sh}}{E_r I_r} \tag{4.2-22}$$

$$\Delta \theta_{a,t} = \frac{\Delta M_{a,t}^{sh}}{E_a I_a} \tag{4.2-23}$$

$$\Delta \theta_{s,t} = \frac{\Delta M_{s,t}^{sh}}{E_s I_s} \tag{4.2-24}$$

根据式(4.2-14)~式(4.2-24)，可以得到关于8个未知量（分担断面力的增量）的联立方程式。通过对其进行求解，可以求出由干燥收缩产生的各构件分担断面力的增量。

有了这些断面分担力增量，即可计算伴随混凝土干燥收缩发生的相应应力增量。

例如，混凝土桥面板上缘伴随混凝土的干燥收缩发生的应力增量为 $\Delta \sigma_{cu}$：

$$\Delta \sigma_{cu} = \frac{\Delta N_{c,t}^{sh}}{A_c} + \frac{\Delta M_{c,t}^{sh}}{I_c} z_{cu} \tag{4.2-25}$$

式中：z_{cu}——桥面板上缘至混凝土板中心轴的距离。

用同样的办法可以求出因徐变导致的各结构断面内力增量，继而求出其应力增量。

2）因混凝土的干燥收缩及徐变持续荷载作用和结构断面内力的变化量

以连续组合梁为例，因连续梁中间支点处的约束，由干燥收缩和徐变将产生负反力，从而有可能加大断面上缘拉应力。因此对于连续梁桥应考虑因混凝土干燥收缩和徐变导致的断面力，分两阶段计算断面力的增量，而后将两阶段结果相加并对其对总体结构影响进行评价。

这两阶段分析内容为：

(1) 静定基本体系分担断面力的增量；

(2) 次内力的变化产生的断面力的增量。

首先针对干燥收缩，根据上述方法计算静定基本系统中干燥收缩引起的分担断面力。其次，计算伴随不静定力变化的分担断面力的变化量。针对钢梁，将分担断面力的变化量看作负荷项（参照图4.2-7），再次通过对结构体系整体进行分析，可以得到相对于不静定体系的断面力的变化量，使用钢梁的刚度进行计算。

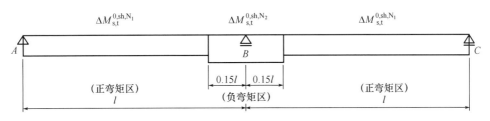

图 4.2-7 计算干燥收缩的不静定力的荷载示意图

两跨连续梁桥存在正弯矩区与负弯矩区两个区域,参考实际桥梁设计,负弯矩区域按中支点两侧各 $0.15l$(l 为跨度长度)区间考虑(图 4.2-7)。

如图 4.2-7 所示,$\Delta M_{s,t}^{0,sh,N_1}$、$\Delta M_{s,t}^{0,sh,N_2}$ 分别为静定结构体系中因干燥收缩造成的由钢梁分担的弯矩。通过将计算出的静定基本体系的变化量和相对于不静定体系的变化量相加,可以计算出干燥收缩引起的分担断面力的总变化量。对徐变亦可用同样方法计算得到断面力的增量,对负弯矩区域因这增量常为减量,故徐变对静定体系的影响常被省略。

4.2.3 组合结构经时应力、次内力计算实例

1)计算条件

本案例源自日本,计算模型为跨度 52.25m 的两跨连续钢混组合梁,其断面如图 4.2-8 所示,有最大恒载弯矩发生点,由支点 A 计起的跨中断面①和中支点前断面②,相应①、②断面有带钢混组合桥面板的组合梁断面(简称组合桥面板断面)、有预应力混凝土桥面板的组合梁断面(简称 PC 桥面板断面)。

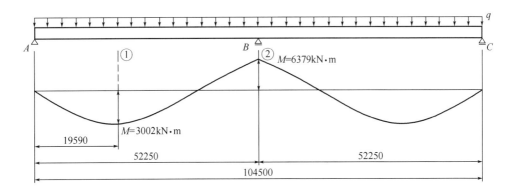

图 4.2-8 计算模型混面图(尺寸单位:mm)

带有钢混组合桥面板的钢混组合梁各待核算断面如图 4.2-9 所示,图中标有 PC 桥面板的尺寸。

断面①、②桥面桥厚度均为 26mm,断面①钢筋为 $\phi19$,断面②钢筋为 $\phi22$,钢筋间隔均为 125mm。

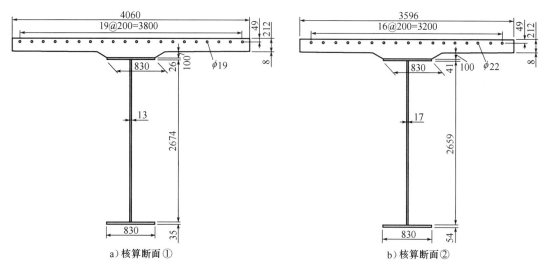

图 4.2-9 钢混组合梁断面(尺寸单位:mm)
注:@ 表示间距。

表 4.2-1 中所列分析条件,干燥收缩的最终值,据以往的研究结果和《公路规范与解说Ⅱ钢桥篇》均为 $20×10^{-5}$,因素混凝土的干燥收缩应变可达 $40×10^{-5}$ 以上,说明本场合干燥收缩应变应在 $40×10^{-5}$ 以上,偏合理。在本分析中,采用考虑本例题的混凝土体积和混凝土与空气接触面积,按式(4.2-26)计算混凝土的干燥收缩终值。

$$\varepsilon'_{\mathrm{sh}} = -50 + 78\left[1 + \exp\left(\frac{RH}{100}\right)\right] + 38\ln W - 5\left[\ln\left(\frac{V/S}{100}\right)\right]^2 \quad (4.2\text{-}26)$$

分析计算条件　　表 4.2-1

项 目			数 值
干燥收缩	徐变系数终值		4.0
	相对湿度 RH(%)		60
	单位用水量 W（kg/m³）		180
	纯混凝土干燥收缩应变终值 $\varepsilon_{\mathrm{sh},\infty}$	断面①	$508×10^{-6}$
		断面②	$516×10^{-6}$
徐变	滞后弹性模量系数 $\varphi_{\mathrm{d},\infty}$		0.4
	滞后弹性无量纲系数 k_1		0.02
	徐变系数 $\varphi_{\mathrm{f},\infty}$		1.6
	徐变无量纲系数 k_2		0.0067
混凝土弹性模量 E_c（MPa）		PC 床板	$3.0×10^4$
		组合床板	$2.8×10^4$
钢筋弹性模量 E_r（MPa）			$2.0×10^5$
底钢板弹性模量 E_a（MPa）			$2.0×10^5$
钢梁弹性模量 E_s（MPa）			$2.0×10^5$
混凝土设计基准强度 f'_ck（MPa）		PC 床板	40
		组合床板	30

2)分析计算结果与对结果的分析

由干燥收缩及徐变产生的断面①和断面②应力计算结果如表 4.2-2、表 4.2-3 所示,而由后期恒载、恒载徐变及干燥收缩徐变产生的断面应力如表 4.2-4、表 4.2-5 所示(这里拉应力为正、压应力为负)。

断面①因干燥收缩徐变导致的应力(单位:MPa)　　　　表 4.2-2

断面①		PC 桥 面 板						组合桥面板					
		徐变			干燥收缩			徐变			干燥收缩		
		静定	不静定	合计	静定	不静定	合计	静定	不静定	合计	静定	不静定	合计
混凝土	上缘	0.5	0.1	0.6	2.4	0.7	3.1	0.6	0.1	0.7	3.0	0.5	3.5
	下缘	0.2	0.0	0.2	2.7	0.5	3.2	0.4	0.0	0.4	3.2	0.4	3.6
钢筋	中央	-7.9	0.6	-7.3	-53.3	12.4	-40.9	-6.4	0.5	-5.9	-41.4	9.4	-32.0
底钢板	上缘	—	—	—	—	—	—	-6.0	0.4	-5.5	-38.8	7.8	-31.0
	下缘	—	—	—	—	—	—	-6.0	0.4	-5.6	-38.6	7.7	-30.9
钢梁	上缘	-7.2	0.5	-6.7	-48.3	-38.9	-38.9	-5.7	0.4	-5.3	-36.9	6.7	-30.2
	下缘	1.7	-1.6	0.1	11.0	-15.0	-15.0	1.5	-1.3	0.2	9.5	-21.4	-11.9

断面②因干燥收缩徐变导致的应力(单位:MPa)　　　　表 4.2-3

断面②		PC 桥 面 板						组合桥面板					
		徐变			干燥收缩			徐变			干燥收缩		
		静定	不静定	合计	静定	不静定	合计	静定	不静定	合计	静定	不静定	合计
混凝土	上缘	—	0.1	0.1	3.0	1.6	4.6	—	0.1	0.1	3.4	1.2	4.6
	下缘	—	0.1	0.1	3.2	1.3	4.5	—	0.1	0.1	3.6	0.9	4.5
钢筋	中央	—	1.6	1.6	-44.1	30.2	-13.9	—	1.3	1.3	-35.6	23.0	-12.6
底钢板	上缘	—	—	—	—	—	—	—	1.1	1.1	-33.4	19.9	-13.5
	下缘	—	—	—	—	—	—	—	1.1	1.1	-33.3	19.7	-13.6
钢梁	上缘	—	1.3	1.3	-40.1	24.3	-15.8	—	1.0	1.0	-31.9	17.7	-14.2
	下缘	—	-2.8	-2.8	8.2	-46.6	-38.4	—	-2.3	-2.3	7.1	-38.6	-31.5

断面①后期恒载、徐变及干燥收缩导致的应力(单位:MPa)　　　　表 4.2-4

断面①		PC 桥 面 板				组合桥面板			
		后恒载	徐变	干燥收缩	合计	后恒载	徐变	干燥收缩	合计
混凝土	上缘	-1.2	0.6	3.1	2.5	-1.2	0.7	3.5	3.0
	下缘	-0.8	0.2	3.2	2.6	-0.8	0.4	3.6	3.2
钢筋	中央	-7.0	-7.3	-40.9	-55.2	-7.0	-5.9	-32.0	-44.9

续上表

断面①		PC 桥面板				组合桥面板			
		后恒载	徐变	干燥收缩	合计	后恒载	徐变	干燥收缩	合计
底钢板	上缘	—	—	—	—	-5.7	-5.6	-31.0	-42.3
	下缘	—	—	—	—	-5.6	-5.6	-30.9	-42.1
钢梁	上缘	-4.2	-6.7	-38.9	-49.8	-4.4	-5.3	-30.2	-39.9
	下缘	27.8	0.1	-15.0	12.9	28.2	0.2	-11.9	16.5

断面②后期恒载、徐变及干燥收缩导致的应力（单位：MPa）　　表 4.2-5

断面②		PC 桥面板				组合桥面板			
		后恒载	徐变	干燥收缩	合计	后恒载	徐变	干燥收缩	合计
混凝土	上缘	2.5	0.1	4.6	7.2	2.7	0.1	3.5	3.0
	下缘	1.8	0.1	4.4	6.4	2.2	0.1	3.6	3.2
钢筋	中央	15.2	1.6	-13.9	2.9	17.2	1.3	-32.0	-44.9
底钢板	上缘	—	—	—	—	15.2	1.1	-31.0	-42.3
	下缘	—	—	—	—	15.1	1.1	-30.9	-42.1
钢梁	上缘	15.2	1.3	-15.8	0.7	13.1	1.0	-30.2	-39.9
	下缘	-40.3	-2.8	-38.4	-81.5	-38.9	-2.3	-11.9	16.5

表 4.2-2 所示为跨中断面上下缘应力核查数据，因干燥收缩徐变组合桥面板应力约增大了 1.1 倍，考虑是因底钢板用钢量较大，使混凝土的干燥收缩也增大的缘故。注意本分析尚未计及加劲肋，其对混凝土的约束还有可能再增大。断面①、②由徐变产生的应力占比为 16%，由收缩产生的应力占比为 84%，一般认为还是干燥收缩占主导地位，对这两个断面基本静定体系影响更重要一些。

由表 4.2-3 可知，因收缩与徐变导致的中支点断面，组合桥面板上缘拉应力与 PC 桥面上缘拉应力差不多，但其中静定、不静定体系所得数值比例却截然不同，由干燥收缩造成的应力对组合桥面板不静定体系占 25%，对 PC 桥面板不静定体系占 35%，即对 PC 桥面板影响更大。

这里要补充一点，原则上钢混组合桥面应采用膨胀剂，如此则其干燥收缩量将减少，由其影响造成的次生拉应力自然也会减少。

3）裂缝宽度的确认

由表 4.2-4 和表 4.2-5 中间支点断面核算可知，两种断面的拉应力均超过断面允许拉应力（PC 桥面板断面允许拉应力为 2.7MPa），混凝土必然开裂，其裂缝宽度根据表 4.2-6 所列参数，按式（4.2-27）计算。

$$w = 1.1 k_1 k_2 k_3 \left[4c + 0.7(c_s - \phi) \right] \left(\frac{\sigma_{se}}{E_s} + \varepsilon'_{csd} \right) \quad (4.2\text{-}27)$$

经计算，PC 桥面板断面裂缝宽为 0.004mm，而钢混组合桥面板断面裂缝宽度为 0.010mm，两者均比允许裂缝宽度（W_a = 0.196mm）小。

裂缝宽度计算用参数　　　　　　　表4.2-6

项　　目	PC桥面板	组合桥面板
钢材表面形状对裂缝宽影响系数 k_1	1.0	1.0
混凝土质量对裂缝宽影响系数 k_2	0.95	1.00
抗拉钢筋数量的影响系数 k_3	0.91	1.00
保护层厚度 c（mm）	49	49
钢筋间隔 c_s（mm）	125	200
钢筋直径 ϕ（mm）	22	22
钢筋强度 σ_{se}（MPa）	2.89	5.92
受拉钢筋弹性模量 E_s（MPa）	2.0×10^5	2.0×10^5

4）挠度的确认

因干燥收缩、徐变导致的挠度计算结果分别如图4.2-10、图4.2-11所示。

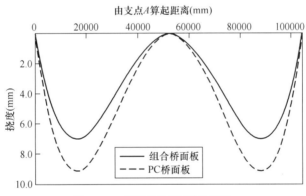

图4.2-10　因干燥收缩导致的挠度

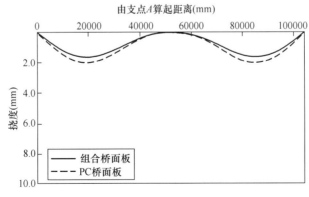

图4.2-11　因徐变导致的挠度

由断面①核算可知,PC桥面板断面总挠度为11.0mm,其中由干燥收缩引起者为9.0mm,由徐变引起者为2.0mm。钢混组合桥面板断面,总挠度为8.5mm,其中因干燥收缩引起者为6.9mm,因徐变引起者为1.6mm。

总之对两种断面因干燥收缩引起的挠度占80%,干燥收缩的影响占主导地位,钢混组合桥面板组合梁的挠度为预应力混凝土桥面板组合梁挠度的80%。

第5章 钢混组合桥面板的制作与安装

钢混组合桥面板的材料及制作和安装工艺除应满足设计要求外,还应满足相关规范的要求,例如相关焊接应满足现行《钢结构焊接规范》(GB 50661)的相关要求。

钢混组合桥面板的钢底板和其上加劲肋等剪力连接件一般由工厂制作成,作为成品以底钢板产品形式运输至现场,安装后浇筑混凝土,也可由工厂在底钢板上安装钢筋、浇筑混凝土形成钢混组合桥面板成品,并运至现场并安装。两者最大不同点在于前者钢混组合桥面板的底钢板有两阶段受力问题,在混凝土浇筑过程中需承受混凝土自重及其他施工荷载,在混凝土面板达到设计强度后形成钢混组合桥面板,共同承受结构自重与外加活载(车辆、风与地震力等)。

5.1 底钢板的工厂制作

钢混组合桥面板底钢板一般由专业工厂制作,其制作材料的品种规格、性能应符合设计文件的要求和现行国家相关规范、标准的规定,底钢板的制作顺序如下:

分解设计图纸 → 钢底板加工(划线、切割、开孔) → 组装(加劲肋与底钢板及连接件与底钢板焊接) → 焊接件矫正 → 焊缝检测 → 防锈涂装 → 产品检验 → 出厂。

加工大样图应根据所用材料性质、加工手段等对设计图纸所标注构造进行修正、补充而成,底钢板在工厂制作时应编制制作工艺要点。

5.1.1 底钢板制作

1)钢板的预处理——展开与平直

钢底板所用钢板常用厚度为6~8mm,属于薄板系列,钢材出厂一般为卷材,先要对钢板进行展平与矫正。钢板有两个方向:压延方向(卷材长度方向)与板高方向,一般以压延方向作底钢板跨径方向。钢板的压延方向与板高方向性质是有差异的,一般而言,其屈服强度没有太大差异,但如果制作中对钢板的拉伸达到10%~15%的拉伸强度、5%~10%的扭曲强度,则会减小高度方向拉伸强度与夏比冲击值,所以展开、压平钢板时应注意在钢板应用中主应力方向与钢板制作的压延方向一致。展平钢板的整平应借助压力完成,展平钢板平整度不应大于1mm/m,底钢板压平后应即划线切割。

2)钢板预处理——除锈与车间底漆

钢板展平后于下一步加工前应对钢板(钢材)进行除污、除锈处理。这一工作方法很多,一般采用喷射法,喷射磨料有石英砂、铁丸、钢丸、钢渣、钢丝切丸等。其要求为相对密度大、韧性强、不易破碎、表面无油污、含水率小于1%、有一定的粒径(详细要求见相关规范)。喷射或抛射除锈之前厚的锈层应铲除,油污应清除,对喷射或抛射除锈的钢材表面,有四个除锈等级,以符号Sa1、Sa2、Sa2.5 Sa3表示,除锈后表面质量要求见表5.1-1。

表面除锈质量要求　　　　　　　　　　表 5.1-1

除锈方法	喷射或抛射除锈			手工和动力工具除锈	
除锈等级	Sa2	Sa2.5	Sa3	St2	St3
适用范围	除右边两类条件以外的其他地区	年平均相对湿度在50%以上及有一般大气污染的工业地区	1. 大气含盐雾的沿海地区；2. 大气中 SO_2 含量大于 $250mg/m^3$ 的工业地区；3. 杆件浸水部分；4. 防腐要求高的钢梁及构件	与 Sa2 条件同	与 Sa3 条件同
质量标准	一般喷射、抛射除锈,钢材表面的油脂和污垢、氧化皮、锈和油漆涂层等附着物应基本清除,其残留物应附着牢固	较彻底的喷射、抛射除锈,钢材表面应无可见的油脂和污垢,氧化皮、锈和油漆涂层等附着物,任何残留的痕迹仅是点状或条纹状的轻微色斑	彻底的喷射、抛射除锈,钢材表面应无可见的油脂和污垢,氧化皮、锈和油漆涂层等附着物,表面应呈现均匀的金属光泽	一般的手工和动力工具除锈。钢材表面应无可见的油脂和污垢,没有附着不牢的氧化皮、锈和油漆涂层等附着物	彻底的手工和动力工具除锈。钢材表面应无可见的油脂和污垢,没有附着不牢的氧化皮、锈和油漆涂层等附着物,除锈比 St2 彻底,底材显露部分的表面应具有金属光泽

3)切割与矫正

划线时应注意不要在运营过程中出现较大拉应力或在反复应力幅处留下凿痕等任何损伤。切割原则上应当使用数控等离子切割,注意保证切割面以满足品质要求。当钢板厚度小于 10mm 时也可以采用剪切法切割,切割机械使用原则如下。

肋板:等离子激光切割机以及自动火焰切割机。

钢底板:等离子激光切割机以及自动火焰切割机。

型钢:型钢切割机、火焰切割机以及剪切机(板厚 10mm 以下者)。

数控切割现场如图 5.1-1 所示。

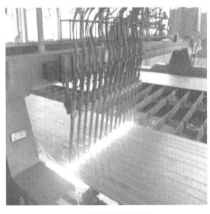 

a)数控火焰切割　　　　　　　　　　b)数控等离子切割

图 5.1-1　数控切割现场

注意当切割线出现不适宜的断角、反向或不平整等现象时应及时更正,对挂渣应当削边或使用打磨机打磨,直到平滑,对切口缺陷应予消除。对火焰切割等加热时产生的应变应通过机械矫正法或火焰加热法矫正。采用火焰加热法矫正变形时,钢材表面温度及冷却方法可参考表 5.1-2。

火焰加热法下矫正钢板应变时钢材表面温度及冷却方法　　　　表 5.1-2

钢　　种		钢材表面温度	冷　却　方　法
调质钢(Q)		750℃以下	空气冷却或是空气冷却至600℃以下后水冷
热加工钢材 (TMC)	Ceq>0.38	900℃以下	空气冷却或是空气冷却至500℃以下后水冷
	Ceq<0.38	900℃以下	加热后直接水冷或是空气冷却
其他钢材		900℃以下	不得在灼热状态直接水冷

注:$Ceq = C + \frac{Mn}{6} + \frac{Si}{24} + \frac{Ni}{40} + \frac{Cr}{5} + \frac{Mo}{4} + \frac{V}{14} + \left(\frac{Cu}{13}\right)$(%)。式中( )中的项,在 Cu≥0.5%时才加入切割表面质量应符合表 5.1-3 要求,切割表面硬度不应超过 HV350。

切割表面质量要求　　　　表 5.1-3

项　　目	等　　　级		备注
	1	2	
表面粗糙度 Ra	25μm	50μm	按现行《产品几何技术规范(GPS)表面结构　轮廓法　表面粗糙度参数及其数值》(GB 1031)用样板检测
崩坑	不容许	1m 长度内允许有 1 处 1mm	超限应修补,按焊接有关规定
塌角		圆角半径≤0.5mm	
切割面垂直度		≤0.05t,且不大于 2.0mm	t 为钢板厚度

应对应用中暴露的自由边缘应进行双侧圆弧倒角处理。

钢底板的侧板、加腋多借助冷弯或热矫做成,冷弯时环境温度不宜低于-5℃,热矫时温度宜控制在 600~800℃,钢底板冷弯加工时,钢材韧性会下降,其外侧还会有开裂现象,所以应令弯曲内侧半径为钢板厚度的 15 倍以上,且能满足表 5.1-4 所列夏比冲击试验要求;钢板化学成分中氮的含量不超过 0.006%时,弯折内侧半径亦可按板厚 7 倍或 5 倍控制。

冷弯加工内侧半径与冲击韧性的吸收能量　　　　表 5.1-4

冲击韧性的吸收能量(J)	冷弯加工内侧半径
≥150	≥7 倍板厚
≥200	≥5 倍板厚

4)制孔

钢材打孔原则上使用下列机械:高强度螺栓孔采用钻孔机,其他孔采用激光切割机、火焰切割机及冲压机(钢板厚度 16mm 以下时)。数控机打孔如图 5.1-2 所示。

高强度螺栓的孔应当加工至能够保证设计所规定连接强度的品质,螺栓孔制孔需使用钻孔机进行作业,一般先钻孔并用铰刀修正。螺栓孔应钻制成正圆形,孔壁表面粗糙度 Ra 不应大于25μm,孔缘无损伤不平,无刺屑,可执行的办法为标准样板法或采用数控螺栓孔钻孔机,螺栓孔制孔后的精度应符合现行《钢结构工程施工质量验收标准》(GB 50205)的要求。

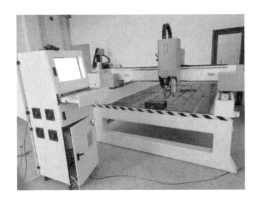

图 5.1-2 数控机打孔

5）底钢板的焊接

底钢板制造中,部件焊接为主要工艺,所有焊接工艺在正式进行前均应做焊接工艺评定试验。为确保焊接连接质量,应注意钢材的可焊性与焊接连接方式的可行性,为此,对下述情况必须进行焊接工艺试验：

（1）使用的钢材单项吸热量过大时；

（2）采用新颖焊接方法时；

（3）采用新材料时。

工艺评定试验中试板宜选用碳当量偏标准上限的原材制备,其选取的厚度应能代表项目所使用的钢板焊接工艺要求,具体按照现行《钢结构焊接规范》(GB 50661)6.2.4条要求执行。试件与产品接头形式焊缝类型坡口形式及钝边尺寸一致。

试板长度应根据样坯尺寸、数量等因素综合考虑:对于自动焊,不小于600mm;对手工焊CO_2气体(混合气体保护焊),不得小于400 mm。焊缝质量应符合现行《钢结构工程施工质量验收标准》(GB 50205)及设计要求,焊接工艺评定规则按现行《钢结构焊接规范》(GB 50661)办理。

钢底板一般较薄(6~10mm),施焊中易变形,因此应在施焊中采取合理的施焊步骤,控制施焊中钢底板变形。加劲肋连接件宜在工厂成型和焊接,宜采用CO_2气体保护焊、型钢和焊钉,安装前应对其平面位置进行准确的测量放样,连接件安装前应进行外观检查,外观应平整,无裂缝、倒刺、凹坑、变形等缺陷。

对焊钉连接件采取合理的焊接次序,宜先内排后外排逐排焊接;用一排焊钉焊接时应间隔进行,300mm范围内的焊钉不应同时焊接。

严格控制焊钉平面位置、间距及焊钉连接件的外侧边缘距离与钢梁翼缘边缘的距离。

5.1.2 钢底板防锈处理

钢底板的防锈可按公路钢桥的规范处理,可选取表5.1-5所列的防锈方法。

公路钢桥的防锈方法 表 5.1-5

防锈方法	涂装		喷射	电镀	耐候钢造锈
	一般涂装	重防腐涂装			
防锈原理	涂装覆膜,将钢材表面与环境隔开	涂装覆膜将钢材表面与环境隔开,形成富锌防锈	用铝、锌层防锈	用锌层防锈	用稳定的锈蚀层防锈
防锈材料处理方法	用涂料作表面涂刷	用涂料作表面涂刷	喷涂铝或锌	在熔融锌的电镀处理槽中浸泡	在炼钢时调整材料
构造方面的限制	无特别限制	无特别限制	无特别限制	受电镀槽尺寸限制	必要时与结构要求相结合考虑
施工表面处理施工内容	表面除锈、涂装作业,防护,支架	喷砂处理、涂装作业,防护,支架	喷砂处理喷射作业	酸洗电镀作业	
维持管理	更新涂装	更新涂装	铝、锌层检测	铝、锌层检测	稳定锈层检测
颜色外观	可自由选择颜色	可自由选择颜色	色泽一定	色泽一定	色泽一定

1)防锈方法

(1)涂装

根据涂装的防锈效果,在防止腐蚀反应同时获得以下性能:

①涂层会将腐蚀介质氧、水、盐类与钢板隔开;

②涂层形成的阻抗阻断腐蚀电流的形成;

③钢材表面呈碱性并钝化;

④金属被覆膜覆盖,可防止钢材表面的铁离子逸出。

一般说上层、中层涂膜有上述①、②项性能,下层涂膜具有①、②、③项性能,当采用富锌喷涂时可获得④项性能,正是由于这点,富锌涂装比其他涂装效果更好,所以多用于重防腐涂装。

(2)金属喷涂

用喷枪借助压缩空气将熔融的金属喷涂于经过喷砂处理的钢材表面形成喷涂金属薄膜是为金属喷涂。用作喷涂的金属有锌、铝、锌铝合金等,其应用不受结构物尺寸大小与形状的制约,因其喷涂金属面凹凸不平,有利于涂料的附着,故大多采用金属喷涂作为涂装的底层。

(3)镀锌

钢材浸泡于440℃左右的熔融的锌液中,在钢材表面形成铁锌合金或纯锌被覆层,用以阻止锈蚀是为镀锌。将镀锌后的钢板置于腐蚀环境中,则将在其表面生成酸化膜,这个酸化膜为强力的保护膜,可以抵制腐蚀的进一步发展(起到保护膜作用),万一这个保护膜再受到损伤,损伤部位的锌阳离子可抑制腐蚀电化作用,从而再度形成保护(牺牲阳极作用),所以镀锌为具有双重保护作用的优质防锈措施。

(4) 耐候钢

耐候钢用于无涂装时,采用耐候钢可望大幅度降低钢板的防锈费用。

将耐候钢置于空气中,初期也会与普通钢一样生锈,数年后这个锈层会成为稳定、密致的抗锈层,对里面的钢材形成保护,从而防止进一步锈蚀。盐、盐化物离子对稳定锈层影响最不利,故在空气中含盐多的海岸稳定的锈层很难形成,不宜建造耐候钢桥。

耐候钢可以无涂装应用(裸用),采用裸用耐候钢可望大幅度降低钢材的防锈费用。

由于耐候钢板耐腐蚀性较强,在自然环境下生成稳定性锈层需要 1~2 年,在这个过程中,因锈层生成表面色彩会有不均匀过程而影响景观,故可于正式应用前在工厂用促锈剂,通过一定的物理、化学工艺加速其稳定锈层的生成(造锈),以保证应用中的景观效果。

2) 防锈体系的选择

防锈体系按上述对各种防锈方法的特征理解与关于经济性、施工性、美观及其他的技术要求综合判定选择,这里关于经济性的评价应包含养护与寿命周期投资的综合考虑。

3) 涂装设计

根据《公路桥梁钢结构防腐涂装技术条件》(JT/T 722—2008),按照涂装部位、腐蚀环境、防腐年限、工况条件,提出涂层配套体系 23 个。该标准推荐了主要的涂层配套体系,同时强调,用于高防腐等级的涂层配套体系也适用于低防腐等级,但可相应降低涂层厚度。

(1) 涂装部位

该标准按涂装部位分为 6 类:外表面、非封闭环境内表面、封闭环境内表面、钢桥面、干湿交替区和水下区、防滑摩擦面(附属钢构件,包括防撞护栏、扶手护栏及底座、灯座、泄水管、钢路缘石等)。

(2) 环境分级

该标准腐蚀环境分级引用 ISO 12944-2:2017(腐蚀环境分类 第 2 部分)。大气区腐蚀种类分为 6 类(表 5.1-6),浸水区分为淡水(Im1)和海水(Im2)两种类型,按照浸水部位分为浪溅区、干湿交替区和水下区。

大气区腐蚀种类 表 5.1-6

腐蚀种类	单位面积质量损失/厚度损失(一年暴晒)				温和气候下典型环境实例	
	低碳钢		锌			
	质量损失 (g/m^2)	厚度损失 (μm)	质量损失 (g/m^2)	厚度损失 (μm)	外部	内部
C1 很低	≤10	≤1.3	≤0.7	≤0.1	—	加热的建筑物内部,空气洁净。如办公室、商店、学校和宾馆等
C2 很低	10~200	1.3~25	0.7~5	0.1~0.7	污染水平较低。大部分是乡村地区	未加热的地方,冷凝有可能发生,如库房、体育馆等

续上表

腐蚀种类	单位面积质量损失/厚度损失(一年暴晒)				温和气候下典型环境实例	
	低碳钢		锌		外部	内部
	质量损失 (g/m^2)	厚度损失 (μm)	质量损失 (g/m^2)	厚度损失 (μm)		
C3 中等	200~400	25~50	5~15	0.7~2.1	城市和工业大气,中等二氧化硫污染。低盐度沿海区	具有高湿度和一些空气污染的生产车间,如食品加工厂、洗衣店、酿酒厂、牛奶厂
C4 高	400~650	50~80	15~30	2.1~4.2	中等盐度的工业区和沿海区	化工厂、游泳池、沿海船舶和造船厂
C5-I 很高	650~1500	80~200	30~60	4.2~8.4	高湿度和恶劣气氛的工业区	总是有冷凝和高污染的建筑物的地区
C5-M 很高（海洋）	650~1500	80~200	30~60	4.2~8.4	高盐度的沿海和近岸区域	总是有冷凝和高污染的建筑物和地区

注:在沿海区的炎热、潮湿地带,质量或厚度损失值可能超过 C5-M 种类的界限。

(3)配套体系

按涂装保护年限分为两类:普通型,10~15 年;长效型,15~25 年。

涂层配套体系见表 5.1-7~表 5.1-9。

桥梁钢结构外表面涂层配套体系(长效型)　　表 5.1-7

配套编号	腐蚀环境	涂层	涂料品种	道数/最低干膜厚 (μm)
S04	C3	底涂层	环氧富锌底漆	1/60
		中间涂层	环氧(厚浆)漆	1~2/100
		面涂层	丙烯酸脂肪族聚氨酯面漆	2/80
		总干膜厚度		240
S05	C4	底涂层	环氧富锌底漆	1/60
		中间涂层	环氧(云铁)漆	1~2/140
		面涂层	丙烯酸脂肪族聚氨酯面漆	2/80
		总干膜厚度		280
S06	C5-I	底涂层	环氧富锌底漆	1/80
		中间涂层	环氧(云铁)漆	1~2/120
		面涂层	聚硅氧烷面漆	1~2/120
		总干膜厚度		300

续上表

配套编号	腐蚀环境	涂 层	涂料品种	道数/最低干膜厚（μm）
S07	C5-I	底涂层	无机富锌底漆	1/80
		中间涂层	环氧（云铁）漆	1~2/150
		面涂层（第一道）	丙烯酸脂肪族聚氨酯面漆/氟碳树脂漆	1/40
		面涂层（第二道）	聚硅氧烷面漆	1/30
		总干膜厚度		300
S08	C5-M	底涂层	无机富锌底漆	1/75
		封闭涂层	环氧封闭漆	1/25
		中间涂层	环氧（云铁）漆	1~2/120
		面涂层	聚硅氧烷面漆	1~2/100
		总干膜厚度		320
S09	C5-M	底涂层	无机富锌底漆	1/75
		封闭涂层	环氧封闭漆	1/25
		中间涂层	环氧（云铁）漆	1~2/150
		面涂层（第一道）	丙烯酸脂肪族聚氨酯面漆/氟碳树脂漆	1/40
		面涂层（第二道）	氟碳面漆	1/40
		总干膜厚度		330
S010	C5-M	底涂层	热喷铝或锌	1/150
		封闭涂层	环氧封闭漆	1~2/150
		中间涂层	环氧（云铁）漆	1~2/120
		面涂层	聚硅氧烷面漆	1~2/120
		总干膜厚度（涂层）		270
S011	C5-M	底涂层	热喷铝或锌	1/150
		封闭涂层	环氧封闭漆	1~2/50
		中间涂层	环氧（云铁）漆	1~2/50
		面涂层（第一道）	丙烯酸脂肪族聚氨酯面漆/氟碳树脂漆	1/40
		面涂层（第二道）	氟碳面漆	1/40
		总干膜厚度（涂层）		280

封闭环境内表面涂层配套体系 表 5.1-8

配套编号	工况情况	涂层	涂料品种	道数/最低干膜厚
S12	配置抽湿机	底-面合一	环氧(厚浆)漆(浅色)	1~2/150
		总干膜厚度		150
S13	未配置抽湿机	底漆层	环氧富锌底漆	1/50
		面漆层	环氧(厚浆)漆(浅色)	200~300
		总干膜厚度		250~350

注:抽湿机需常年工作,以保持内部系统相对湿度低于50%。

非封闭环境内表面涂层配置体系 表 5.1-9

配套编号	腐蚀环境	涂层	涂料品种	道数/最低干膜厚
S14	C3	底漆层	环氧磷酸锌底层	1/60
		面漆层	环氧(厚浆)漆(浅色)	1~2/100
		总干膜厚度		160
S15	C4,C5-Ⅰ,C5-M	底漆层	环氧富锌	1/60
		中间漆层		1~2/120
		面漆层		1/80
		总干膜厚度		260

(4)各部涂装建议

①外表面

钢结构外表面是桥梁涂装的主体。鉴于桥梁维修涂装难度大、费用高,希望桥梁防腐具有较高的年限,因此采用底涂层+中间涂层+面涂层的长效重防腐涂层配套体系,并选用高性价比的配套涂料。

底漆采用环氧磷酸锌底漆、环氧富锌底漆、无机富锌底漆及热喷漆/喷铝涂层。其中,无机富锌底漆包括醇溶型无机富锌底漆和水性无机富锌底漆。环氧富锌底漆以其优异的电化学保护性能、良好的施工性能,适用于大多数配套体系;C3、C4腐蚀环境下的普通防腐寿命体系可采用环氧磷酸锌底漆;C5-M的长寿命涂层体系,应采用电化学保护性能更加优异的无机富锌底漆或热喷锌/喷铝涂层。

中间漆推荐采用环氧云铁中间漆。环氧云铁中间漆具有优异的屏蔽性能、力学性能及适当的粗糙度而与面漆配套性好。当然,腐蚀环境不特别恶劣的普通型寿命防腐体系也可选用一般类型的环氧中间漆。

面漆采用高耐候性面漆。由于氯化橡胶在生产过程中污染环境,国外已逐步被淘汰;虽然丙烯酸面漆单组分施工方便,但固体含量低、VOC(挥发性有机化合物)含量高,不符合国家环保政策导向。实际上,上述两种涂料在桥梁钢结构防腐中很少使用。因此在面漆使用上采用技术先进的涂料——丙烯酸脂肪族聚氨酯面漆,以其优异的耐候性能被广泛用作长寿命防腐涂层体系的面漆;在苛刻的腐蚀环境下(C5),长寿命涂层体系采用耐候性能更加卓越的交联性氟碳涂料和聚硅氧烷涂料。

氟碳面漆涂层一般设计成两道，这样设计主要是考虑第一道面漆和第二道面漆承担不同的功能：

a.第一道面涂层采用丙烯酸脂肪族聚氨脂肪族酯面漆或过渡氟碳树脂漆，保证涂层体系更好的匹配性、更好的附着力、重涂性；而第二道氟碳面漆涂层在配合设计中主要考虑耐候性、自洁性和装饰性。

b.采用过渡的丙烯酸脂肪族聚氨酯面漆可节约 $4\sim 8$ 元/ m^2，节省社会资源；而高性能氟碳面漆粉化减薄速度为 $0.5\mu m$/年，$30\sim 40\mu m$ 的面涂层足以保证 25 年的保护寿命。

c.日本《钢质公路桥梁涂装便览》和《铁路桥涂装及防腐蚀便览》以及日本在桥梁领域 20 多年的涂装实践，将氟碳面涂层设计为氟碳中涂和氟碳面涂。

聚硅氧烷面漆是一种高固体分、低 VOC 含量的环保型涂料，又具有极高的耐候性和防腐性，外观装饰性好，施工方便，重涂性好，在欧美有较多成功应用实例，近年来，国内有关单位做了大量的试验研究，并已在桥梁、机场、大型民用钢结构工程中获得成功应用，积累了宝贵的经验，因此推荐用于严苛环境下长寿命涂层体系。

②内表面

封闭环境内表面采用高固体分浅色环氧厚浆漆，有利于降低 VOC 排放量，改善施工环境，降低对施工人员的损害。采用浅色涂料，有利于防止施工缺陷，并且便于日常检查和维修。

③混凝土接触面

从钢底板装配到混凝土浇筑间有很长一段时间，此外工厂到工地储存室单独保存钢底板的时间也很长，在这段时间内，应当根据需要对钢底板上的混凝土接触面选定合适的防锈方法。虽然在混凝土施工后可以不再考虑混凝土接合处钢板面的防锈问题，但是混凝土施工前，为了防止锈水浸入影响面板品质，还是应当通过采用无机高浓度亚铅末涂料(图 5.1-3)施加相关防锈蚀措施。此外，面板组装完成后，如果钢材与混凝土接触面有可能浸入含盐水分时，也应当对混凝土接触面采取相关防锈、防腐蚀措施。

此外，钢-混凝土组合桥面板上即便混凝土充分填充，但是通过敲音检查还是有可能发现底钢板因桥面护栏施工或日照等因素的影响产生混凝土剥离情况。这种情况下，虽然底钢板与混凝土间的剥离程度很小，而且也不会导致积水，但是从长期保持桥梁耐久性的角度出发，还是应当按照上述规定，对底钢板进行一定的防锈处理。

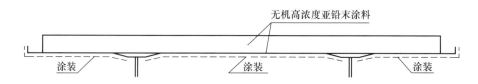

图 5.1-3 涂装的区分案例

④其他部位

a.底钢板的重叠部位。

腋板的上面应当与梁采取相同方式涂装，如图 5.1-4 所示。

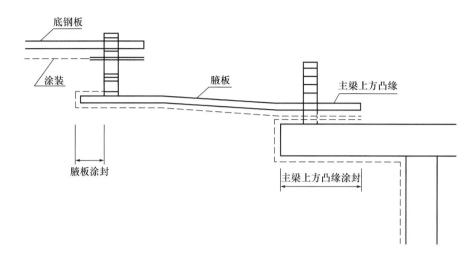

图 5.1-4 底钢板等重叠部位的涂装

b.连接部位的重叠部位(区分为下列两种形式)。

底钢板的截面以及上部 20mm 左右厚度的涂装,连接部位的涂装应在施工现场完成,如图 5.1-5、图 5.1-6 所示。

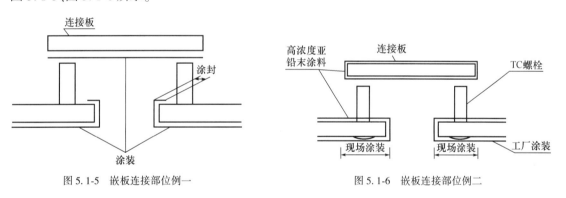

图 5.1-5 嵌板连接部位例一　　　图 5.1-6 嵌板连接部位例二

c.检查孔部位。

检查孔的截面以及上部 20mm 左右厚度的涂装,涂装方法与梁部涂装相同,如图 5.1-7 所示。

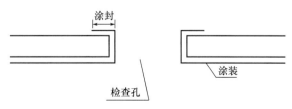

图 5.1-7 检查孔部位

d.排水处开口部位。

底钢板、补强板的截面以及上部约20mm厚度的涂装,涂装方法与梁部位涂装相同,如图5.1-8所示。

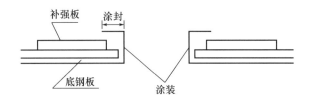

图5.1-8 排水处开口部位

5.2 混凝土施工

如前所述,钢混组合桥面板的混凝土面板可以随同底钢板共同在工厂制作,由工厂以钢混组合桥面板商品形式供应桥梁工地,也可以由工厂向桥梁工地提供底钢板,在底钢板安装于桥梁后,以之作为混凝土桥面的模板,在其上浇筑混凝土。两者装配化程度不同,施工顺序不同,施工方法也不同,但浇筑混凝土这一工序却是它们共有的。钢混组合桥面板的钢底板很薄,其上设有比较密集的加劲肋、钢混剪力连接件、纵横向受力钢筋、构造钢筋,其混凝土浇筑最需要保证的是混凝土自身的密实性及混凝土与钢材(板、肋、销等)的可靠连接,因此首先要保证混凝土的品质。

5.2.1 混凝土的品质

混凝土应当具有符合设计要求的强度、抗裂性、保护钢材的性能以及适于作业的工作能力,并具有针对设计阶段预设期间内的化学作用的充分抵抗性,而且其与设计规定的品质误差应当尽可能小。因现场的施工条件与桥面板的构造有时也需要根据现场施工条件修正设计相关数值,这种情况下应当根据现场条件设定装配条件,选用能够最终能保证混凝土强度、耐久性、水密性、填充性、抗裂性等的混凝土配比与施工方法。

对于钢混组合桥面板使用的混凝土,应当抑制其初期收缩裂缝的产生,所以原则上应当使用膨胀剂。为补偿混凝土初期收缩损失,单位膨胀剂的量应当定为 $20\sim30kg/m^3$。必要时可掺入纤维,以提高其抗裂性。此外,膨胀率检查应当使用搅拌测试所使用的样本。

浇筑混凝土时的坍落度应以8cm以上为标准,以尽可能减少单位体积混凝土用水量。此外,根据面板构造坍落度取 $12\sim18cm$ 为宜。为了保证钢-混凝土组合桥面板上钢材与混凝土一体化后充分发挥其性能,应当避免混凝土施工时出现钢材间填充不良而产生缝隙的情形。

5.2.2 混凝土浇筑

混凝土浇筑前,应当在考虑桥梁形式与规模、混凝土设备的生产能力、设备的搬运时间等因素的基础上,确定当天的浇筑量。钢-混凝土组合桥面板标准混凝土浇筑量约为100m³/d(15~20m³/h),每日应当从8:00开始到14:00为止连续浇筑,然后再按照浇筑顺序对混凝土表面抹平养护。如果混凝土浇筑量超过该规模,那么应当在确认混凝土生产设备和现场施工管理制度的基础上,增加单日施工量,或者分数日将浇筑施工分段分区完成。

分割成数日进行混凝土浇筑时,对超静定结构桥梁进行二次以上施工,可能会由于混凝土自重的原因,对已安装的钢混组合桥面板产生较大次生应力。因此,应当针对分区浇筑方案核查混凝土自重产生的次生应力是否会造成开裂等有害影响,如果确实存在有害影响,则应当调整施工的分组、浇筑时间间隔及浇筑顺序。

应当根据设计要求及混凝土整体性考虑结构构造、混凝土凝固性及流动性,确定混凝土的浇筑顺序及混凝土密实方法。混凝土面板下的底钢板中,有连接底钢板与混凝土面板的栓钉或开孔板、型钢等类的剪力连接键,在任何情况下都应当预先充分计划混凝土配比、浇筑方向、浇筑顺序、浇筑速度。

混凝土浇筑时应当防止直射阳光或风等因素造成底钢板以及加劲肋钢筋温度发生较大变化。底钢板或钢筋等钢材会因直射日光或风作用产生较大温度变化,所以在夏季浇筑时,应当使用覆盖物覆盖,防止日照导致钢板温度上升;冬季施工时,应当在主要施工平台和迎风向处设置遮挡,或使用炭炉或暖气以保持底钢板温度,防止混凝土冻结。在任何情况下都应当通过合适的管理工作,避免环境变化导致混凝土品质恶化。

应检查混凝土浇筑施工所需止水防漏措施。应当在底钢板的连接处、底钢板与支承梁的边界处做密封胶处理,并及时修补缝隙部位。在排水监视两用孔中还应当设置止水栓,以防止混凝土浆泄漏。

混凝土浇筑时应当避免混凝土材料离析。在底钢板上堆积混凝土,再使用插入振捣器进行混凝土摊布往往会导致混凝土材料分离,而且从过高位置抛下混凝土进行浇筑也容易导致涂装部位的损伤、钢筋的扭曲以及混凝土的材料分离,应该避免。当采用泵送混凝土时一般借助输送管道出口的缓慢移动浇筑混凝土。

混凝土浇筑相关施工图如图5.2-1、图5.2-2所示。

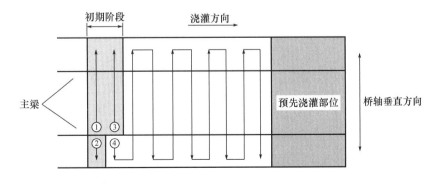

图5.2-1 双主梁时的浇筑顺序

图 5.2-2　钢混桥面板施工时的混凝土浇筑

5.2.3　混凝土的振捣

混凝土振捣时,应当留意避免底钢板与加劲肋剪力键间狭窄处出现混凝土填充不良的情形。

钢-混凝土组合桥面板的加劲肋剪力键钢材形状、类型繁多,钢筋用量大。为了避免混凝土面板内部出现缝隙,混凝土振捣工序设定应当考虑加劲肋剪力键钢材的形状与配置。此外,加劲肋和型钢的高度一直延伸到上侧钢筋时,由于钢材间过于紧密,往往会使插入式振捣器的振动无法充分振实,从而导致振捣不足的结果,故根据加劲肋的配置进行适当的振捣工作。

一般而言,施工中应当使用插入式振捣器,一处的振动时间应当在 5～15s,振动时应留意不要造成混凝土的材料离析。插入式振捣器的插入间隔应在 50cm 以下,原则上应当在垂直方向均匀振捣。拔出插入式振捣器时,应一边施加振动一边拔出,以防止振动器插入时的洞残留在混凝土内部。

振捣机施工如图 5.2-3 所示。

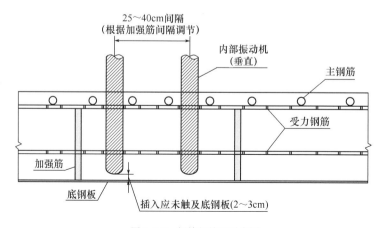

图 5.2-3　振捣机施工示意图

在连接处施工时,为了保证连接部混凝土的品质,应当于模板外侧或下方设置支承与止水,以确保形状并防止水泥浆泄漏,在加劲肋和钢筋等材料与模板间的间隔应当便于振动器插入且可以随时振捣。

5.2.4 表面找平

应当根据设定的混凝土的表面形状与尺寸,进行抹平打磨工作,以保证混凝土的品质。一般于混凝土浇筑之后即进行初步混凝初步打磨,在混凝土充分振捣至硬化开始的这段时间里,应当使用铁镘刀再次进行表面抹平工作。

5.2.5 养护

混凝土浇筑后应当通过养护工序在一定时间内保持其硬化所需的温度及湿度,防止干燥或温度急速变化造成有害影响。

湿润保养是通过在混凝土表面洒水保持其湿润状态的保养方法。难以洒水的情况下,应当使用皮膜保养材料防止水分挥发。养护时应当注意以下几点:

1)湿润保养(洒水保养)

(1)确认混凝土硬化状态,使用养护布等材料覆盖缝隙后方可洒水,以保持混凝土处于湿润状态。

(2)混凝土养护不可使用海水。

(3)由于组合桥面板使用了膨胀混凝土,所以湿润保养时间应当在5d以上。

2)膜保养(图5.2-4)

图 5.2-4 膜保养

为了保证膜的质量,应当在使用之前仔细研究其铺设量与铺设方法。

膜保养剂应当在混凝土表面水光消失后铺设,铺设膜保养剂时应当注意不要让保护膜附着在钢筋或连接处。

底钢板作为钢材,其比热转移率比木质模具更高,冬季施工时保养过程中热量更容易散失,混凝土更容易冻结,此时应当在底钢板外侧设塑料垫以达到保温效果,并使用热炭或暖气对底钢板进行加热。

5.3 底钢板或钢混组合桥面板的运输与架设

由于底钢板面外刚度相对较小,所以必须准备专业胎架、使用绳索将钢材加强固定,防止运输过程中产生形变,并保持其总体处于安定状态;海上运输的情况下,由于盐分附着可能性较高,所以应当使用覆盖物包裹钢材,以防止盐分浸入。

工厂生产的底钢板或钢混组合桥面板的成品,现场接收检查应当确认钢板及其部件未因堆积或运输产生损伤。

钢混组合桥面板架设之前,应当通过平面测量及高程测量的方法确认桥梁所留安装位置符合设计要求,并能安装底钢板;平面测量应当把握主梁架设后的成品形状、尺寸与桥面板尺寸间的关系,并考虑栓钉与连接板等连接件安装产生的影响。

上下线分离或并列邻接的桥梁,其部件间隔施工误差往往小于50mm,有可能影响底钢板的架设,故于底钢板或钢混组合桥面板成品出厂之前应预想到这些问题。

钢混组合桥面板施工时,应当设置不会对各项作业产生不利影响的施工平台。施工平台的构造应当考虑到底钢板或钢混组合桥面板的架设方法与梁下工作条件。架设底钢板或钢混组合桥面板时,施工平台构造应当能够确保安装人员正常走动,而且不会影响架设起重机等架设设备的正常使用。此外,考虑到梁下的架设条件,施工平台还应当配备相应防护设施,以保证建筑人员和检测、监理人员的安全。

若存在有害损伤或形变,应当使用施工计划书中的修补方法进行修复工作。

应按底钢板及钢混组合桥面板的设计吊点吊装底钢板或钢混组合桥面板。

底钢板及钢混组合桥面板的架设应当考虑到钢梁的构造及架设方法等要素。安装底钢板时应当避免意外的不均匀荷载,或冲撞荷载对底钢板产生应力或形变。

底钢板及钢混组合桥面板的架设应当按照设计规定顺序进行。

其架设方法不应对钢-混凝土组合桥面板的性能产生有害影响。

底钢板或钢混组合桥面板安装前,应当清除钢梁凸缘上的异物及浮锈;安装后应当及时清洁并避免雨水侵蚀或异物堆积。

施工时脚手架设置如图5.3-1所示。

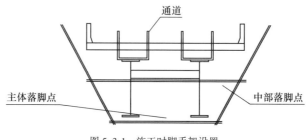

图5.3-1 施工时脚手架设置

底钢板或钢混组合桥面板架设中应结合其部件连接形式采取相应措施,以确保连接部位不受损坏,并按设计步骤和顺序完成可靠连接。关于栓接应注意以下细节:

(1)应当关注部件连接处的材料接触面,以保证其滑动系数大于设计阶段所预设的数值。

(2)安装后则应当保证其密封性。

(3)螺栓的安装应当建立在足够轴力的基础之上。

(4)扭剪型高强螺栓的根部安装应当使用专业的电动力矩扳手。

(5)使用扭矩法安装六角高强螺栓时,应当调整安装扭矩,以使安装螺栓轴力均匀导入各螺栓。一般仅使用最大轴力紧固一次时螺栓容易松动,故原则上应当进行二次紧固工作,二次紧固的轴力大小达到首次紧固轴力大小的60%即可。为了在初次紧固后能够便捷地确认紧固次数,应当在首次紧固后对螺栓、螺母及底座进行标记。

(6)六角高强螺栓应当使用螺母导入轴力。

(7)螺栓的安装应当从连接板的中央螺栓开始,按顺序最后安装端部螺栓。

为了保证安装后连接处的性能不会产生问题,以及施工时不会出现障碍,应当在连接装配施工前,充分确认连接部位构件间的契合度。

钢混组合桥面板的施工总体安装方案分为两大类:一类是架梁—架设底钢板—以底钢板作模板浇筑混凝土面板;另一类是架梁—架设钢混组合桥面板。

钢混组合桥面板与支承梁组合成一体后的组合梁的架设方法很多,如浮运架设、拖拉架设、顶推架设、门式起重机架设、架桥机架设、吊装架设等。

钢混组合桥面板桥宜根据跨径大小、河流或海域情况、起吊能力等选择安装方法。安装应按施工图、加工图和拼装简图进行,并应编制专项施工技术方案和安全技术方案。安装前应对临时支架、支承、起重机等临时结构和钢桥结构本身在不同受力状态下的强度、刚度及稳定性进行验算。

对长桥、宽桥多用第一类安装方案。此时多存在大面积混凝土面板施工问题,在大面积混凝土面板浇筑中应注意按施工中结构体系形成过程计算施工阶段应力,特别是后施工混凝土对已施工混凝土的影响,借助对混凝土施工中强度增长过程的控制与浇筑分段的设置,避免混凝土施工裂缝。这是一个很复杂的施工控制过程,因此应进行细致的施工控制设计。

在支承梁上架设桥面板,如图 5.3-2 所示。

具体安装可借助落地式起重机、步履式桥面起重机、混凝土泵、泵车或混凝土摊铺机完成。

钢混组合梁、底钢板、混凝土面板的安装涉及桥梁安装的总体质量,一般对之应进行施工控制,施工控制目标一般为满足桥梁的设计线型。为达到施工质量目标,应分步进行施工控制,施工控制原理为:

$$V_N = \min\left\{\frac{1}{2}\sum_{j=1}^{N}(x_j^T W_j^x x_i + U_{j-1}^T W_{j-1}^V U_{j-1})\right\} \quad (5.3\text{-}1)$$

上式是一个优化公式,V_N 为优化目标;W_j^x 为价值矩阵,表示状态向量到优化目标的转移关系;W_{j-1}^V 为控制向量到优化目标转移的价值矩阵,其目的是求出达到优化目标时每一步的最小干预量 U_{j-1}。为此,钢混组合桥面板桥安装过程中,每完成一节间应测量其位置、高程和预拱度,不符合要求时应进行校正。

▶ 钢混组合桥面板

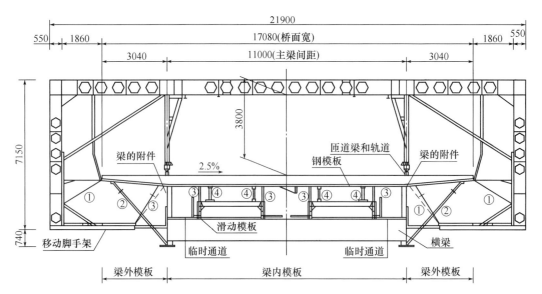

图 5.3-2 移动式架桥设备(尺寸单位:mm)

①-伸缩千斤顶(移动时用);②-伸缩千斤顶(桥面施工用);③-伸缩千斤顶(桥面施工用);④-悬臂千斤顶(调节模板移动时用)

第6章 窄幅钢箱梁-钢混组合桥面板桥

6.1 钢混组合桥面板——窄幅箱梁桥

6.1.1 窄幅钢箱梁桥的发展、渊源与优点

工字钢梁上设混凝土(预应力混凝土)桥面板,为中小跨钢混组合梁桥最为常用的桥梁形式,倘将工字梁的腹板一分为二,并将其置于顶、底板两侧,形成一闭口截面即为窄幅箱梁。相对于工字梁窄幅箱梁抗扭刚度大幅提高,倘适当增加其高度,抗弯能力亦增大许多,若将其应用钢混组合梁桥即成为少主梁式的窄幅箱梁桥。因窄幅箱梁抗弯、抗扭刚度较大,于常规桥梁宽可仅用两榀梁,可达到最佳经济效果。因梁间距较大,其上宜采用钢混组合桥面板,这一设计思维就催生了当下工程界广为应用的钢混组合桥面板——窄幅钢箱梁桥。在世界多国尤其日本这种桥型应用较多,实际工程效益比较显著,已成为一经济实用的常用桥型。图 6.1-1 所示为日本福岗桥施工照片。

图 6.1-1 福岗桥(已架一幅)

窄幅箱梁即梁宽小于梁高一半左右的箱梁,窄幅箱梁-钢混组合桥面板桥源自单幅多榀工字钢梁、钢筋混凝土桥面板钢混组合梁桥。窄幅箱梁的材料用量、制作加工类似钢板工字梁,但由开口截面改成了闭口截面,断面扭转刚度突增,因断面扭转刚度的加大带来两方面好处:梁的间距可增大;梁间横向联系可简化。根据单幅多工字钢梁钢筋混凝土桥面板桥的工程经验,减少工字梁数即可取得更好的经济效益,从而由多主梁桥向少主梁桥转变,继而带来两主

▶ 钢混组合桥面板

梁钢混组合梁桥的实现。少主梁桥因其桥面板跨度的加大促使预应力桥面板、钢混组合桥面板的出现,为简化主梁间横向连接构造而使主梁扭转刚度加大,进而将工字钢梁改为箱梁,因箱梁构造简化进而由一般钢箱梁演化为窄幅钢箱梁。日本钢混组合梁发展历程如图 6.1-2 所示。

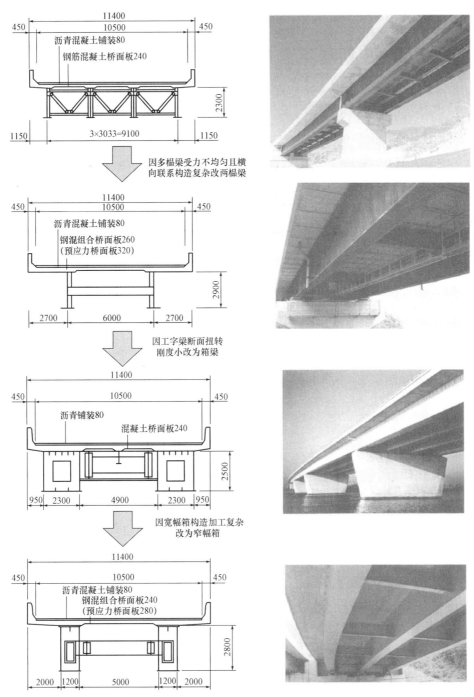

图 6.1-2 日本钢混组合梁发展历程(尺寸单位:mm)

这一演变过程带来的材料指标如图 6.1-3 所示。

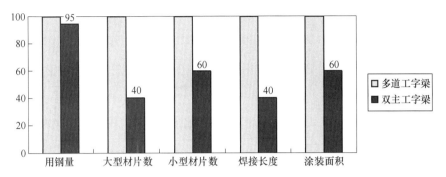

a）以多幅工字梁主梁桥为基准(100)与工字梁二幅主梁桥材料数量比较

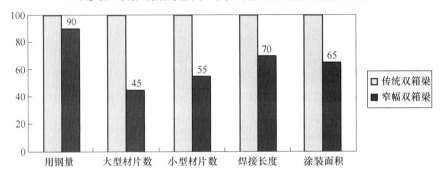

b）以二幅传统箱梁桥为基准(100)与二幅窄幅箱梁桥材料数量比较

图 6.1-3 组合梁材料指标对比

两箱式窄幅箱梁桥与传统箱梁桥构造对比如图 6.1-4 所示。

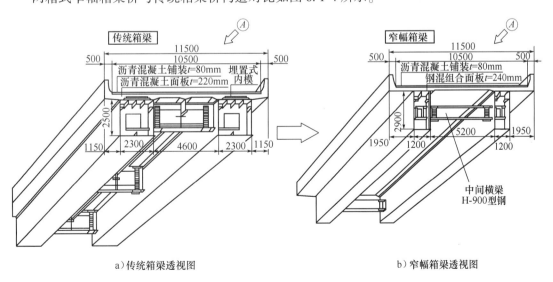

a）传统箱梁透视图　　　　　　　　b）窄幅箱梁透视图

图 6.1-4

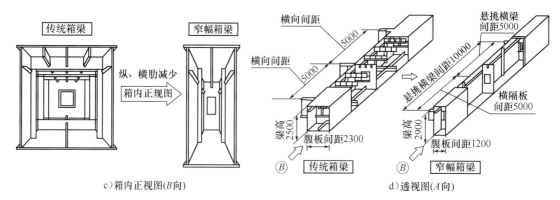

图 6.1-4 两种形式钢箱梁构造对比(尺寸单位:mm)

两箱式窄幅箱梁桥较传统宽箱梁桥优点:

因箱梁幅窄,箱梁内加劲肋可减少,有利于钢箱梁的加工制作,减少钢箱梁制作中的焊接工作量。

因箱梁幅窄,箱梁顶、底板无须加劲肋或用少量加劲肋或加厚,倘加厚则有效加大了断面抗弯惯性矩,有利于材料利用。

因箱梁变窄导致桥面板跨度加大,用耐久性更好的钢混组合桥面板(预应力混凝土桥面板)代替钢筋混凝土桥面板,且因桥面板横向更强劲,可使主梁间横向联系简化。为简化桥面板系统,两种箱梁的建设费用比较见表 6.1-1。

两种箱梁经济性比较   表 6.1-1

主 梁 形 式	桥面板形式	组合/非组合	经济性比较	
			涂装	采用耐候钢
传统箱梁	混凝土桥面板	非组合	1.00	0.94
		组合	0.94	0.89
窄幅箱梁	钢混组合桥面板	非组合	0.93	0.89
		组合	0.89	0.85

注:此表依据日本 B 级活载,宽度 10.5m,跨径布置 55m+70m+55m 连续梁桥计算数据。

6.1.2 窄幅箱梁桥的设计

1)窄幅箱梁桥的设计要求

应遵照现行《公路钢结构桥梁设计规范》(JTG D64)。

2)窄幅箱梁桥的构造要点

(1)窄幅箱梁桥梁的总体设置

①窄幅箱梁横断面布置。窄幅箱梁横断面布置如图 6.1-5 所示,视桥面宽度而定。钢混组合桥面板跨度一般不超过 6m,最大可用到 8m(亦有 10m 的先例),桥面板悬出长度一般为跨度的 0.4 倍以下。

②窄幅箱梁桥在曲线桥中的横断面布置。在采用钢混组合桥面板的情况下,对图 6.1-6

所示曲线梁桥,窄幅箱梁可按平面折线配置,亦可作曲线配置。对折线配置箱梁的曲线梁桥,各钢混组合桥面板横向悬出长度不等,但箱梁本身可做成直梁,梁的制作方便。对曲线配置箱梁的曲线梁桥,各钢混组合桥面板,横向悬出长度一致,但箱梁本身需作成曲线,主梁的制作稍不规范,然而梁桥外形较美观整齐。

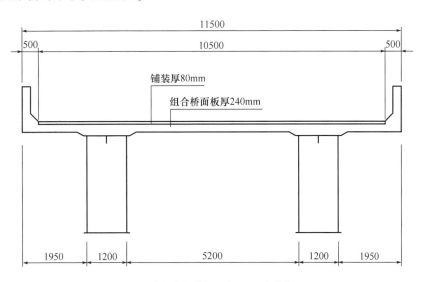

图 6.1-5 窄幅箱梁横断面布置(尺寸单位:mm)

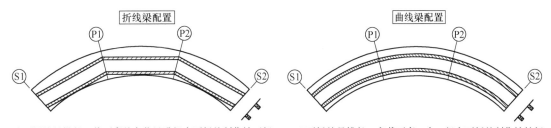

a)面板的悬挑长,截面高的变化导致组合面板的制作性不好　　b)面板的悬挑长,变截面高一定,组合面板的制作性转好

图 6.1-6 曲线梁桥的梁配置

③窄幅箱梁间的横隔(横梁)。窄幅箱梁的突出优点是横向扭转刚度一般大于同梁高钢板梁,因此各梁间可以不设横梁或横隔。此前提是窄幅箱梁横向扭转刚度足够大,若箱梁扭转刚度不足,则仍应设有横隔(横梁),故此存在箱梁扭转刚度与横隔设置优化配置问题,一般对常用的 1.2m 宽窄幅箱梁宜设端横隔和 1~2 道中横隔(视跨度需要)。

大量的研究报告显示,对箱梁桥其受力的横向分布主要经由桥面板分配,横隔(横梁)作用较次要。一般认为,为维持纵向主梁的稳定(含施工稳定),应设端横隔(横梁)或一二道中横隔。考虑到纵向主梁的工厂制作,一般一节段纵主梁内宜设一横隔(横梁),而纵主梁工厂制作节段长度 5~6m。

(2)窄幅箱梁构造细节要点

①窄幅箱梁的高度

钢箱梁梁高一般为桥梁跨度的 $L/30 \sim L/20$,窄幅箱梁高亦如此,钢箱梁一般由工厂制造,以节段形式运输至工地安装,故梁高亦受限于运输条件。

窄幅钢箱梁一般为等截面梁,对跨度超过 80m 的窄幅箱梁可考虑支点处加高的变截面梁,工程中窄幅箱梁应用情况如图 6.1-7 所示。

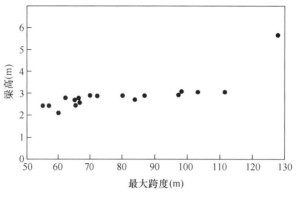

图 6.1-7 窄幅箱梁桥的梁高实例

②窄幅箱梁的宽度

窄幅箱梁的宽度顾名思义应比较窄,一般为梁高的一半左右,为满足施工要求,最窄可达 1.2m,受箱梁顶度板厚度控制,一般设置 1~2 道纵向加劲肋。

③窄幅箱梁内的加劲肋与横隔

对窄幅箱梁的顶、底板因其板厚度较大且两侧腹板间距较小,故顶、底板纵向加劲肋较少,图 6.1-8 所示为日本使用 S490Y 钢材作窄幅箱梁时腹板间距、板厚与纵向加劲肋根数关系。对窄幅箱梁顶、底板一般不考虑设横向加劲肋,然为维持腹板稳定需设一定数量的箱梁内横隔。图 6.1-9 所示为日本使用 S490Y 钢材作窄幅箱梁时横隔间距、腹板间距及纵向加劲肋高关系。

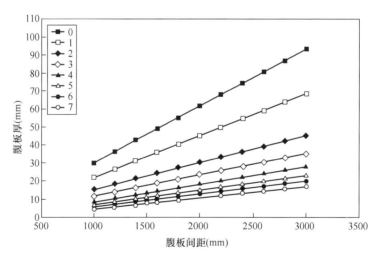

图 6.1-8 腹板间距、腹板厚与纵向加劲肋根数关系

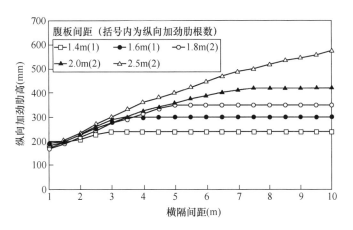

图 6.1-9 横隔间距、腹板间距及纵向加劲肋高关系

一般按节段生产的窄幅箱梁,于节段两端宜设置箱内横隔以维持箱梁腹板稳定。

关于箱梁顶底板、腹板的加劲肋设置,可以按下面规定处理,顶底板、腹板的加劲肋宽厚比按受压板的加劲肋宽厚比考虑,应满足下式要求:

$$\frac{h_s}{t_s} \leq 12\sqrt{\frac{345}{f_y}} \quad (6.1-1)$$

顶底板、腹板的纵横向加劲肋设置按受压加劲板要求,应满足下列要求:

$$\gamma_l \geq \gamma_l^* \quad (6.1-2)$$

$$A_{s,l} \geq \frac{bt}{10n} \quad (6.1-3)$$

$$\gamma_t \geq \frac{1 + n\gamma_l^*}{4\left(\frac{a_t}{b}\right)^3} \quad (6.1-4)$$

$$\begin{cases} \gamma_l^* = \frac{1}{n}\left[4n^2(1+n\delta_l)a^2 - (a^2+1)^2\right] & (\alpha \leq \alpha_0) \\ \gamma_l^* = \frac{1}{n}\left\{\left[2n^2(1+n\delta_l) - 1\right]^2 - 1\right\} & (\alpha > \alpha_0) \end{cases} \quad (6.1-5)$$

$$\alpha_0 = \sqrt[4]{1 + n\gamma_l}$$

$$n = n_l + 1$$

式中:γ_l——纵向加劲肋的相对刚度,$\gamma_l = \frac{EI_l}{bD}$;

γ_t——横向加劲肋的相对刚度,$\gamma_t = \frac{EI_t}{aD}$;

I_l——单根纵向加劲肋对加劲板 Y-Y 轴的抗弯惯性矩;

I_t——单根横向加劲肋对加劲板 Y-Y 轴的抗弯惯性矩;

t——母板的厚度;

a——加劲板的主考虑长度(横隔板或刚性横向加劲肋的间距);

b——加劲板的计算宽度(腹板或刚性纵向加劲肋的间距);

a_t——横向加劲肋的间距;

α——加劲板的长度比,$\alpha = \dfrac{a}{b}$;

δ_l——单根纵向加劲肋的截面面积与母板的面积之比;

$A_{s,l}$——单根纵向加劲肋的截面面积;

D——单宽板刚度,$D = \dfrac{Et^3}{12(1-\nu^2)}$;

n_l——等间距布置纵向加劲肋根数。

顶底板、腹板的加劲肋间距按以加劲板为肋的 T 形截面考虑剪力滞影响的有效宽度控制。

$$\begin{cases} b_{e,i}^s = b_i & \left(\dfrac{b_i}{l} \leqslant 0.05\right) \\ b_{e,i}^s = \left(1.1 - 2\dfrac{b_i}{l}\right)b_i & \left(0.05 < \dfrac{b_i}{l} < 0.30\right) \\ b_{e,i}^s = 0.15l & \left(\dfrac{b_i}{l} \geqslant 0.30\right) \end{cases} \quad (6.1\text{-}6)$$

式中:$b_{e,i}^s$——翼缘有效宽度;

b_i——腹板间距的 1/2,或翼缘外伸肢为伸臂部分的宽度;

l——等效跨径。

④窄幅箱梁间的横向联系

a. 支点处的横梁。

为抗震和施工安全需要应于窄幅箱梁的端支点、中支点设横梁,横梁一般为工字形、箱形断面。若抗震需要加大其刚度,可考虑混凝土横梁、钢混组合横梁(图 6.1-10)。

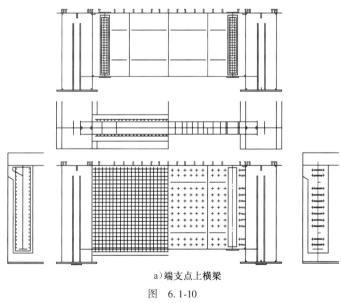

a)端支点上横梁

图 6.1-10

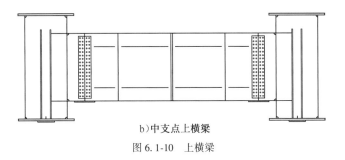

b）中支点上横梁

图 6.1-10　上横梁

b.跨间横梁。

一般可不设中横梁,为施工稳定,可每隔一箱内横隔设一窄幅箱梁间的中横梁,中横梁间距 10~12m,中横梁可采用 H 型钢制作(图 6.1-11)。

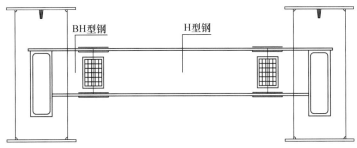

图 6.1-11　中间横梁

⑤梁高与稳定性

梁高视选用钢材、桥梁结构构造而定,一般取为桥梁跨度 1/25 左右,最高近 1/20,最低可近 1/30,窄幅箱梁梁宽一般为 1.2~2.0m,原则上应满足箱梁自身稳定性要求,一般当 $L/B \leqslant 65 \cdot (345/f_y)$（其中,$L$-桥跨长度；$B$-桥宽）时无须验算箱梁自身稳定性,以此,若采用 Q345、宽 $B=1.2m$ 钢箱梁,则 L 可达 78m。关于箱梁的顶底板、腹板厚度,根据已建桥梁资料统计结果做出的表 6.1-2 可供应用中参考。

窄幅箱梁各部件厚度统计　　表 6.1-2

部　件	跨　中	支　点
箱梁顶板厚(mm)	16~28	24~40
箱梁底板厚(mm)	10~28	24~50
箱梁腹板厚(mm)	10~14	14~22

6.2　窄幅箱梁组合梁-钢混组合桥面板桥的设计实例

6.2.1　基础资料

本算例以某市联网路第三联右幅为例,主要技术标准如下。

道路等级:一级公路兼作城市主干路。

结构形式:四跨连续组合箱梁。
跨径布置:171m=31m+48m+60.5m+31.5m。
平曲线:平面直线,斜交角度0°。
主梁平面及立面布置如图6.2-1所示。

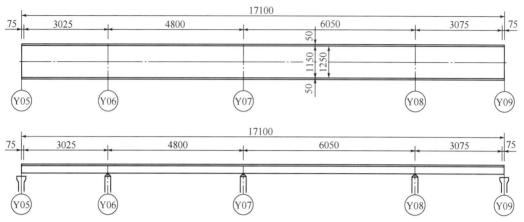

图6.2-1 主梁平面及立面布置(尺寸单位:cm)

横断面布置:12.5m=0.5m(防撞护栏)+11.5m(行车道)+0.5m(防撞护栏)。主梁横断面布置如图6.2-2所示。

桥面铺装:10cm沥青混凝土。

钢混组合桥面板:总厚256mm,底钢板(Q355)厚6mm,混凝土(C50)厚25cm,底钢板加劲肋采用开孔钢板(Q355,厚16mm)。

钢材:主梁钢箱采用Q355、Q460钢材,钢筋采用HRB400。

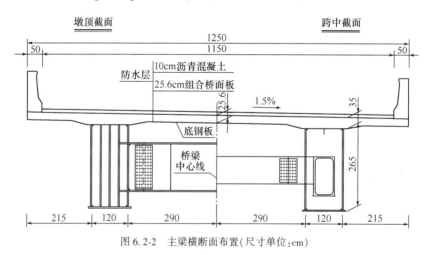

图6.2-2 主梁横断面布置(尺寸单位:cm)

6.2.2 主梁构造设计

1) 梁高、腹板间距

钢混组合梁标准截面高3.0m,腹板净距1.2m。考虑组合桥面板底钢板与钢箱顶翼缘搭接连接、底翼缘方便施工平台搭设布置,顶翼缘伸至腹板外15cm,底翼缘伸至腹板外12cm。钢箱典型横断面布置如图6.2-3所示。

2)横梁设置、横隔设置、节段划分

横隔标准间距4m,每两个横隔设置一道横梁即横梁标准间距8m,按一般运输条件,该桥节段划分长度10~18m,单个节段最大质量不超过30t。

3)加劲肋设计

钢箱顶、底翼缘仅在翼缘钢板受压段设置纵向加劲肋。腹板横向加劲肋在距受压翼缘 $0.2h_w$(腹板高)处设置一道腹板水平加劲肋,水平加劲肋在横向加劲肋处断开。加劲肋标准截面尺寸(肋板厚×肋板高)为16mm×180mm。

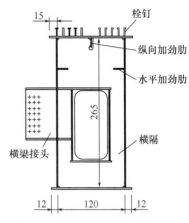

图6.2-3 钢箱横断面(尺寸单位:cm)

4)横梁

(1)端支点横梁

端支点横梁顶翼缘与钢箱顶翼缘平齐,底翼缘距钢箱底翼缘约50cm,横梁平均高度1.84m。

(2)中支点横梁

中支点横梁顶翼缘与桥面板不连接,距钢箱顶翼缘约50cm,底翼缘距钢箱底翼缘约50cm,横梁高1.55m。

(3)跨中横梁

跨中横梁高度约为钢箱高度的1/3,取值为0.9m,布置在钢箱竖向中间位置。

5)主梁截面验算

根据跨径布置与主梁内力分析,选取Y07~Y08跨跨中、Y07桥墩支点断面进行验算,具体过程及结果如下文所述。

6.2.3 主梁纵向计算

1)荷载

(1)恒载

混凝土重度取26kN/m³,组合桥面板混凝土重度取27.5kN/m³,沥青混凝土重度取24kN/m³,钢材重度取78.5kN/m³。

沥青混凝土铺装:0.1×24×11.5=27.6(kN/m)。

单侧防撞护栏:12kN/m。

二期荷载合计:51.6kN/m。

(2)温度作用

整体升温:25℃。

整体降温:−20℃。

温升梯度:桥面板比钢梁温度高10℃。

温降梯度:桥面板比钢梁温度低10℃。

注:对于温度梯度作用,为方便本算例手算,主要采用桥面板与钢梁温差效应进行计算。如使用有限元软件计算,可按照《钢-混凝土组合桥梁设计规范》(GB 50917—2013)(简称《钢混组合梁》)表4.1.8施加温度梯度作用。

(3)活载及冲击系数

车道荷载:公路—Ⅰ级、城—A级,考虑多车道横向布载系数。

冲击系数:用程序对结构进行模态分析得出基频,冲击系数按照《公路桥涵设计通用规范》(JTG D60—2015)第4.3.2条计算。

2)施工阶段

施工阶段划分及各阶段主梁受力截面见表6.2-1。

主要施工阶段划分及主梁受力截面　　　表6.2-1

序号	施工阶段及内容	跨中主梁受力截面	墩顶主梁受力截面
1	桥墩施工,搭设临时支墩	钢箱	钢箱
2	钢箱架设并连接、安装组合桥面板钢构件	钢箱	钢箱
3	浇筑跨中正弯矩段桥面板混凝土	钢箱	钢箱
4	拆除临时支墩	钢箱+组合桥面板	钢箱
5	浇筑墩顶负弯矩段桥面板混凝土	钢箱+组合桥面板	钢箱
6	二期施工	钢箱+组合桥面板	钢箱+组合桥面板
7	十年收缩徐变	钢箱+组合桥面板	钢箱+组合桥面板

第3施工阶段如图6.2-4所示。

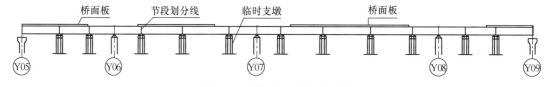

图6.2-4　第3施工阶段示意图

3)结构建模及计算

使用Midas Civil软件对桥梁建立模型进行结构验算,根据桥梁施工流程划分计算阶段,根据支座布置约束梁底支座节点自由度。均采用梁单元,主梁采用施工联合截面模拟不同施工阶段主梁截面,共164个节点,159个单元。主梁结构离散图如图6.2-5所示。

图6.2-5　主梁结构离散图

主梁截面为双箱单室截面,以下内力图中为主梁整体截面合计内力(仅为弯矩图,剪力详见内力汇总表)。

(1)主要施工阶段主梁弯矩如图6.2-6~图6.2-10所示。

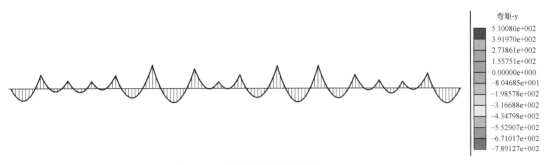

图 6.2-6　主梁弯矩-钢梁架设(单位:kN·m)

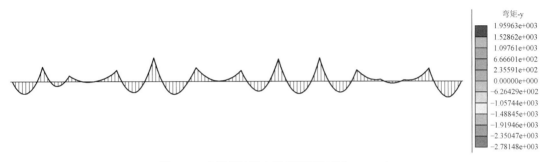

图 6.2-7　主梁弯矩-跨中桥面板浇筑(单位:kN·m)

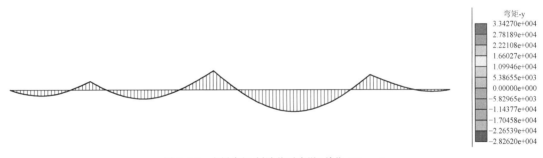

图 6.2-8　主梁弯矩-拆除临时支墩(单位:kN·m)

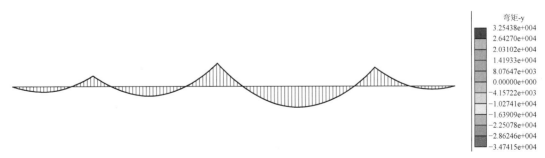

图 6.2-9　主梁弯矩-墩顶负弯矩桥面板浇筑(单位:kN·m)

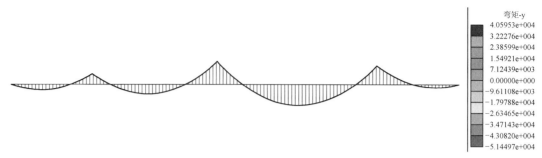

图 6.2-10 主梁弯矩-二期施工(单位:kN·m)

(2)活载作用下(已考虑冲击力),主梁弯矩如图 6.2-11 所示。

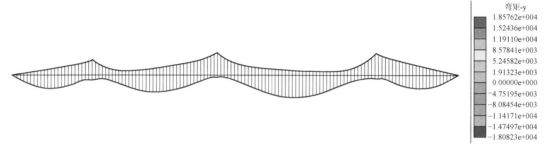

图 6.2-11 主梁弯矩-活载(单位:kN·m)

(3)选取验算的主梁截面内力汇总见表 6.2-2。

主梁截面为双箱单室截面,更明确表达结构受力关系,表 6.2-2 中按单箱室结果取值,取模型总内力值的 1/2。(也可建立梁格模型或通过其他方法得到更精确的单箱室截面内力)

主梁截面内力汇总表   表 6.2-2

施工步骤及活载	跨 中 截 面		支 点 截 面	
	弯矩 M(kN·m)	剪力 F_z(kN)	弯矩 M(kN·m)	剪力 F_z(kN)
钢梁架设	230.9	10.7	−115.5	81.1
跨中桥面板浇筑	759.6	39.1	−20	14.6
拆除临时支墩	16430.1	60.3	−14498.6	1658
墩顶负弯矩桥面板浇筑	16418.5	52.3	−17288.2	2198.9
二期施工	20875.1	73.6	−25278.6	3000.6
活载最大值	9206.7	487.9	1035.3	1227
活载最小值	−1753	487.9	−9131.3	63.7

4)跨中截面验算

在正弯矩作用范围内,截面应力计算考虑如下两种情况:

①截面组合前的恒载由钢箱承担;

②截面组合后的恒载、活载、收缩徐变、温度梯度主要由钢箱+组合桥面板组合截面共同承担。

(1)截面有效宽度计算

①截面组合前有效截面宽度计算

根据《公路钢结构桥梁设计规范》(JTG D64—2015)(简称《钢桥规》)第5.1.8条第2款,对钢箱截面有效宽度做如下计算:

Y07~Y08跨中截面等效跨径 $l = 0.6×60.5 = 36.3(m)$;

$b_2 = 1.2/2+腹板厚/2 = 1.2/2+0.014/2 = 0.607(m)$;

$b_2/l = 0.607/36.3 = 0.0167 < 0.05$,$b_{e,2}^s = b_2$。

同理,$b_{e,1}^s = b_1$,组合前截面有效宽度取钢箱全截面。

有效宽度计算参数见图6.2-12。

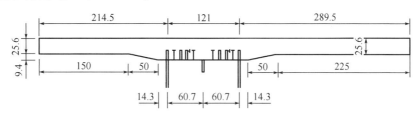

图6.2-12 有效宽度计算参数(尺寸单位:cm)

②截面组合后桥面板有效宽度计算

根据《钢桥规》附录F.0.1,组合梁桥面板有效宽度计算如下:

Y07~Y08跨中截面等效跨径 $L_e = 0.6×60.5 = 36.3(m)$;

$b_0 = 1.21m$,$b_1 = 2.145m$,$b_2 = 2.895m$;

$L_e/6 = 6.05m > b_1$、b_2,则组合后截面桥面板有效宽度取全宽:

$$B_{eff} = 2.145 + 1.21 + 2.895 = 6.25(m)$$

注:《钢桥规》附录F.0.5、《公路钢混组合桥梁设计与施工规范》(JTG/T D64-01—2015)(简称《钢混设计施工》)第5.3.2条第5款:对超静定结构进行整体分析时,组合梁的混凝土板有效宽度可取实际宽度。《钢桥规》附录F条文说明:进行结构整体分析时,可不考虑混凝土板剪力滞效应的影响,各简支及连续梁跨的混凝土板可按全宽进行计算;进行组合梁截面承载力验算时,组合梁混凝土板有效翼缘宽度应按本附录的相关规定。本算例计算桥梁内力时使用截面实际宽度,进行截面承载力验算时使用有效宽度。

(2)组合前截面特性

组合前为钢箱截面,构件尺寸及截面特性计算结果见表6.2-3。

钢箱截面特性计算(跨中截面验算) 表6.2-3

分 类	尺寸 (mm)	件数	面积A (mm^2)	y (mm)	$A×y$ (m^3)	$A×y^2$ (m^4)	I (m^4)
顶板	1500×16	1	24000	2656	0.063744	0.169304	0.000001
顶板加劲肋	180×16	1	2880	2558	0.007367	0.018845	0.000008
腹板	2618×14	2	73304	1339	0.098154	0.131428	0.041856
底板	1440×30	1	43200	15	0.000648	0.00001	0.000003
合计			143384		0.169913	0.319587	0.04188

钢箱底缘距截面中和轴距离：
$$y_{\text{sl}} = (\sum A \times y)/\sum A = 0.169913 \times 10^9 / 143384 = 1185(\text{mm})$$
钢箱顶缘距截面中和轴距离：
$$y_{\text{su}} = 钢梁高 - y_{\text{sl}} = (16 + 2618 + 30) - 1185 = 1479(\text{mm})$$
钢箱截面惯性矩：
$$I_{\text{s}} = \sum(A \times y^2) - \sum A \times y_{\text{sl}}^2 + \sum I$$
$$= 0.319587 - 0.143384 \times 1.185^2 + 0.04188 = 0.160124(\text{m}^4)$$

(3)组合后截面特性

桥面板有效宽度 6.25m，桥面板厚 0.256m，加腋高 0.94m。桥面板截面特性计算见表 6.2-4。

桥面板截面特性计算（组合后） 表 6.2-4

分 类	尺寸 (mm)	件数	面积 A (mm^2)	y (mm)	$A \times y$ (m^3)	$A \times y^2$ (m^4)	I (m^4)
桥面板(等厚)	6250×256	1	1600000	222	0.3552	0.078854	0.008738
桥面板(承托)	1500×94	1	141000	47	0.006627	0.000311	0.000104
合计			1741000		0.361827	0.079165	0.008842

注：桥面板有效厚度和加腋坡度有关，坡度大于或等于 1/3 时仅考虑等厚段，否则应考虑加腋，本桥加腋坡度为 1/5.3。按《桥梁钢-混凝土组合结构设计原理》（第二版，黄侨编著）第 35 页，当承托高度小于翼板厚度的 10% 时，可忽略其影响；当承托高度小于翼板厚度的 25% 时，可近似将承托面积折算到混凝土翼板面积中计算几何性质；当承托高度大于或等于翼板厚度的 25% 时，宜将承托折算为一矩形面积参与几何性质计算。本算例截面特性计算考虑桥面板承托，计入加腋的影响。

桥面板底缘距截面中和轴距离：
$$y_{\text{cl}} = (\sum A \times y)/\sum A = 0.361827 \times 10^9 / 1741000 = 208(\text{mm})$$
桥面板顶缘距截面中和轴距离：
$$y_{\text{cu}} = 桥面板厚 - y_{\text{cl}}^2 = 256 + 94 - 208 = 142(\text{mm})$$
桥面板截面惯性矩：
$$I_{\text{c}} = \sum(A \times y^2) - \sum A \times y_{\text{cl}}^2 + \sum I$$
$$= 0.079165 - 1.7410 \times 0.208^2 + 0.008842 = 0.012684(\text{m}^4)$$

①C50 混凝土桥面板换算为钢材，弹性模量之比 $n_0 = E/E_c = 20.6/3.45 = 5.97$，为便于计算，取 $n_0 = 6$。

桥面板面积 $A/6 = 1741000/6 = 290167(\text{mm}^2)$；

桥面板惯性矩 $I_c/6 = 0.012684/6 = 0.00211^4(\text{m}^2)$。

组合截面特性计算见表 6.2-5。

组合截面底缘距组合截面中和轴距离：

$$y_{vsl} = (\sum A \times y)/\sum A = 1.00327 \times 10^9/433551 = 2314(\text{mm})$$

组合截面特性计算(1) 表 6.2-5

分　类	尺寸 (mm)	件数	面积 A (mm²)	y (mm)	$A \times y$ (m³)	$A \times y^2$ (m⁴)	I (m⁴)
桥面板	宽度/6	1	290167	2872	0.83336	2.393409	0.002114
钢箱	—	1	143384	1185	0.16991	0.201343	0.160124
合计			433551		1.00327	2.594752	0.162238

注:"宽度/数字"表示钢与混凝土宽度换算结果。

组合截面惯性矩:

$$I_v = \sum(A \times y^2) - \sum A \times y_{vsl}^2 + \sum I$$
$$= 2.594752 - 0.433551 \times 2.3142^2 + 0.162238 = 0.4355(\text{m}^4)$$

钢箱顶缘距组合截面中和轴距离:

$$y_{vsu} = 钢梁高 - y_{vsl} = (16 + 2618 + 30) - 2314 = 350(\text{mm})$$

桥面板底缘距组合截面中和轴距离 $y_{vcl} = 350\text{mm}$;

桥面板顶缘距组合截面中和轴距离 $y_{vcu} = 350 + 94 + 256 = 700(\text{mm})$;

钢箱中和轴距组合截面中和轴距离 $d_{vs} = y_{su} - y_{vsu} = 1479 - 350 = 1129(\text{mm})$;

桥面板中和轴距组合截面中和轴距离 $d_{vc} = 350 + 208 = 558(\text{mm})$。

截面特性参数示意如图 6.2-13 所示。

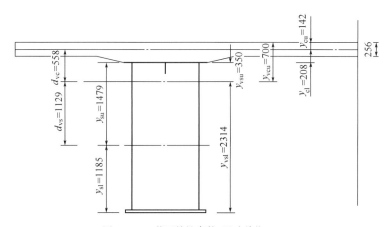

图 6.2-13　截面特性参数(尺寸单位:mm)

②永久作用下混凝土将发生收缩、徐变,并产生很大的塑形变形,在进行组合梁整体分析时,可采用调整钢材与混凝土弹性模量比的方法考虑混凝土收缩、徐变的综合影响,但不按定值考虑,而是按照计算时间点的混凝土收缩、徐变和考虑荷载性质修正后的长期模量之比 n_L 加以考虑。

取计算时间为 10 年,根据《钢桥规》第 11.1.3 条、《公路钢筋混凝土及预应力混凝土桥涵设计规范》(JTG 3362—2018)(简称《公预规》)附录 C.2 计算有效弹性模量修正系数,见表 6.2-6。

钢混组合桥面板

有效弹性模量修正系数计算 表 6.2-6

	参　数	数　值
填写参数	混凝土强度等级（MPa）	C50
	计算考虑时刻混凝土龄期 $t(d)$	3650
	加载时的混凝土龄期 $t_0(d)$	14
	环境相对湿度 RH(%)	70
	截面面积 $A(mm^2)$	3525000
	混凝土与大气接触的周边长度 $U(mm)$	22540
计算过程及结果	RH_0(%)	100
	$h_0(mm)$	100
	$t_1(d)$	1
	$f_{cm0}(MPa)$	10
	构件理论厚度 $h(mm)$	313
	$f_{cm}(MPa)$	48
	$(t-t_s)/t_1$	3636
	β_h	739.85461
	$\beta_c(t-t_0)$	0.9459503
	$\beta(t_0)$	0.5570353
	$\beta(f_{cm})$	2.419108
	ϕ_{RH}	1.445843
	ϕ_0	1.9483149
	徐变系数 $\phi(t,t_0)$	1.843009
	ψ_L（收缩）	0.55
	ψ_L（徐变）	1.1
	有效弹性模量修正系数（收缩）	2.013655
	有效弹性模量修正系数（徐变）	3.02731

注：因仅涉及混凝土收缩徐变，故表中桥面板面积为扣除底钢板后的截面面积，混凝土与大气接触的周边长度为桥面板截面周长扣除与钢箱顶板相结合长度之后的数值。表中具体计算公式及参数含义可详见规范，需要注意的是《公预规》附录 C.2 的条文说中对徐变系数计算的适用条件，如果要更为精确的计算，需要根据温度等环境因素对相关系数进行修正。

根据上表计算结果，为方便计算，对相关系数取整：
在计算混凝土收缩时，取 $n_L = 2.0n_0$；
在计算结构徐变时，取 $n_L = 3.0n_0$。
考虑时效影响的组合截面特性计算见表 6.2-7。
a. $n_1 = 2.0n_0 = 2 \times 6 = 12$
组合截面底缘距组合截面中和轴距离：
$$y_{vsl1} = (\sum A \times y)/\sum A = 0.586588 \times 10^9/288467 = 2033(mm)$$

组合截面惯性矩 $I_{v1} = \sum(A \times y^2) - \sum A \times y_{sl1}^2 + \sum I$
$$= 1.398043 - 0.288467 \times 2.033^2 + 0.161181 = 0.366964(\text{m}^4)$$

钢箱顶缘距组合截面中和轴距离：
$$y_{vsu1} = 钢梁高 - y_{sl1} = (16 + 2618 + 30) - 2033 = 631(\text{mm})$$

桥面板底缘距组合截面中和轴距离 $y_{vcl1} = 631\text{mm}$

桥面板顶缘距组合截面中和轴距离 $y_{vcu1} = 631 + 94 + 256 = 981(\text{mm})$

钢箱中和轴距组合截面中和轴距离 $d_{vs1} = 1479 - 631 = 848(\text{mm})$

桥面板中和轴距组合截面中和轴距离 $d_{vc1} = 631 + 208 = 839(\text{mm})$

组合截面特性计算（2） 表 6.2-7

分　类	尺寸 （mm）	件数	面积 A （mm²）	y （mm）	A×y （m³）	A×y² （m⁴）	I （m⁴）
桥面板	宽度/12	1	145083	2872	0.416678	1.1967	0.001057
钢箱	—	1	143384	1185	0.16991	0.201343	0.160124
合计			288467		0.586588	1.398043	0.161181

b. $n_2 = 3.0n_0 = 3 \times 6 = 18$

组合截面特性计算见表 6.2-8。

组合截面特性计算（3） 表 6.2-8

分　类	尺寸 （mm）	件数	面积 A （mm²）	y （mm）	A×y （m³）	A×y² （m⁴）	I （m⁴）
桥面板	宽度/18	1	96722	2872	0.277786	0.7978	0.000705
钢箱	—	1	143384	1185	0.16991	0.201343	0.160124
合计			240106		0.447696	0.999143	0.160829

组合截面底缘距组合截面中和轴距离：
$$y_{vsl2} = (\sum A \times y)/\sum A = 0.447696 \times 10^9 / 240106 = 1865(\text{mm})$$

组合截面惯性矩：
$$I_{v2} = \sum(A \times y^2) - \sum A \times y_{sl2}^2 + \sum I = 0.999143 - 0.240106 \times 1.865^2 + 0.160829 = 0.324829(\text{m}^4)$$

钢箱顶缘距组合截面中和轴距离：
$$y_{vsu2} = 钢梁高 - y_{sl2} = (16 + 2618 + 30) - 1865 = 799(\text{mm})$$

桥面板底缘距组合截面中和轴距离 $y_{vcl2} = 799\text{mm}$

桥面板顶缘距组合截面中和轴距离 $y_{vcu2} = 799 + 94 + 256 = 1149(\text{mm})$

钢箱中和轴距组合截面中和轴距离 $d_{vs2} = 1479 - 799 = 680(\text{mm})$

桥面板中和轴距组合截面中和轴距离 $d_{vc2} = 799 + 208 = 1007(\text{mm})$

(4) 跨中截面钢梁及桥面板应力验算

①组合前恒载应力计算

对于跨中截面，截面组合前的施工阶段为跨中桥面板混凝土浇筑，该施工阶段弯矩 $M_s =$

759.6kN·m,应力计算如下:

$$\sigma_{su} = -\frac{M_s}{I_s} \times y_{su} = -\frac{759.6 \times 10^6}{0.160124 \times 10^{12}} \times 1479 = -7.0(\mathrm{MPa})$$

$$\sigma_{sl} = \frac{M_s}{I_s} \times y_{sl} = \frac{759.6 \times 10^6}{0.160124 \times 10^{12}} \times 1185 = 5.6(\mathrm{MPa})$$

②组合后恒载应力计算

对于跨中截面,截面组合后的施工阶段为临时支墩拆除、墩顶负弯矩桥面板浇筑、二期施工,临时支墩拆除后该截面处增加的弯矩 $M_{vd} = 20875.1 - 759.6 = 20115.5(\mathrm{kN \cdot m})$,应力计算如下:

$$\sigma_{vcu} = -\frac{M_{vd}}{I_v} \times y_{vcu}/6 = -\frac{20115.5 \times 10^6}{0.4355 \times 10^{12}} \times 700/6 = -5.4(\mathrm{MPa})$$

$$\sigma_{vcl} = -\frac{M_{vd}}{I_v} \times y_{vcl}/6 = -\frac{20115.5 \times 10^6}{0.4355 \times 10^{12}} \times 350/6 = -2.7(\mathrm{MPa})$$

$$\sigma_{vsu} = -\frac{M_{vd}}{I_v} \times y_{vsu} = -\frac{20115.5 \times 10^6}{0.4355 \times 10^{12}} \times 350 = -16.2(\mathrm{MPa})$$

$$\sigma_{vsl} = \frac{M_{vd}}{I_v} \times y_{vsl} = \frac{20115.5 \times 10^6}{0.4355 \times 10^{12}} \times 2314 = 106.9(\mathrm{MPa})$$

③组合后车道荷载应力计算

车道荷载在跨中截面产生的弯矩 $M_{vlmax} = 9206.7\mathrm{kN \cdot m}$,$M_{vlmin} = -1753.0\mathrm{kN \cdot m}$。

a. 在 M_{vlmax} 作用下应力计算如下:

$$\sigma_{vcu} = -\frac{M_{vl}}{I_v} \times y_{vcu}/6 = -\frac{9206.7 \times 10^6}{0.4355 \times 10^{12}} \times 700/6 = -2.5(\mathrm{MPa})$$

$$\sigma_{vcl} = -\frac{M_{vl}}{I_v} \times y_{vcl}/6 = -\frac{9206.7 \times 10^6}{0.4355 \times 10^{12}} \times 350/6 = -1.2(\mathrm{MPa})$$

$$\sigma_{vsu} = -\frac{M_{vl}}{I_v} \times y_{vsu} = -\frac{9206.7 \times 10^6}{0.4355 \times 10^{12}} \times 350 = -7.4(\mathrm{MPa})$$

$$\sigma_{vsl} = \frac{M_{vl}}{I_v} \times y_{vsl} = \frac{9206.7 \times 10^6}{0.4355 \times 10^{12}} \times 2314 = 48.9(\mathrm{MPa})$$

b. 在 M_{vlmin} 作用下应力计算结果如下:

$\sigma_{vcu} = 0.5\mathrm{MPa}$,$\sigma_{vcl} = 0.2\mathrm{MPa}$,$\sigma_{vsu} = 1.4\mathrm{MPa}$,$\sigma_{vsl} = -9.3\mathrm{MPa}$。

④温差应力计算

《钢混组合梁》表4.1.8给出了适用于钢混组合梁的升、降温的温度梯度分布,如图6.2-14所示。

在实际工程计算时,对于超静定钢混组合梁应该按照规范给定的温度梯度分布采用有限元方法计算截面的温差效应。作为简化计算,可近似取混凝土桥面板的平均温度 $(T_1+T_2)/2$ 作为混凝土桥面板与钢梁的温差 Δt,对于本算例,取温差 $\Delta t = 10\mathrm{℃}$。

第6章 窄幅钢箱梁-钢混组合桥面板桥

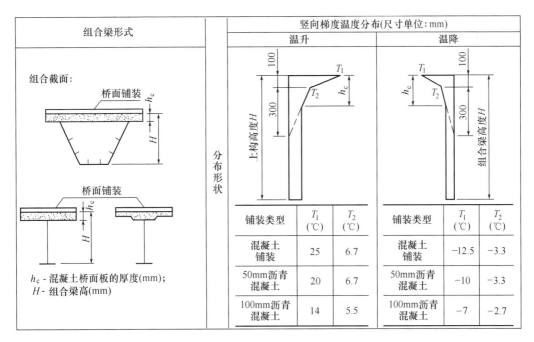

图 6.2-14 组合梁温度梯度

注：温度梯度作用下组合梁各部分的应力计算，可详见《公预规》附录 D 及《钢混组合梁》附录 B，需要注意的是对于超静定结构，还需要考虑温度梯度次内力产生的应力，即自内力应力与次内力应力叠加，次内力计算在超静定结构中较为复杂，本算例主要为表示计算方法及过程，算例中的次内力根据软件计算的应力结果进行反算得到。本算例参考了相关规范、midas Civil 组合梁算例、《桥梁钢-混凝土组合结构设计原理》(第二版，黄侨编著)相关内容。

混凝土线膨胀系数 α_t 取 1.0×10^{-5}。

a. 桥面板比钢梁温度高

由温度差产生的应变：

$$\varepsilon_t = \alpha_t \cdot \Delta t = 1.0 \times 10^{-5} \times 10 = 1.0 \times 10^{-4}$$

温度差产生的轴力(自内力)：

$$P_t = E_c \cdot \varepsilon_t \cdot A_c$$
$$= 3.45 \times 10^4 \times 1.0 \times 10^{-4} \times 1741000/1000 = 6006.5 (\text{kN})$$

温度差产生的弯矩(自内力)：

$$M_t = P_t \cdot d_{vc} = 6006.5 \times 0.558 = 3351.6 (\text{kN} \cdot \text{m})$$

温度差在超静定结构中产生的次内力轴力 $P_x = 0 \text{kN}$

温度差在超静定结构中产生的次内力弯矩 $M_x = -3389.6 \text{kN} \cdot \text{m}$

自内力与次内力叠加：

轴力 $P_0 = P_t + P_x = 6006.5 + 0 = 6006.5 (\text{kN})$

弯矩 $M_0 = M_t + M_x = 3351.6 + (-3389.6) = -38.0 (\text{kN} \cdot \text{m})$

在桥面板与钢梁温度差作用下应力计算如下：

本算例主要为表示计算方法及过程,算例中的次内力根据软件计算的应力结果进行反算得到。

$$\sigma_{cu} = \frac{1}{n_0} \times \left(\frac{P_0}{A_v} + \frac{M_0 \cdot y_{vcu}}{I_v}\right) - \frac{P_0}{A_c}$$

$$= \frac{1}{6} \times \left(\frac{6006.5 \times 10^3}{433551} + \frac{-38.0 \times 10^6 \times 700}{0.4355 \times 10^{12}}\right) - \frac{6006.5 \times 10^3}{1741000} = -1.2(\text{MPa})$$

$$\sigma_{cl} = \frac{1}{n_0} \times \left(\frac{P_0}{A_v} + \frac{M_0 \cdot y_{vcl}}{I_v}\right) - \frac{P_0}{A_c}$$

$$= \frac{1}{6} \times \left(\frac{6006.5 \times 10^3}{433551} + \frac{-38.0 \times 10^6 \times 350}{0.4355 \times 10^{12}}\right) - \frac{6006.5 \times 10^3}{1741000} = -1.1(\text{MPa})$$

$$\sigma_{su} = \frac{P_0}{A_v} + \frac{M_0 \cdot y_{vsu}}{I_v} = \frac{6006.5 \times 10^3}{433551} + \frac{-38.0 \times 10^6 \times 350}{0.4355 \times 10^{12}} = 13.8(\text{MPa})$$

$$\sigma_{sl} = \frac{P_0}{A_v} - \frac{M_0 \cdot y_{vsl}}{I_v} = \frac{6006.5 \times 10^3}{433551} - \frac{-38.0 \times 10^6 \times 2314}{0.4355 \times 10^{12}} = 14.1(\text{MPa})$$

b.桥面板比钢梁温度低

在桥面板与钢梁温度差作用下应力:

$\sigma_{cu} = 1.2\text{MPa}, \sigma_{cl} = 1.1\text{MPa}, \sigma_{su} = -13.8\text{MPa}, \sigma_{sl} = -14.1\text{MPa}$。

⑤收缩应力计算

桥面板收缩应力计算与温差应力计算类似,可以等效为桥面板降温,但使用桥面板混凝土有效弹性模量。根据《公预规》附录 C.1 计算桥面板收缩应变见表 6.2-9。

收 缩 应 变 计 算　　　　　　表 6.2-9

	参　　数	数　值
填写参数	混凝土强度等级(MPa)	C50
	计算考虑时刻混凝土龄期 t(d)	3650
	收缩开始时的混凝土龄期 t_s(d)	3
	环境相对湿度 RH(%)	70
	截面面积 A(mm²)	3525000
	混凝土与大气接触的周边长度 U(mm)	22540
计算过程及结果	RH_0(%)	100
	h_0(mm)	100
	t_1(d)	1
	f_{cm0}(MPa)	10
	水泥种类系数 β_{sc}	5
	构件理论厚度 h(mm)	313
	f_{cm}(MPa)	48
	湿度相关系数 β_{RH}	1.01835

续上表

	参 数	数 值
计算过程及结果	ε_s	0.00037
	$(t-t_s)/t_1$	3647
	h/h_0	3.13
	$\beta_s(t-t_s)$	0.717920869
	ε_{cs0}	0.00037679
	计算收缩应变 $\varepsilon_s(t,t_s)$	0.0002705

注:如果使用组合桥面板,混凝土常用无收缩混凝土,对于无收缩混凝土的收缩应变计算,暂未有详尽的资料,本算例从安全角度考虑,收缩应变按普通混凝土进行计算。

表6.2-9中具体计算公式及参数含义可详见《公预规》,需要注意的是《公预规》附录C.1的条文说中对收缩应变计算的适用条件,如果要更精确的计算,需要根据温度等环境因素对相关系数进行修正。表6.2-9计算时间取为10年,也可根据《公预规》表C-1或《钢混组合梁》表6.2.4计算收缩应变。《公预规》表C-1中收缩应变数值延续期$t=10$年,《钢混组合梁》第6.2.4条给出的为$t\to\infty$的收缩应变终值,注意两个规范的不同点。

由上表计算桥面板混凝土收缩应变:$\varepsilon_s = 2.705 \times 10^{-4}$

收缩产生的轴力(自内力):$P_t = -E_{c1} \cdot \varepsilon_s \cdot A_c = -\frac{1}{2} \times 3.45 \times 10^4 \times 2.705 \times 10^{-4} \times 1741000/1000 = -8123.7(kN)$

收缩产生的弯矩(自内力):$M_t = P_t \cdot d_{vc1} = -8123.7 \times 0.839 = -6815.8(kN \cdot m)$

收缩作用在超静定结构中产生的次内力轴力 $P_x = 0kN$

收缩作用在超静定结构中产生的次内力弯矩 $M_x = 6956.9 kN \cdot m$

自内力与次内力叠加:

轴力 $P_0 = P_t + P_x = -8123.7 + 0 = -8123.7(kN)$

弯矩 $M_0 = M_t + M_x = -6815.8 + 6956.9 = 141.1(kN \cdot m)$

在收缩作用下应力计算如下:

$$\sigma_{cu} = \frac{1}{n_1} \times \left(\frac{P_0}{A_{v1}} + \frac{M_0 \cdot y_{vcu1}}{I_{v1}}\right) - \frac{P_0}{A_c}$$

$$= \frac{1}{12} \times \left(\frac{-8123.7 \times 10^3}{288467} + \frac{141.1 \times 10^6 \times 981}{0.366964 \times 10^{12}}\right) - \frac{-8123.7 \times 10^3}{1741000} = 2.4(MPa)$$

$$\sigma_{cl} = \frac{1}{n_1} \times \left(\frac{P_0}{A_{v1}} + \frac{M_0 \cdot y_{vcl1}}{I_{v1}}\right) - \frac{P_0}{A_c}$$

$$= \frac{1}{12} \times \left(\frac{-8123.7 \times 10^3}{288467} + \frac{141.1 \times 10^6 \times 631}{0.366964 \times 10^{12}}\right) - \frac{-8123.7 \times 10^3}{1741000} = 2.3(MPa)$$

$$\sigma_{su} = \frac{P_0}{A_{v1}} + \frac{M_0 \cdot y_{vsu1}}{I_{v1}} = \frac{-8123.7 \times 10^3}{288467} + \frac{141.1 \times 10^6 \times 631}{0.366964 \times 10^{12}} = -27.9(MPa)$$

$$\sigma_{sl} = \frac{P_0}{A_{v1}} - \frac{M_0 \cdot y_{vsl1}}{I_{v1}} = \frac{-8123.7 \times 10^3}{288467} - \frac{141.1 \times 10^6 \times 2033}{0.366964 \times 10^{12}} = -28.9(MPa)$$

⑥徐变应力计算

徐变内力计算较为复杂,与受力后的混凝土桥面板应变直接相关,实际结构各截面受力不同从而徐变效应不同。在本算例中直接给出徐变自内力及次内力,由内力进行应力计算。

徐变产生的自内力:

轴力 $P_\phi = -2907.9 \text{kN}$

弯矩 $M_\phi = -2922.7 \text{kN} \cdot \text{m}$

徐变产生的次内力:

轴力 $P_x = 0$

弯矩 $M_x = 91.4 \text{kN} \cdot \text{m}$

自内力与次内力叠加:

轴力 $P_0 = -2907.9 + 0 = -2907.9(\text{kN})$

弯矩 $M_0 = -2922.7 + 91.4 = -2831.3(\text{kN} \cdot \text{m})$

在徐变作用下应力计算如下:

$$\sigma_{cu} = \frac{1}{n_2} \times \left(\frac{P_0}{A_{v2}} + \frac{M_0 \cdot y_{vcu2}}{I_{v2}}\right) - \frac{P_0}{A_c}$$

$$= \frac{1}{18} \times \left(\frac{-2907.9 \times 10^3}{240106} + \frac{-2831.3 \times 10^6 \times 1149}{0.324829 \times 10^{12}}\right) - \frac{-2907.9 \times 10^3}{1741000} = 0.4(\text{MPa})$$

$$\sigma_{cl} = \frac{1}{n_2} \times \left(\frac{P_0}{A_{v2}} + \frac{M_0 \cdot y_{vcl2}}{I_{v2}}\right) - \frac{P_0}{A_c} = \frac{1}{18} \times \left(\frac{-2907.9 \times 10^3}{240106} + \frac{-2831.3 \times 10^6 \times 799}{0.324829 \times 10^{12}}\right) -$$

$$\frac{-2907.9 \times 10^3}{1741000} = 0.6(\text{MPa})$$

$$\sigma_{su} = \frac{P_0}{A_{v2}} + \frac{M_0 \cdot y_{vsu2}}{I_{v2}} = \frac{-2907.9 \times 10^3}{240106} + \frac{-2831.3 \times 10^6 \times 799}{0.324829 \times 10^{12}} = -19.1(\text{MPa})$$

$$\sigma_{sl} = \frac{P_0}{A_{v2}} - \frac{M_0 \cdot y_{vsl2}}{I_{v2}} = \frac{-2907.9 \times 10^3}{240106} - \frac{-2831.3 \times 10^6 \times 1865}{0.324829 \times 10^{12}} = 4.1(\text{MPa})$$

⑦应力汇总及验算

由以上应力计算,应力汇总见表6.2-10。

应力汇总表(1)(单位:MPa)　　　　表6.2-10

	类　别	桥面板顶缘	桥面板底缘	钢梁顶缘	钢梁底缘
组合前	(1)恒载	—	—	-7	5.6
组合后	(2)恒载	-5.4	-2.7	-16.2	106.9
	(3)车道荷载最大值	-2.5	-1.2	-7.4	48.9
	(4)车道荷载最小值	0.5	0.2	1.4	-9.3
	(5)温差(+)	-1.2	-1.1	13.8	14.1
	(6)温差(-)	1.2	1.1	-13.8	-14.1
	(7)收缩	2.4	2.3	-27.9	-28.9
	(8)徐变	0.4	0.6	-19.1	4.1

注:本算例未考虑基础变位、风荷载等作用。

a. 承载能力极限状态验算

根据《钢桥规》第11.2.1条,组合梁抗弯承载力应采用线弹性方法计算,并应符合下列规定:

$$\sigma = \sum_{i=\mathrm{I}}^{\mathrm{II}} \frac{M_{\mathrm{d},i}}{W_{\mathrm{eff},i}} \tag{6.2-1}$$

$$\gamma_0 \sigma \leq f \tag{6.2-2}$$

(a)钢梁顶缘应力

$\sigma_{\mathrm{su}} = 1.1 \times \{1.2 \times [(1)+(2)] + 1.0 \times [(7)+(8)] + 1.4 \times (3) + 1.4 \times (6)\}$
$= -115.0\mathrm{MPa}$

注:温差效应产生的钢梁顶缘应力大于车道荷载效应。

承载能力极限状态下,钢梁顶缘最大压应力-115.0MPa,小于钢材强度设计值280MPa（Q355,$t \leq 16\mathrm{mm}$）。

(b)钢梁底缘应力

$\sigma_{\mathrm{sl}} = 1.1 \times \{1.2 \times [(1)+(2)] + 1.0 \times [(7)+(8)] + 1.4 \times (3) + 0.75 \times 1.4 \times (5)\}$
$= 212.8\mathrm{MPa}$

承载能力极限状态下,钢梁底缘最大拉应力212.8MPa,小于钢材强度设计值275MPa（Q355,$t = 16\sim40\mathrm{mm}$）。

(c)桥面板顶缘应力

$\sigma_{\mathrm{cu}} = 1.1 \times \{1.2 \times (2) + 1.0 \times [(7)+(8)] + 1.4 \times (3) + 0.75 \times 1.4 \times (5)\}$
$= -9.3\mathrm{MPa}$

承载能力极限状态下,桥面板顶缘最大压应力-9.3MPa,小于C50混凝土强度设计值22.4MPa。

(d)桥面板底缘应力

$\sigma_{\mathrm{cl}} = 1.1 \times \{1.2 \times (2) + 1.0 \times [(7)+(8)] + 1.4 \times (3) + 0.75 \times 1.4 \times (5)\}$
$= -3.5\mathrm{MPa}$

承载能力极限状态下,桥面板底缘最大压应力-3.5MPa,小于C50混凝土强度设计值22.4MPa。

由以上验算可知,在承载能力极限状态下,钢梁顶底缘应力、桥面板顶底缘应力验算满足要求。

b. 短暂状况应力验算

根据《钢混组合梁》第4.4.1条,对短暂状况的设计,应计算构件在制作、运输及安装等施工荷载引起的应力,并不应超过本小节规定的限值。《钢混组合梁》第4.4.3条,短暂状况下钢-混凝土组合梁的应力验算应符合下列规定:

混凝土构件正截面的最大压应力不宜大于$0.70f_{\mathrm{ck}}$。

钢结构应力不应大于80%的强度设计值,且应满足稳定的要求。

(a)钢梁顶缘应力

$$\sigma_{\mathrm{su}} = (1) + (2) = -23.2\mathrm{MPa}$$

施工阶段,钢梁顶缘最大压应力-23.2MPa,小于$0.8f_d = 0.8 \times 280 = 224(\text{MPa})$。

(b) 钢梁底缘应力

$$\sigma_{sl} = (1) + (2) = 112.5 \text{MPa}$$

施工阶段,钢梁底缘最大拉应力112.5MPa,小于$0.8f_d = 0.8 \times 275 = 220(\text{MPa})$。

(c) 桥面板顶缘应力

$$\sigma_{cu} = (2) = -5.4 \text{MPa}$$

施工阶段,桥面板顶缘最大压应力-5.4MPa,小于$0.7f_{ck} = 0.7 \times 32.4 = 22.68(\text{MPa})$。

(d) 桥面板底缘应力

$$\sigma_{cu} = (2) = -2.7 \text{MPa}$$

施工阶段,桥面板底缘最大压应力-2.7MPa,小于$0.7f_{ck} = 0.7 \times 32.4 = 22.68(\text{MPa})$。

由以上验算,短暂状况下,钢梁顶底缘应力、桥面板顶底缘应力验算满足要求。

c. 腹板应力验算

根据《钢混设计施工》第7.2.2条,组合前及组合后截面的剪力全部由钢梁腹板承担,组合梁竖向抗剪验算应按下式计算:

$$\gamma_0 V_{vd} \leq V_{vu}, V_{vu} = f_{vd} A_w \tag{6.2-3}$$

注:这是一种塑性抗剪计算方法,认为剪应力沿钢梁腹板高度均匀分布,计算结果偏于安全,通常组合梁桥的抗剪承载力不控制设计。本算例该部分内容主要验算腹板在弯剪耦合作用下的折算应力。对于弯剪耦合折算应力验算,《钢桥规》第5.3.1条第4款要求比《钢混设计施工》第7.2.2条第2款、《钢混组合梁》第5.2.2条、《钢结构设计标准》(GB 50017—2017)第6.1.5条要求高,后三者规范验算方法一致,本算例按照《钢混设计施工》相关规定进行验算。

根据《钢混设计施工》第7.2.2条第2款,组合梁承受弯矩和剪力共同作用时,应考虑两者耦合的影响,腹板最大折算应力按下式验算:

$$\sqrt{\sigma^2 + 3\tau^2} \leq 1.1 f_d \tag{6.2-4}$$

注:按照弹性计算方法,腹板剪应力近似抛物线分布,各位置处数值相差不大,最大剪应力在钢梁中和轴或组合截面中和轴处,但该位置处正应力较小,根据以上计算式验算折算应力,选取正应力及剪应力均较大位置,即主要选取钢梁腹板与顶、底缘相交处进行验算。

a) 面积矩

$S = A \cdot Z$,其中A为某一部分面积,Z为计算部分形心至计算轴距离。

(a) 截面组合前面积矩

钢梁顶板对钢梁中和轴面积矩:

$$S_{wu} = A \cdot Z = (1500 \times 16) \times (1479 - 16/2)/1000^3 = 0.035304(\text{m}^3)$$

钢梁底板对钢梁中和轴面积矩:

$$S_{wl} = A \cdot Z = (1440 \times 30) \times (1185 - 30/2)/1000^3 = 0.050544(\text{m}^3)$$

(b) 截面组合后面积矩

桥面板+钢梁顶板对组合截面中和轴面积矩:

$$S_{vwu} = (1741000/6 \times 558)/1000^3 + (1500 \times 16) \times (350 - 16/2)/1000^3 = 0.170121(\text{m}^3)$$

钢梁底板对组合截面中和轴面积矩：
$$S_{vwl} = (1440 \times 30) \times (2314 - 30/2)/1000^3 = 0.099317(\text{m}^3)$$

b）组合前恒载应力计算

（a）正应力

钢梁腹板与顶、底板相交处正应力与顶、底缘处正应力计算类同，弯矩值详见顶、底缘正应力计算。

$$\sigma_{wu} = -\frac{M_s}{I_s} \times y_{wu} = -\frac{759.6 \times 10^6}{0.160124 \times 10^{12}} \times (1479 - 16) = -6.9(\text{MPa})$$

$$\sigma_{wl} = \frac{M_s}{I_s} \times y_{wl} = \frac{759.6 \times 10^6}{0.160124 \times 10^{12}} \times (1185 - 30) = 5.5(\text{MPa})$$

（b）剪应力

对于跨中截面，截面组合前剪力 $V_s = 10.7\text{kN}$，剪应力计算如下：

$$\tau_{wu} = \frac{V_s \cdot S_{wu}}{I_s \cdot t_w} = \frac{10.7 \times 10^3 \times 0.035304 \times 10^9}{0.160124 \times 10^{12} \times 2 \times 14} = 0.1(\text{MPa})$$

$$\tau_{wl} = \frac{V_s \cdot S_{wl}}{I_s \cdot t_w} = \frac{10.7 \times 10^3 \times 0.050544 \times 10^9}{0.160124 \times 10^{12} \times 2 \times 14} = 0.1(\text{MPa})$$

c）组合后恒载应力计算

（a）正应力

$$\sigma_{vwu} = -\frac{M_{vd}}{I_v} \times y_{vwu} = -\frac{20115.5 \times 10^6}{0.4355 \times 10^{12}} \times (350 - 16) = -15.4(\text{MPa})$$

$$\sigma_{vwl} = \frac{M_{vd}}{I_v} \times y_{vwl} = \frac{20115.5 \times 10^6}{0.4355 \times 10^{12}} \times (2314 - 30) = 105.5(\text{MPa})$$

（b）剪应力

对于跨中截面，截面组合后该截面处增加的剪力 $V_v = 73.6 - 10.7 = 62.9(\text{kN})$，剪应力计算如下：

$$\tau_{vwu} = \frac{V_v \cdot S_{vwu}}{I_v \cdot t_w} = \frac{62.9 \times 10^3 \times 0.170121 \times 10^9}{0.4355 \times 10^{12} \times 2 \times 14} = 0.9(\text{MPa})$$

$$\tau_{vwl} = \frac{V_v \cdot S_{vwl}}{I_v \cdot t_w} = \frac{62.9 \times 10^3 \times 0.099317 \times 10^9}{0.4355 \times 10^{12} \times 2 \times 14} = 0.5(\text{MPa})$$

d）组合后车道荷载应力计算

（a）正应力

ⓐ在 M_{vlmax} 作用下正应力计算如下：

$$\sigma_{vwu} = -\frac{M_{vl}}{I_v} \times y_{vwu} = -\frac{9206.7 \times 10^6}{0.4355 \times 10^{12}} \times (350 - 16) = -7.1(\text{MPa})$$

$$\sigma_{vwl} = \frac{M_{vl}}{I_v} \times y_{vwl} = \frac{9206.7 \times 10^6}{0.4355 \times 10^{12}} \times (2314 - 30) = 48.3(\text{MPa})$$

ⓑ在 M_{vlmin} 作用下正应力计算结果如下：

$$\sigma_{vwu} = 1.3\text{MPa}, \sigma_{vwl} = -9.2\text{MPa}$$

(b)剪应力

车道荷载在跨中截面产生的剪力 $V_{vlmax} = 487.9\text{kN}$，$V_{vlmin} = 487.9\text{kN}$。

ⓐ在 V_{vlmax} 作用下剪应力计算如下：

$$\tau_{vwu} = \frac{V_{vl} \cdot S_{vwu}}{I_v \cdot t_w} = \frac{487.9 \times 10^3 \times 0.170121 \times 10^9}{0.4355 \times 10^{12} \times 2 \times 14} = 6.8(\text{MPa})$$

$$\tau_{vwl} = \frac{V_{vl} \cdot S_{vwl}}{I_v \cdot t_w} = \frac{487.9 \times 10^3 \times 0.099317 \times 10^9}{0.4355 \times 10^{12} \times 2 \times 14} = 4.0(\text{MPa})$$

ⓑ在 V_{vlmin} 作用下剪应力计算结果如下：

$$\tau_{vwu} = 6.8\text{MPa}, \tau_{vwl} = 4.0\text{MPa}$$

e)温差应力计算

在桥面板与钢梁温差作用下,组合梁结构内力计算详见钢梁顶、底板应力计算部分,对于腹板应力验算,仅考虑温差作用产生的腹板正应力。

注：参考《钢混设计施工》第7.2.3条第4款说明"桥面板由于预应力锚固、混凝土收缩徐变和混凝土板与钢梁间的温差产生的剪力主要集中在主梁端部,剪力大小由梁端向跨中方向逐渐递减",故在此不考虑温差作用、混凝土收缩和徐变作用产生的腹板剪应力。

(a)桥面板比钢梁温度高

$$\sigma_{wu} = \frac{P_0}{A_v} + \frac{M_0 \cdot y_{vwu}}{I_v} = \frac{6006.5 \times 10^3}{433551} + \frac{-38.0 \times 10^6 \times (350-16)}{0.4355 \times 10^{12}} = 13.8(\text{MPa})$$

$$\sigma_{wl} = \frac{P_0}{A_v} - \frac{M_0 \cdot y_{vwl}}{I_v} = \frac{6006.5 \times 10^3}{433551} - \frac{-38.0 \times 10^6 \times (2314-30)}{0.4355 \times 10^{12}} = 14.1(\text{MPa})$$

(b)桥面板比钢梁温度低

$$\sigma_{wu} = -13.7\text{MPa}, \sigma_{wl} = -14.0\text{MPa}$$

f)收缩应力计算

仅考虑收缩作用产生的腹板正应力。

$$\sigma_{wu} = \frac{P_0}{A_{v1}} + \frac{M_0 \cdot y_{vwu1}}{I_{v1}} = \frac{-8123.7 \times 10^3}{288467} + \frac{141.1 \times 10^6 \times (631-16)}{0.366964 \times 10^{12}} = -27.9(\text{MPa})$$

$$\sigma_{wl} = \frac{P_0}{A_{v1}} - \frac{M_0 \cdot y_{vwl1}}{I_{v1}} = \frac{-8123.7 \times 10^3}{288467} - \frac{141.1 \times 10^6 \times (2033-30)}{0.366964 \times 10^{12}} = -28.9(\text{MPa})$$

g)徐变应力计算

仅考虑徐变作用产生的腹板正应力。

$$\sigma_{wu} = \frac{P_0}{A_{v2}} + \frac{M_0 \cdot y_{vwu2}}{I_{v2}} = \frac{-2907.9 \times 10^3}{240106} + \frac{-2831.3 \times 10^6 \times (799-16)}{0.324829 \times 10^{12}} = -18.9(\text{MPa})$$

$$\sigma_{wl} = \frac{P_0}{A_{v2}} - \frac{M_0 \cdot y_{vwl2}}{I_{v2}} = \frac{-2907.9 \times 10^3}{240106} - \frac{-2831.3 \times 10^6 \times (1865-30)}{0.324829 \times 10^{12}} = 3.9(\text{MPa})$$

h)应力汇总及验算

由以上应力计算,腹板应力汇总见表6.2-11。

应力汇总表(2)(单位:MPa)　　　　　　　表 6.2-11

类　别		腹 板 顶 缘		腹 板 底 缘	
		正应力 σ	剪应力 τ	正应力 σ	剪应力 τ
组合前	(1)恒载	-6.9	0.1	5.5	0.1
组合后	(2)恒载	-15.4	0.9	105.5	0.5
	(3)车道荷载最大值	-7.1	6.8	48.3	4
	(4)车道荷载最小值	1.3	6.8	-9.2	4
	(5)温差(+)	13.8	—	14.1	—
	(6)温差(-)	-13.8	—	-14.1	—
	(7)收缩	-27.9	—	-28.9	—
	(8)徐变	-18.9	—	3.9	—

(a)承载能力极限状态腹板顶缘折算应力

正应力计算:

$\sigma_{wu} = 1.1 \times \{1.2 \times [(1) + (2)] + 1.0 \times [(7) + (8)] + 1.4 \times (3) + 1.4 \times (6)\}$
$= -113.1 \text{MPa}$

注:温差效应产生的钢梁顶缘应力大于车道荷载效应。

剪应力计算:

$$\tau_{wu} = 1.1 \times \{1.2 \times [(1) + (2)] + 1.4 \times (3)\} = 11.8 \text{MPa}$$

折算应力计算:

$$\sqrt{\sigma^2 + 3\tau^2} = \sqrt{(-113.1)^2 + 3 \times 11.8^2} = 114.9(\text{MPa})$$

承载能力极限状态下,腹板顶缘折算应力 114.9MPa,小于 $1.1f_d = 1.1 \times 280 = 308(\text{MPa})$。

(b)承载能力极限状态腹板底缘折算应力

正应力计算:

$\sigma_{wl} = 1.1 \times \{1.2 \times [(1) + (2)] + 1.0 \times [(7) + (8)] + 1.4 \times (3) + 0.75 \times 1.4 \times (5)\}$
$= 209.7 \text{MPa}$

剪应力计算:

$$\tau_{wl} = 1.1 \times \{1.2 \times [(1) + (2)] + 1.4 \times (3)\} = 7.0 \text{MPa}$$

折算应力计算:

$$\sqrt{\sigma^2 + 3\tau^2} = \sqrt{209.7^2 + 3 \times 7.0^2} = 210.1(\text{MPa})$$

承载能力极限状态下,腹板底缘折算应力 210.1MPa,小于 $1.1f_d = 1.1 \times 280 = 308(\text{MPa})$。
由以上验算可知,在承载能力极限状态下,考虑弯剪耦合,钢梁腹板顶、底缘折算应力验算满足要求。

5)支点截面验算

在负弯矩作用范围内,截面应力计算考虑如下两种情况:

①截面组合前的恒载由钢箱承担。

②截面组合后的恒载、活载、收缩徐变、温度梯度主要由钢箱+桥面板钢筋组合截面共同承担。

(1)截面有效宽度计算

①截面组合前有效截面宽度计算

根据《钢桥规》第5.1.8条,钢箱截面有效宽度计算:

Y07支点截面等效跨径 $l = 0.2 \times (48 + 60.5) = 21.7(m)$

$b_2 = 1.2/2 + $ 腹板厚 $/2 = 1.2/2 + 0.018/2 = 0.609(m)$

$b_2/l = 0.609/21.7 = 0.028 < 0.3$,根据《钢桥规》式(5.1.8-4),有:

$$b_{e,2}^s = \left[1.06 - 3.2\frac{b_2}{l} + 4.5\left(\frac{b_2}{l}\right)^2\right]b_2 = 0.593m$$

顶板 $b_1 = 0.15 -$ 腹板厚$/2 = 0.15 - 0.018/2 = 0.141(m)$

$b_1/l = 0.141/21.7 = 0.0065 < 0.02$,$b_{e,1}^s = b_1$

组合前截面顶板有效宽度 $= (0.141+0.593)\times 2 = 1.468(m)$

组合前截面底板有效宽度 $= (0.111+0.593)\times 2 = 1.408(m)$

②截面组合后桥面板有效宽度计算

根据《钢桥规》附录F.0.1,组合梁桥面板有效宽度计算:

Y07支点截面等效跨径 $L_e = 0.2 \times (48 + 60.5) = 21.7(m)$

$b_0 = 1.21m$,$b_1 = 2.145m$,$b_2 = 2.895m$

$L_e/6 = 3.61m$,大于 b_1、b_2,则组合后截面桥面板有效宽度取全宽为:

$$b_{eff} = 2.145 + 1.21 + 2.895 = 6.25(m)$$

(2)组合前截面特性

钢箱截面为组合前截面,构件尺寸及截面特性计算见表6.2-12。

钢箱截面特性计算(支点截面验算) 表6.2-12

分 类	尺寸 (mm)	件数	面积 A (mm^2)	y (mm)	$A\times y$ (m^3)	$A\times y^2$ (m^4)	I (m^4)
顶板	1468×30	1	44040	2669	0.117543	0.313722	0.000003
腹板	2604×18	2	93744	1352	0.126742	0.171355	0.052972
底板	1408×50	1	70400	25	0.00176	0.000044	0.000015
底板加劲肋	180×16	0	0	140	0	0	0
合计			208184		0.246045	0.485121	0.05299

注:按照《钢桥规》第5.1.8条及图5.1.8示意,计算时仅考虑有效宽度范围内的纵向加劲肋。该算例中的底板纵向加劲肋不在有效宽度范围内,计算截面特性时不予考虑。

计算得:钢箱底缘距面中和轴距离 $y_{sl} = 1182mm$

钢箱顶缘距截面中和轴距离 $y_{su} = 1502mm$

钢箱截面惯性矩 $I_s = 0.247252m^4$

(3)组合后截面特性

①钢箱+桥面板钢筋

支点处作为开裂截面,采用开裂截面刚度,在计算开裂截面刚度时不应计入受拉区混凝土对刚度的影响,但应计入桥面板翼缘有效宽度范围内纵向钢筋的作用。桥面板有效宽度

6.25m,距桥面板顶缘 7cm 配置 113 根 ϕ25mm 钢筋、距桥面板顶缘 18.5cm 配置 19 根 ϕ22mm 贯穿钢筋。钢箱+桥面板钢筋组合截面特性计算见表 6.2-13。

钢箱+桥面板钢筋组合截面特性计算　　　　　表 6.2-13

分　类	尺寸 (mm)	件数	面积 A (mm^2)	y (mm)	$A \times y$ (m^3)	$A \times y^2$ (m^4)	I (m^4)
顶缘钢筋	ϕ25	113	55370	2964	0.164117	0.486442	
贯穿钢筋	ϕ22	19	7220	2849	0.02057	0.058603	
钢箱	—	1	208184	1182	0.246073	0.290859	0.247252
合计			270774		0.43076	0.835904	0.247252

注:组合截面特性计算时采用的是翼缘有效宽度。

计算得(详细过程略,下同):组合截面底缘距组合截面中和轴距离 $y_{sl} = 1591$mm

组合截面惯性矩 $I_s = 0.397751 m^4$

钢箱顶缘距组合截面中和轴距离 $y_{su} = 1093$mm

贯穿(底缘)钢筋距组合截面中和轴距离 $y_{rl} = 1258$mm

顶缘钢筋距组合截面中和轴距离 $y_{ru} = 1373$mm

截面参数示意见图 6.2-15。

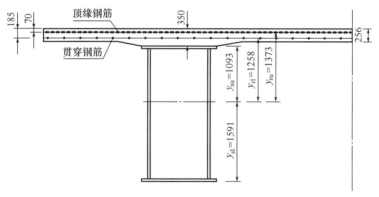

图 6.2-15　截面特性参数(尺寸单位:mm)

②钢箱+桥面板

支点处桥面板有效宽度 6.25m,桥面板截面特性计算详见跨中截面。

a. $n_0 = 6$

钢箱+桥面板组合截面特性计算见表 6.2-14。

钢箱+桥面板组合截面特性计算($n_0 = 6$)　　　　　表 6.2-14

分　类	尺寸 (mm)	件数	面积 A (mm^2)	y (mm)	$A \times y$ (m^3)	$A \times y^2$ (m^4)	I (m^4)
桥面板	宽度/6	1	290167	2892	0.839163	2.426859	0.002114
钢箱	—	1	208184	1182	0.246073	0.290859	0.247252
合计			498351		1.085236	2.717718	0.249366

计算得:组合截面底缘距组合截面中和轴距离 y_{vsl} = 2178mm

组合截面惯性矩 I_v = 0.603064m⁴

钢箱顶缘距组合截面中和轴距离 y_{vsu} = 506mm

桥面板底缘距组合截面中和轴距离 y_{vcl} = 506mm

桥面板顶缘距组合截面中和轴距离 y_{vcu} = 856mm

钢箱中和轴距组合截面中和轴距离 d_{vs} = 996mm

桥面板中和轴距组合截面中和轴距离 d_{vc} = 714mm

截面特性参数示意见图 6.2-16。

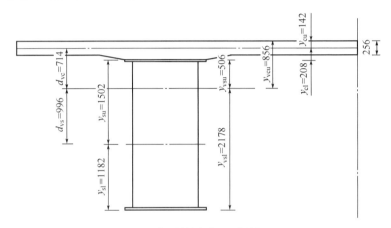

图 6.2-16 截面特性参数(尺寸单位:mm)

b. n_1 = 12

钢箱+桥面板组合截面特性计算见表 6.2-15。

钢箱+桥面板组合截面特性计算(n_1 = 12) 表 6.2-15

分 类	尺寸 (mm)	件数	面积 A (mm²)	y (mm)	A×y (m³)	A×y² (m⁴)	I (m⁴)
桥面板	宽度/12	1	145083	2892	0.41958	1.213425	0.001057
钢箱	—	1	208184	1182	0.246073	0.290859	0.247252
合计			353267		0.665653	1.504284	0.248309

计算得:组合截面底缘距组合截面中和轴距离 y_{vsl1} = 1884mm

组合截面惯性矩 I_{v1} = 0.498687m⁴

钢箱顶缘距组合截面中和轴距离 y_{vsu1} = 800mm

桥面板底缘距组合截面中和轴距离 y_{vcl1} = 800mm

桥面板顶缘距组合截面中和轴距离 y_{vcu1} = 1150mm

钢箱中和轴距组合截面中和轴距离 d_{vs1} = 702mm

桥面板中和轴距组合截面中和轴距离 d_{vc1} = 1008mm

c. n_2 = 18

钢箱+桥面板组合截面特性计算见表 6.2-16。

第6章 窄幅钢箱梁-钢混组合桥面板桥

钢箱+桥面板组合截面特性计算（$n_2 = 18$） 表6.2-16

分 类	尺寸 (mm)	件数	面积A (mm²)	y (mm)	$A \times y$ (m³)	$A \times y^2$ (m⁴)	I (m⁴)
桥面板	宽度/18	1	96722	2892	0.27972	0.80895	0.000705
钢箱	—	1	208184	1182	0.246073	0.290859	0.247252
∑ =			304906		0.525793	1.099809	0.247957

计算得：组合截面底缘距组合截面中和轴距离 $y_{vsl2} = 1724$mm

组合截面惯性矩 $I_{v2} = 0.441532 \text{m}^4$

钢箱顶缘距组合截面中和轴距离 $y_{vsu2} = 960$mm

桥面板底缘距组合截面中和轴距离 $y_{vcl2} = 960$mm

桥面板顶缘距组合截面中和轴距离 $y_{vcu2} = 1310$mm

钢箱中和轴距组合截面中和轴距离 $d_{vs2} = 542$mm

桥面板中和轴距组合截面中和轴距离 $d_{vc2} = 1168$mm

(4) 钢梁及桥面板应力验算

①组合前恒载应力计算

对于支点截面，截面组合前的施工阶段为墩顶负弯矩桥面板混凝土浇筑，该施工阶段弯矩 $M_s = -17288.2 \text{kN} \cdot \text{m}$，应力计算如下：

$$\sigma_{su} = -\frac{M_s}{I_s} \times y_{su} = -\frac{-17288.2 \times 10^6}{0.247252 \times 10^{12}} \times 1502 = 105.0 (\text{MPa})$$

$$\sigma_{sl} = \frac{M_s}{I_s} \times y_{sl} = \frac{-17288.2 \times 10^6}{0.247252 \times 10^{12}} \times 1182 = -82.6 (\text{MPa})$$

②组合后恒载应力计算

对于支点截面，截面组合后的施工阶段为二期施工，二期施工该截面处增加的弯矩 $M_{vd} = -25278.6 - (-17288.2) = -7990.4 (\text{kN} \cdot \text{m})$，应力计算如下：

钢箱+桥面板

$$\sigma_{vcu} = -\frac{M_{vd}}{I_v} \times y_{vcu}/6 = -\frac{-7990.4 \times 10^6}{0.603064 \times 10^{12}} \times 856/6 = 1.9 (\text{MPa})$$

$$\sigma_{vcl} = -\frac{M_{vd}}{I_v} \times y_{vcl}/6 = -\frac{-7990.4 \times 10^6}{0.603064 \times 10^{12}} \times 506/6 = 1.1 (\text{MPa})$$

钢箱+钢筋

$$\sigma_{su} = -\frac{M_{vd}}{I_s} \times y_{su} = -\frac{-7990.4 \times 10^6}{0.397751 \times 10^{12}} \times 1093 = 22.0 (\text{MPa})$$

$$\sigma_{sl} = \frac{M_{vd}}{I_s} \times y_{sl} = \frac{-7990.4 \times 10^6}{0.397751 \times 10^{12}} \times 1591 = -32.0 (\text{MPa})$$

$$\sigma_{ru} = -\frac{M_{vd}}{I_s} \times y_{ru} = -\frac{-7990.4 \times 10^6}{0.397751 \times 10^{12}} \times 1373 = 27.6 (\text{MPa})$$

$$\sigma_{rl} = -\frac{M_{vd}}{I_s} \times y_{rl} = -\frac{-7990.4 \times 10^6}{0.397751 \times 10^{12}} \times 1258 = 25.3(\text{MPa})$$

③组合后车道荷载应力计算

车道荷载在支点截面产生的弯矩 $M_{vlmax} = 1035.3 \text{kN} \cdot \text{m}, M_{vlmin} = -9131.3 \text{kN} \cdot \text{m}$。

a. 在 M_{vlmax} 作用下应力计算

钢箱+桥面板：

$$\sigma_{vcu} = -\frac{M_{vl}}{I_v} \times y_{vcu}/6 = -\frac{1035.3 \times 10^6}{0.603064 \times 10^{12}} \times 856/6 = -0.2(\text{MPa})$$

$$\sigma_{vcl} = -\frac{M_{vl}}{I_v} \times y_{vcl}/6 = -\frac{1035.3 \times 10^6}{0.603064 \times 10^{12}} \times 506/6 = -0.1(\text{MPa})$$

钢箱+钢筋：

$$\sigma_{su} = -\frac{M_{vl}}{I_s} \times y_{su} = -\frac{1035.3 \times 10^6}{0.397751 \times 10^{12}} \times 1093 = -2.8(\text{MPa})$$

$$\sigma_{sl} = \frac{M_{vl}}{I_s} \times y_{sl} = \frac{1035.3 \times 10^6}{0.397751 \times 10^{12}} \times 1591 = 4.1(\text{MPa})$$

$$\sigma_{ru} = -\frac{M_{vl}}{I_s} \times y_{ru} = -\frac{1035.3 \times 10^6}{0.397751 \times 10^{12}} \times 1373 = -3.6(\text{MPa})$$

$$\sigma_{rl} = -\frac{M_{vl}}{I_s} \times y_{rl} = -\frac{1035.3 \times 10^6}{0.397751 \times 10^{12}} \times 1258 = -3.3(\text{MPa})$$

b. 在 M_{vlmin} 作用下应力计算结果

钢箱+桥面板：

$$\sigma_{vcu} = 2.2 \text{MPa}, \sigma_{vcl} = 1.3 \text{MPa}$$

钢箱+钢筋：

$$\sigma_{su} = 25.1 \text{MPa}, \sigma_{sl} = -36.5 \text{MPa}, \sigma_{ru} = 31.5 \text{MPa}, \sigma_{rl} = 28.9 \text{MPa}$$

④温差应力计算

根据《公预规》表 3.2.4，HRB400 钢筋弹性模量 $E_r = 2.0 \times 10^5 \text{MPa}$。

a. 桥面板比钢梁温度高

由温度差产生的应变：

$$\varepsilon_t = \alpha_t \cdot \Delta t = 1.0 \times 10^{-5} \times 10 = 1.0 \times 10^{-4}$$

a) 桥面板混凝土部分

温度差产生的轴力(自内力)：

$$P_t = E_c \cdot \varepsilon_t \cdot A_c$$
$$= 3.45 \times 10^4 \times 1.0 \times 10^{-4} \times 1741000/1000 = 6006.5(\text{kN})$$

温度差产生的弯矩(自内力)：

$$M_t = P_t \cdot d_{vc} = 6006.5 \times 0.714 = 4288.6(\text{kN} \cdot \text{m})$$

温度差在超静定结构中产生的次内力轴力 $P_x = 0 \text{kN}$

温度差在超静定结构中产生的次内力弯矩 $M_x = -4335.7 \text{kN} \cdot \text{m}$

自内力与次内力叠加：
轴力 $P_0 = P_t + P_x = 6006.5 + 0 = 6006.5(kN)$
弯矩 $M_0 = M_t + M_x = 4288.6 + (-4335.7) = -47.1(kN \cdot m)$
在桥面板与钢梁温度差作用下应力计算如下（桥面板+钢梁截面）：

$$\sigma_{cu} = \frac{1}{n_0} \times \left(\frac{P_0}{A_v} + \frac{M_0 \cdot y_{vcu}}{I_v} \right) - \frac{P_0}{A_c}$$

$$= \frac{1}{6} \times \left(\frac{6006.5 \times 10^3}{498351} + \frac{-47.1 \times 10^6 \times 856}{0.603064 \times 10^{12}} \right) - \frac{6006.5 \times 10^3}{1741000}$$

$$= -1.5(MPa)$$

$$\sigma_{cl} = \frac{1}{n_0} \times \left(\frac{P_0}{A_v} + \frac{M_0 \cdot y_{vcl}}{I_v} \right) - \frac{P_0}{A_c}$$

$$= \frac{1}{6} \times \left(\frac{6006.5 \times 10^3}{498351} + \frac{-47.1 \times 10^6 \times 506}{0.603064 \times 10^{12}} \right) - \frac{6006.5 \times 10^3}{1741000}$$

$$= -1.4(MPa)$$

b）桥面板钢筋部分

桥面板内钢筋面积 $A_r = 55370 + 7220 = 62590(mm^2)$

钢筋部分形心距组合截面（钢筋+钢梁）中和轴距离 $d_{vr} = (55370 \times 1373 + 7220 \times 1258)/62590 = 1360(mm)$

温度差产生的轴力（自内力）$P_t = E_r \cdot \varepsilon_t \cdot A_r$
$$= 2.0 \times 10^5 \times 1.0 \times 10^{-4} \times 62590/1000 = 1251.8(kN)$$

温度差产生的弯矩（自内力）$M_t = P_t \cdot d_{vr} = 1251.8 \times 1.360 = 1702.4(kN \cdot m)$

温度差在超静定结构中产生的次内力轴力 $P_x = 0 kN$

温度差在超静定结构中产生的次内力弯矩 $M_x = -4335.7 kN \cdot m$

自内力与次内力叠加：

轴力 $P_0 = P_t + P_x = 1251.8 + 0 = 1251.8(kN)$

弯矩 $M_0 = M_t + M_x = 1702.4 + (-4335.7) = -2633.3(kN \cdot m)$

在桥面板与钢梁温度差作用下应力计算如下（桥面板钢筋+钢梁截面）：

$$\sigma_{su} = \frac{P_0}{A_s} + \frac{M_0 \cdot y_{su}}{I_s} = \frac{1251.8 \times 10^3}{270774} + \frac{-2633.3 \times 10^6 \times 1093}{0.397751 \times 10^{12}} = -2.6(MPa)$$

$$\sigma_{sl} = \frac{P_0}{A_s} - \frac{M_0 \cdot y_{sl}}{I_s} = \frac{1251.8 \times 10^3}{270774} - \frac{-2633.3 \times 10^6 \times 1591}{0.397751 \times 10^{12}} = 15.2(MPa)$$

$$\sigma_{ru} = \frac{P_0}{A_s} + \frac{M_0 \cdot y_{ru}}{I_s} - \frac{P_0}{A_r} = \frac{1251.8 \times 10^3}{270774} + \frac{-2633.3 \times 10^6 \times 1373}{0.397751 \times 10^{12}} - \frac{1251.8 \times 10^3}{62590}$$

$$= -24.5(MPa)$$

$$\sigma_{rl} = \frac{P_0}{A_s} + \frac{M_0 \cdot y_{rl}}{I_s} - \frac{P_0}{A_r} = \frac{1251.8 \times 10^3}{270774} + \frac{-2633.3 \times 10^6 \times 1258}{0.397751 \times 10^{12}} - \frac{1251.8 \times 10^3}{62590}$$

$$= -23.7(MPa)$$

b. 桥面板比钢梁温度低

在桥面板与钢梁温度差作用下应力：

$\sigma_{cu} = 1.5\text{MPa}, \sigma_{cl} = 1.4\text{MPa}$；

$\sigma_{su} = 2.6\text{MPa}, \sigma_{sl} = -15.2\text{MPa}$；

$\sigma_{ru} = 24.5\text{MPa}, \sigma_{rl} = 23.7\text{MPa}$。

⑤收缩应力计算

中墩支座处及附近主梁计算采用开裂截面,则混凝收缩力仅作用在未开裂区域,在开裂截面区域仅存在收缩作用次内力。

收缩作用在超静定结构中产生的次内力弯矩 $M_x = 3345.3\text{kN} \cdot \text{m}$

在收缩作用下应力计算如下：

桥面板+钢梁组合截面

$$\sigma_{cu} = \frac{M_x \cdot y_{vcu1}}{n_1 \cdot I_{v1}} = \frac{3345.3 \times 10^6 \times 1150}{12 \times 0.498687 \times 10^{12}} = 0.6(\text{MPa})$$

$$\sigma_{cl} = \frac{M_x \cdot y_{vcl1}}{n_1 \cdot I_{v1}} = \frac{3345.3 \times 10^6 \times 800}{12 \times 0.498687 \times 10^{12}} = 0.4(\text{MPa})$$

桥面板钢筋+钢梁

$$\sigma_{su} = \frac{M_x \cdot y_{su}}{I_s} = \frac{3345.3 \times 10^6 \times 1093}{0.397751 \times 10^{12}} = 9.2(\text{MPa})$$

$$\sigma_{sl} = -\frac{M_x \cdot y_{sl}}{I_s} = -\frac{3345.3 \times 10^6 \times 1591}{0.397751 \times 10^{12}} = -13.4(\text{MPa})$$

$$\sigma_{ru} = \frac{M_x \cdot y_{ru}}{I_s} = \frac{3345.3 \times 10^6 \times 1373}{0.397751 \times 10^{12}} = 11.5(\text{MPa})$$

$$\sigma_{rl} = \frac{M_x \cdot y_{rl}}{I_s} = \frac{3345.3 \times 10^6 \times 1258}{0.397751 \times 10^{12}} = 10.6(\text{MPa})$$

⑥徐变应力计算

与收缩作用类同,在开裂截面区域仅存在徐变作用次内力。

徐变作用在超静定结构中产生的次内力弯矩 $M_x = 1398.8\text{kN} \cdot \text{m}$

在徐变作用下应力计算如下：

桥面板+钢梁组合截面

$$\sigma_{cu} = \frac{M_x \cdot y_{vcu2}}{n_2 \cdot I_{v2}} = \frac{1398.8 \times 10^6 \times 1330}{18 \times 0.441532 \times 10^{12}} = 0.2(\text{MPa})$$

$$\sigma_{cl} = \frac{M_x \cdot y_{vcl2}}{n_2 \cdot I_{v2}} = \frac{1398.8 \times 10^6 \times 980}{18 \times 0.441532 \times 10^{12}} = 0.2(\text{MPa})$$

桥面板钢筋+钢梁

$$\sigma_{su} = \frac{M_x \cdot y_{su}}{I_s} = \frac{1398.8 \times 10^6 \times 1093}{0.397751 \times 10^{12}} = 3.8(\text{MPa})$$

$$\sigma_{sl} = -\frac{M_x \cdot y_{sl}}{I_s} = -\frac{1398.8 \times 10^6 \times 1591}{0.397751 \times 10^{12}} = -5.6(\text{MPa})$$

$$\sigma_{ru} = \frac{M_x \cdot y_{ru}}{I_s} = \frac{1398.8 \times 10^6 \times 1373}{0.397751 \times 10^{12}} = 4.8(\text{MPa})$$

$$\sigma_{rl} = \frac{M_x \cdot y_{rl}}{I_s} = \frac{1398.8 \times 10^6 \times 1258}{0.397751 \times 10^{12}} = 4.4(\text{MPa})$$

⑦应力汇总及验算

由以上应力计算,应力汇总见表6.2-17。

应力汇总表(3)(单位:MPa)　　　表6.2-17

	类 别	桥面板顶缘	桥面板底缘	钢梁顶缘	钢梁底缘	顶缘钢筋	底缘钢筋
组合前	(1)恒载	—	—	105	-82.6	—	—
组合后	(2)恒载	1.9	1.1	22	-32	27.6	25.3
	(3)车道荷载最大值	2.2	1.3	25.1	-36.5	31.5	28.9
	(4)车道荷载最小值	-0.2	-0.1	-2.8	4.1	-3.6	-3.3
	(5)温差(+)	-1.5	-1.4	-2.6	15.2	-24.5	-23.7
	(6)温差(-)	1.5	1.4	2.6	-15.2	24.5	23.7
	(7)收缩	0.6	0.4	9.2	-13.4	11.5	10.6
	(8)徐变	0.2	0.2	3.8	-5.6	4.8	4.4

注:本算例未考虑基础变位、风荷载等作用。

a. 承载能力极限状态验算

中墩支座处主梁桥面板主要受拉,该部位主梁主要验算钢梁顶底缘应力及桥面板顶底钢筋应力。

a) 钢梁顶缘应力

$\sigma_{su} = 1.1 \times \{1.2 \times [(1)+(2)] + 1.0 \times [(7)+(8)] + 1.4 \times (3) + 0.75 \times 1.4 \times (6)\}$
$= 223.6\text{MPa}$

承载能力极限状态下,钢梁顶缘最大拉应力223.6MPa,小于钢材强度设计值275MPa(Q355,$t=16\sim40$mm)。

b) 钢梁底缘应力

$\sigma_{sl} = 1.1 \times \{1.2 \times [(1)+(2)] + 1.0 \times [(7)+(8)] + 1.4 \times (3) + 0.75 \times 1.4 \times (6)\}$
$= -245.9\text{MPa}$

承载能力极限状态下,钢梁底缘最大压应力-245.9MPa,小于钢材强度设计值260MPa(Q355,$t=40\sim63$mm)。

c) 顶缘钢筋应力

$\sigma_{ru} = 1.1 \times \{1.2 \times (2) + 1.0 \times [(7)+(8)] + 1.4 \times (3) + 0.75 \times 1.4 \times (6)\}$
$= 131.2\text{MPa}$

承载能力极限状态下,顶缘钢筋最大拉应力131.2MPa,小于HRB400钢筋抗拉强度设计值330MPa。

d)底缘钢筋应力
$$\sigma_{rl} = 1.1 \times \{1.2 \times (2) + 1.0 \times [(7) + (8)] + 1.4 \times (3) + 0.75 \times 1.4 \times (6)\}$$
$$= 121.8 \text{MPa}$$

承载能力极限状态下,底缘钢筋最大拉应力 121.8MPa,小于 HRB400 钢筋抗拉强度设计值 330MPa。

由以上验算,在承载能力极限状态下,钢梁顶底缘应力、桥面板顶底缘钢筋应力验算满足要求。

b. 短暂状况应力验算

主要验算在施工阶段钢梁顶、底缘应力。

a)钢梁顶缘应力
$$\sigma_{su} = (1) + (2) = 126.6 \text{MPa}$$

施工阶段,钢梁顶缘最大拉应力 126.6MPa,小于 $0.8f_d = 0.8 \times 275 = 220(\text{MPa})$。

b)钢梁底缘应力
$$\sigma_{sl} = (1) + (2) = -114.6 \text{MPa}$$

施工阶段,钢梁底缘最大压应力 -114.6MPa,小于 $0.8f_d = 0.8 \times 260 = 208(\text{MPa})$。

由以上验算,短暂状况下,钢梁顶、底缘应力验算满足要求。

注:应根据《公预规》第 6.4.3 条验算负弯矩区桥面板裂缝宽度,在此省略。

(5)腹板应力验算

主梁中墩支座处及附近主梁计算采用开裂截面,开裂后的桥面板仍可传递剪力,组合后的截面,对于腹板剪应力计算采用桥面板+钢梁组合截面,对于腹板正应力计算采用桥面板钢筋+钢梁组合截面。

注:参考《钢混设计施工》第 7.2.3 条"组合梁中的钢梁与混凝土板结合面纵桥向剪力作用按未开裂分析方法计算,不考虑负弯矩区混凝开裂的影响",《钢桥规》第 11.4.3 条"钢与混凝土结合面上纵桥向水平剪力按未开裂分析方法进行计算",计算负弯矩区组合截面腹板剪应力时采用桥面板+钢梁组合截面。

①面积矩

a. 截面组合前面积矩

a)钢梁顶板对钢梁中和轴面积矩
$$S_{wu} = A \cdot Z = (1468 \times 30) \times (1502 - 30/2)/1000^3 = 0.065487(\text{m}^3)$$

b)钢梁底板对钢梁中和轴面积矩
$$S_{wl} = A \cdot Z = (1408 \times 50) \times (1182 - 50/2)/1000^3 = 0.081453(\text{m}^3)$$

b. 截面组合后面积矩

a)桥面板+钢梁顶板对组合截面中和轴面积矩
$$S_{vwu} = (1741000/6 \times 714)/1000^3 + (1468 \times 30) \times (506 - 30/2)/1000^3$$
$$= 0.228803(\text{m}^3)$$

b)钢梁底板对组合截面中和轴面积矩
$$S_{vwl} = (1408 \times 50) \times (2178 - 50/2)/1000^3 = 0.151571(\text{m}^3)$$

②应力计算

应力计算详细过程略,计算结果见表 6.2-18。

应力汇总表(4)(单位:MPa)　　表 6.2-18

类　别		腹板顶缘		腹板底缘	
		正应力 σ	剪应力 τ	正应力 σ	剪应力 τ
组合前	(1)恒载	102.9	16.2	-79.2	20.1
组合后	(2)恒载	21.4	8.4	-31	5.6
	(3)车道荷载最大值	24.4	12.9	-35.4	8.6
	(4)车道荷载最小值	-2.8	0.7	4	0.4
	(5)温差(+)	-2.4	—	14.8	—
	(6)温差(-)	2.4	—	-14.8	—
	(7)收缩	8.9	—	-13	—
	(8)徐变	3.7	—	-5.4	—

a. 承载能力极限状态腹板顶缘折算应力

正应力计算:

$\sigma_{wu} = 1.1 \times \{1.2 \times [(1)+(2)] + 1.0 \times [(7)+(8)] + 1.4 \times (3) + 0.75 \times 1.4 \times (6)\}$
$= 218.3 \text{MPa}$

剪应力计算:

$\tau_{wu} = 1.1 \times \{1.2 \times [(1)+(2)] + 1.4 \times (3)\} = 52.3 \text{MPa}$

折算应力计算:

$\sqrt{\sigma^2 + 3\tau^2} = \sqrt{218.3^2 + 3 \times 52.3^2} = 236.3(\text{MPa})$

承载能力极限状态下,腹板顶缘折算应力 236.3MPa,小于 $1.1f_d = 1.1 \times 275 = 302.5(\text{MPa})$。

b. 承载能力极限状态腹板底缘折算应力

正应力计算:

$\sigma_{wl} = 1.1 \times \{1.2 \times [(1)+(2)] + 1.0 \times [(7)+(8)] + 1.4 \times (3) + 0.75 \times 1.4 \times (6)\}$
$= -237.3 \text{MPa}$

剪应力计算:

$\tau_{wl} = 1.1 \times \{1.2 \times [(1)+(2)] + 1.4 \times (3)\} = 47.2 \text{MPa}$

折算应力计算:

$\sqrt{\sigma^2 + 3\tau^2} = \sqrt{(-237.3)^2 + 3 \times 47.2^2} = 251.0(\text{MPa})$

承载能力极限状态下,腹板底缘折算应力 251.0MPa,小于 $1.1f_d = 1.1 \times 275 = 302.5(\text{MPa})$。

由以上验算可知,在承载能力极限状态下,考虑弯剪耦合,钢梁腹板顶、底缘折算应力验算满足要求。

6.2.4 桥面板横向计算

1)截面尺寸及截面选取

桥面板标准断面如图 6.2-17 所示,根据桥面板受力及结构配筋情况,选取 5 个计算截面。

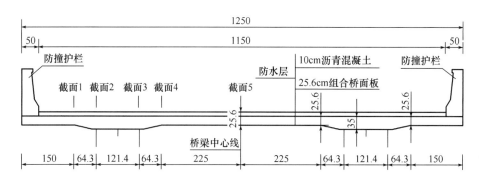

图 6.2-17 桥面板标准断面(尺寸单位:cm)

底钢板厚 6mm,开孔钢板尺寸 16mm×165mm,布置间距 400mm,桥面板厚 256~350mm,桥面板顶缘布置 ϕ20mm HRB400 钢筋,间距 125mm,负弯矩处布置 ϕ20mm HRB400 加强钢筋,间距 250mm。选取的各截面构造及配筋如图 6.2-18 所示(各截面未示纵向钢筋,截面 1、截面 4 处于底钢板弯折处,抗弯应力计算时未考虑底钢板)。

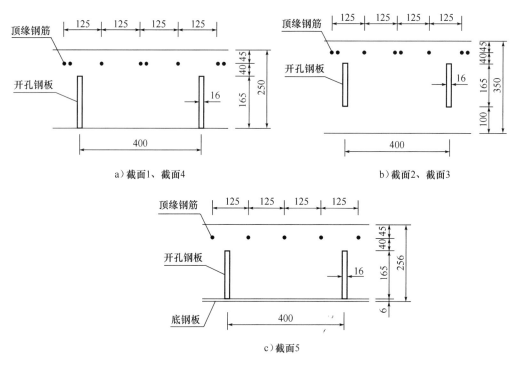

图 6.2-18 各截面构造及配筋(尺寸单位:mm)

2) 荷载

(1) 恒载

混凝土重度取 27.5kN/m³(包含钢筋、开孔钢板及底钢板),沥青混凝土重度取 24kN/m³。

(2) 二期荷载

单侧防撞护栏:12kN/m。

沥青混凝土铺装:$0.1 \times 24 = 2.4 (kN/m^2)$(行车道范围)。

(3)车辆荷载

车辆荷载采用 midas Civil 模型自带的横向移动荷载加载方式,需要分别计算出车轮在板跨径中部、支承处及悬臂板三种情况的车轮荷载值,根据《通规》表 4.3.1-3 可知车轮宽度 $b_1 = 0.6m$,$a_1 = 0.2m$。

根据《公预规》第 4.2.3 条~第 4.2.5 条,计算出各个位置车轮分布宽度(已含车轮重叠):悬臂处,$a = 4.89m$;支承处,$a = 0.66m$;桥面板跨中(箱内),$a = 0.8m$;桥面板跨中(箱间),$a = 5.26m$。

车轮荷载分布宽度如图 6.2-19 所示。

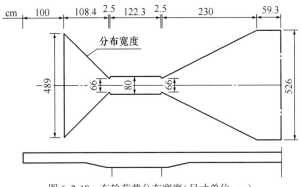

图 6.2-19 车轮荷载分布宽度(尺寸单位:cm)

3)建模

根据桥面板构造形式,腹板中心处为支撑点,选取纵桥向 1m 宽桥面板,使用 midas Civil 软件建模,桥面板结构离散及边界模拟如图 6.2-20 所示。

图 6.2-20 桥面板结构离散及边界模拟

4)截面应力验算

桥面板横向计算,自重产生的弯矩由组合前截面(开孔钢板及底钢板)承担,二期荷载及汽车荷载产生的弯矩由组合后截面(开孔钢板、底钢板、钢筋及混凝土)承担。

(1)桥面板弯矩

在自重、二期荷载及汽车荷载作用下,桥面板弯矩如图 6.2-21~图 6.2-23 所示。

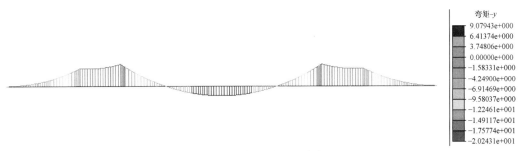

图 6.2-21 桥面板弯矩(自重)(单位:kN·m)

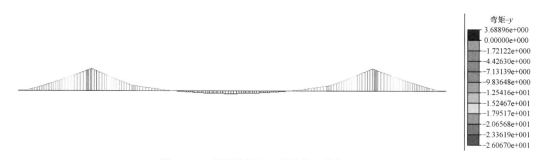

图 6.2-22 桥面板弯矩(二期荷载)(单位:kN·m)

图 6.2-23 桥面板弯矩(汽车荷载)(已考虑冲击系数 0.3)(单位:kN·m)

桥面板各截面弯矩汇总见表 6.2-19。

桥面板各截面弯矩(单位:kN·m)　　　　　　　　　　　　　　表 6.2-19

截　面	自　重	二 期 荷 载	汽　车	
			最大值	最小值
截面 1	-5.8	-13.4	0	-14.9
截面 2	-16.3	-26.1	0	-46.5
截面 3	-20.1	-6.4	2.5	-102.4
截面 4	-5.2	-1.3	13.2	-28.1
截面 5	9.2	3.7	38.6	-0.4

(2)截面 1 应力计算

①截面特性

a. 组合前截面特性

截面 1 处于底钢板弯折处,在进行计算时不考虑底钢板,截面组合前仅有开孔钢板,开孔钢板间距 40cm,纵桥向 1m 范围内共 2.5 个。

$$I_s = \frac{16 \times 165^3}{12} \times 2.5 = 14973750 (\text{mm}^4)$$

$$y_{sl} = y_{su} = 165/2 = 82.5 (\text{mm})$$

b. 组合后截面特性

对于组合后的截面特性计算,考虑受拉区混凝土退出工作,需要先计算出组合截面中和轴位置,以一简单组合梁为例说明计算方法,组合梁示意如图 6.2-24 所示,图中顶缘混凝土受压,混凝板尺寸相对钢梁较大,中和轴在混凝土板内。

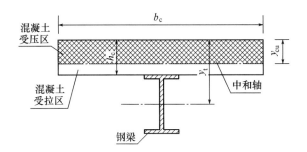

图 6.2-24 中和轴计算示例

由对受压区混凝土边缘静矩相等的条件,列出如下等式:

$$\frac{b_c \cdot y_{cu}}{n_0} \times \frac{y_{cu}}{2} + A_s \cdot y_t = y_{cu}\left(\frac{b_c \cdot y_{cu}}{n_0} + A_s\right) \tag{6.2-5}$$

式中:b_c——混凝土部分宽度;

n_0——钢材与混凝土弹性模量之比;

y_{cu}——组合截面中和轴至受压混凝土边缘距离;

A_s——钢梁截面面积;

y_t——钢梁截面中和轴至受压混凝土边缘距离。

对上述等式整理后得:

$$\frac{b_c}{2n_0} \cdot y_{cu}^2 + A_s \cdot y_{cu} - A_s \cdot y_t = 0$$

求解方程,则组合截面中和轴距受压翼缘距离:

$$y_{cu} = \frac{A_s \cdot n_0}{b_c}\left(-1 + \sqrt{1 + \frac{2b_c \cdot y_t}{A_s \cdot n_0}}\right) < h_c \tag{6.2-6}$$

换算截面惯性矩:

$$I_v = \frac{b_c \cdot y_{cu}^3}{12n_0} + \frac{b_c \cdot y_{cu}}{n_0}\left(\frac{y_{cu}}{2}\right)^2 + I_s + A_s(y_t - y_{cu})^2 = \frac{b_c \cdot y_{cu}^3}{3n_0} + I_s + A_s(y_t - y_{cu})^2$$

HRB400 钢筋弹性模量与 Q355 钢材弹性模量接近,视为同一种材料,开孔钢板+顶缘钢筋截面特性计算见表 6.2-20。

截面特性计算(1) 表 6.2-20

分 类	规格 (mm)	件 数	面积 A (mm²)	y (mm)	A×y (mm³)	A×y² (mm⁴)	I (mm⁴)
钢筋	φ20	12	3768	205	772440	158350200	
开孔钢板	165×16	2.5	6600	82.5	544500	44921250	14973750
合计			10368		1316940	203271450	14973750

底缘距截面中和轴距离：
$$y_{sl} = (\sum A \times y)/\sum A = 1316940/10368 = 127(\text{mm})$$
钢筋+开孔钢板截面惯性矩：
$$I_s = \sum(A \times y^2) - \sum A \times y_{sl}^2 + \sum I$$
$$= 203271450 - 10368 \times 127^2 + 14973750 = 51019728(\text{mm}^4)$$

组合桥面板混凝土 C50 与 Q355 钢材的弹性模量比值 $n_0 = 20.6\times10^5/3.45\times10^4 = 5.97$，对钢混组合梁即采用此值，对钢混组合桥面板，按工程先例取 $n_0 = 10$ 计算，$b_c = 1000\text{mm}$，$y_t = 125\text{mm}$（负弯矩区，底缘受压），求解中和轴位置：
$$y_{cu} = \frac{A_s \cdot n_0}{b_c}\left(-1 + \sqrt{1 + \frac{2b_c \cdot y_t}{A_s \cdot n_0}}\right) = \frac{10368 \times 10}{1000}\left(-1 + \sqrt{1 + \frac{2 \times 1000 \times 127}{10368 \times 10}}\right)$$
$$= 89(\text{mm}) < h_c = 250\text{mm}$$

截面 1 计算参数如图 6.2-25 所示。

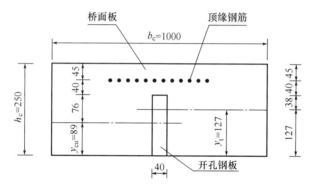

图 6.2-25　截面 1 计算参数（尺寸单位：mm）

计算组合截面特性：
$$I_v = \frac{b_c \cdot y_{cu}^3}{3n_0} + I_s + A_s(y_t - y_{cu})^2 = \frac{1000 \times 89^3}{3 \times 10} + 51019728 + 10368 \times (127 - 89)^2$$
$$= 89490087(\text{mm}^4)$$
$$y_{vc} = 89\text{mm}, y_{vr} = 250 - 89 - 45 = 116(\text{mm})$$
$$y_{vsu} = 165 - 89 = 76(\text{mm}), y_{vsl} = 89\text{mm}$$

②应力计算

a. 组合前

截面组合前应力主要由桥面板自重产生。
$$\sigma_{su} = -\frac{M_s}{I_s} \times y_{su} = -\frac{-5.8 \times 10^6}{14973750} \times 82.5 = 32.0(\text{MPa})$$
$$\sigma_{sl} = \frac{M_s}{I_s} \times y_{sl} = \frac{-5.8 \times 10^6}{14973750} \times 82.5 = -32.0(\text{MPa})$$

b. 组合后

（a）二期荷载：

$$\sigma_{vc} = \frac{M_{vd}}{I_v} \times y_{vc}/n_0 = \frac{-13.4 \times 10^6}{89490087} \times 89/10 = -1.3(\text{MPa})$$

$$\sigma_{vr} = -\frac{M_{vd}}{I_v} \times y_{vr} = -\frac{-13.4 \times 10^6}{89490087} \times 116 = 17.4(\text{MPa})$$

$$\sigma_{vsu} = -\frac{M_{vd}}{I_v} \times y_{vsu} = -\frac{-13.4 \times 10^6}{89490087} \times 76 = 11.4(\text{MPa})$$

$$\sigma_{vsl} = \frac{M_{vd}}{I_v} \times y_{vsl} = \frac{-13.4 \times 10^6}{89490087} \times 89 = -13.3(\text{MPa})$$

(b)汽车荷载 M_{vlmin}，根据结构特点，仅计算与恒载弯矩符号一致的汽车荷载弯矩产生的应力。

$$\sigma_{vc} = \frac{M_{vl}}{I_v} \times y_{vc}/n_0 = \frac{-14.9 \times 10^6}{89490087} \times 89/10 = -1.5(\text{MPa})$$

$$\sigma_{vr} = -\frac{M_{vl}}{I_v} \times y_{vr} = -\frac{-14.9 \times 10^6}{89490087} \times 116 = 19.3(\text{MPa})$$

$$\sigma_{vsu} = -\frac{M_{vl}}{I_v} \times y_{vsu} = -\frac{-14.9 \times 10^6}{89490087} \times 76 = 12.7(\text{MPa})$$

$$\sigma_{vsl} = \frac{M_{vl}}{I_v} \times y_{vsl} = \frac{-14.9 \times 10^6}{89490087} \times 89 = -14.8(\text{MPa})$$

(3)截面2应力计算

①截面特性

a. 组合前截面特性

截面2组合前仅有开孔钢板，截面特性计算同截面1。

$I_s = 14973750 \text{mm}^4, y_{sl} = y_{su} = 82.5 \text{mm}$

b. 组合后截面特性

顶缘钢筋+开孔钢板截面特性计算同截面1，$y_t = y_{sl} + 100 = 127 + 100 = 227(\text{mm})$（负弯矩区，底缘受压），求解中和轴位置：

$$y_{cu} = \frac{A_s \cdot n_0}{b_c}\left(-1 + \sqrt{1 + \frac{2b_c \cdot y_t}{A_s \cdot n_0}}\right) = \frac{10368 \times 10}{1000}\left(-1 + \sqrt{1 + \frac{2 \times 1000 \times 227}{10368 \times 10}}\right)$$

$= 137(\text{mm}) < h_c = 350 \text{mm}$

截面2计算参数如图6.2-26所示。

计算组合截面特性：

$$I_v = \frac{b_c \cdot y_{cu}^3}{3n_0} + I_s + A_s(y_t - y_{cu})^2 = \frac{1000 \times 137^3}{3 \times 10} + 51019728 + 10368 \times (227 - 137)^2$$

$= 220712295(\text{mm}^4)$

$y_{vc} = 137 \text{mm}, y_{vr} = 350 - 137 - 45 = 168(\text{mm})$

$y_{vsu} = 168 - 40 = 128(\text{mm}), y_{vsl} = 137 - 100 = 37(\text{mm})$

②应力计算

应力计算详细过程略，计算结果见表6.2-23。

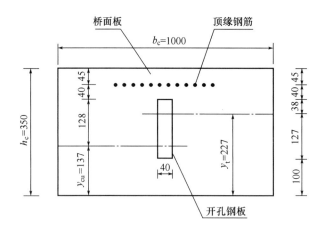

图 6.2-26 截面2计算参数(尺寸单位:mm)

(4)截面3应力计算

①截面特性

截面3组合前、组合后特性计算同截面2。

②应力计算

应力计算详细过程略,计算结果见表6.2-23。

(5)截面4应力计算

①截面特性

截面4组合前、组合后特性计算同截面1。

②应力计算

应力计算详细过程略,计算结果见表6.2-23。

(6)截面5应力计算

①截面特性

a.组合前截面特性

截面5组合前截面由开孔钢板+底钢板组成,根据《公路钢结构桥梁设计规范》(JTG D64—2015)处于底钢板弯折处,在进行计算时不考虑底钢板,截面组合前仅有开孔钢板,开孔钢板间距40cm,纵桥向1m范围内2.5个。

根据《钢桥规》第5.1.8条第2款,对底钢板有效宽度进行如下计算:

截面5处等效跨径 $l = 0.6 \times 5.786 = 3.472(\text{m})$

$b_2 = 0.4/2 = 0.2(\text{m})$

$b_2/l = 0.2/3.472 = 0.058 > 0.5, b_{e,2}^s = b_2$

$b_{e,2}^s = \left(1.1 - 2 \times \dfrac{0.2}{3.472}\right) \times 0.2 = 0.197(\text{m})$

则1m宽度范围内底钢板有效宽度为 $0.197 \times 2 \times 2.5 = 0.985(\text{m})$。

组合前截面特性计算见表6.2-21。

截面特性计算(2) 表 6.2-21

分 类	规格 (mm)	件 数	面积 A (mm^2)	y (mm)	$A\times y$ (mm^3)	$A\times y^2$ (mm^4)	I (mm^4)
开孔钢板	165×16	2.5	6600	88.5	584100	51692850	14973750
底钢板	985×6	1	5910	3	17730	53190	17730
合计			12510		601830	51746040	14991480

底钢板底缘(截面底缘)距截面中和轴距离:

$$y_{\text{slb}} = (\sum A \times y)/\sum A = 601830/12510 = 48(\text{mm})$$

开孔钢板底缘距截面中和轴距离 $y_{\text{sl}} = 48-6 = 42(\text{mm})$
开孔钢板顶缘距截面中和轴距离 $y_{\text{su}} = 165-42 = 123(\text{mm})$
开孔钢板+底钢板截面惯性矩:

$$I_{\text{s}} = \sum(A\times y^2) - \sum A\times y_{\text{slb}}^2 + \sum I$$
$$= 51746040 - 12510\times 48^2 + 14991480 = 37914480(\text{mm}^4)$$

截面及计算参数如图 6.2-27 所示。

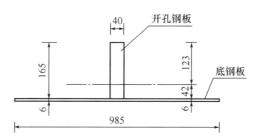

图 6.2-27 截面 5 组合前计算参数(尺寸单位:mm)

b. 组合后截面特性

顶缘钢筋+开孔钢板+底钢板组合截面特性计算见表 6.2-22。

截面特性计算(3) 表 6.2-22

分 类	规格 (mm)	件 数	面积 A (mm^2)	y (mm)	$A\times y$ (mm^3)	$A\times y^2$ (mm^4)	I (mm^4)
钢筋	φ20	8	2512	211	530032	111836752	
开孔钢板	165×16	2.5	6600	88.5	584100	51692850	14973750
底钢板	985×6	1	5910	3	17730	53190	17730
合计			15022		1131862	163582792	14991480

注:组合截面特性计算时采用的是底钢板有效宽度。

底钢板底缘(截面底缘)距截面中和轴距离:

$$y_{\text{slb}} = (\sum A\times y)/\sum A = 1131862/15022 = 75(\text{mm})$$

钢筋+开孔钢板+底钢板截面惯性矩:

$$I = \sum(A \times y^2) - \sum A \times y_{slb}^2 + \sum I = 163582792 - 15022 \times 75^2 + 14991480$$
$$= 94075522(\text{mm}^4)$$

$y_t = 256 - y_{slb} = 256 - 75 = 181(\text{mm})$（正弯矩区，顶缘受压），求解中和轴位置

$$y_{cu} = \frac{A_s \cdot n_0}{b_c}\left(-1 + \sqrt{1 + \frac{2b_c \cdot y_t}{A_s \cdot n_0}}\right) = \frac{15022 \times 10}{1000}\left(-1 + \sqrt{1 + \frac{2 \times 1000 \times 181}{15022 \times 10}}\right)$$
$$= 127(\text{mm}) < h_c = 250\text{mm}$$

截面及计算参数如图 6.2-28 所示。

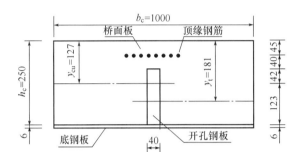

图 6.2-28 截面 5 计算参数（尺寸单位：mm）

计算组合截面特性：

$$I_v = \frac{b_c \cdot y_{cu}^3}{3n_0} + I_s + A_s(y_t - y_{cu})^2 = \frac{1000 \times 127^3}{3 \times 10} + 94075522 + 15022 \times (181 - 127)^2$$
$$= 206159107(\text{mm}^4)$$

$y_{vc} = 127\text{mm}, y_{vr} = 127 - 45 = 82(\text{mm})$

$y_{vsu} = 127 - 45 - 40 = 42(\text{mm}), y_{vsl} = 165 - 42 = 123(\text{mm})$

$y_{vslb} = 256 - 127 = 129(\text{mm})$

②应力计算

应力计算详细过程略，计算结果见表 6.2-23。

(7) 各截面应力汇总及验算

各截面应力汇总见表 6.2-23。

各截面应力汇总（单位：MPa） 表 6.2-23

截 面 1				
项目	混凝土	钢筋	开孔钢板顶缘	开孔钢板底缘
	σ_c	σ_{sr}	σ_{su}	σ_{sl}
(1) 自重			32	-32
(2) 二期荷载	-1.3	17.4	11.4	-13.3
(3) 汽车荷载	-1.5	19.3	12.7	-14.8
基本组合 σ	-4.7	61.2	82.4	-89.1
短暂 σ	-1.3		43.4	-45.3

续上表

	截面 2			
项目	混凝土	钢筋	开孔钢板顶缘	开孔钢板底缘
	σ_c	σ_{sr}	σ_{su}	σ_{sl}
(1)自重			89.8	-89.8
(2)二期荷载	-1.6	19.9	15.1	-4.4
(3)汽车荷载	-2.9	35.4	27	-7.8
基本组合 σ	-7.9	96.4	191.9	-139.8
短暂 σ	-1.6		104.9	-94.2

	截面 3			
项目	混凝土	钢筋	开孔钢板顶缘	开孔钢板底缘
	σ_c	σ_{sr}	σ_{su}	σ_{sl}
(1)自重			110.7	-110.7
(2)二期荷载	-0.4	4.9	3.7	-1.1
(3)汽车荷载	-6.4	77.9	59.4	-17.2
基本组合 σ	-13.2	160.7	268.6	-181.6
短暂 σ	-0.4		114.4	-111.8

	截面 4			
项目	混凝土	钢筋	开孔钢板顶缘	开孔钢板底缘
	σ_c	σ_{sr}	σ_{su}	σ_{sl}
(1)自重			28.7	-28.7
(2)二期荷载	-0.1	1.7	1.1	-1.3
(3)汽车荷载	-2.8	36.4	23.9	-27.9
基本组合 σ	-5.7	74.3	86.7	-94.8
短暂 σ	-0.1		29.8	-30

	截面 5				
项目	混凝土	钢筋	开孔钢板顶缘	开孔钢板底缘	底钢板
	σ_c	σ_{sr}	σ_{su}	σ_{sl}	σ_{slb}
(1)自重			-29.8	10.2	11.6
(2)二期荷载	-0.2	-1.5	-0.8	2.2	2.3
(3)汽车荷载	-2.4	-15.4	-7.9	23	24.2
基本组合 σ	-5	-32.5	-56	61.9	66.3
短暂 σ	-0.2		-30.6	12.4	13.9

①承载能力极限状态验算

根据《钢桥规》第11.2.1条,组合梁抗弯承载力应采用线弹性方法计算,并应符合下列规定:

$$\sigma = \sum_{i=1}^{II} \frac{M_{d,i}}{W_{eff,i}} \tag{6.2-7}$$

$$\gamma_0 \sigma \leq f \tag{6.2-8}$$

根据《通规》4.1.5,表 6.2-23 中基本组合正应力 $\sigma = 1.1 \times \{1.2 \times [(1)+(2)] + 1.8 \times (6)\}$。

由表 6.2-23 中验算,钢筋最大应力为 160.7MPa 拉应力,小于 HRB400 钢筋抗拉强度设计值 330MPa,满足要求。

桥面板混凝土最大应力为 -13.2MPa 压应力,小于 C50 混凝土强度设计值 22.4MPa,满足要求。

开孔钢板最大应力为 268.6MPa 拉应力、底钢板最大应力为 66.3MPa 拉应力,小于钢材强度设计值 280MPa(Q355,$t \leq 16mm$),满足要求。

②短暂状况应力验算

根据《钢混组合梁》第 4.4.1 条,对短暂状况的设计,应计算构件在制作、运输及安装等施工荷载引起的应力,并不应超过该条规定的限值;《钢混组合梁》第 4.4.3 条,短暂状况下钢-混凝土组合梁的应力验算应符合下列规定:

混凝土构件正截面的最大压应力不宜大于 $0.70f_{ck}$。

钢结构应力不应大于 80% 的强度设计值,且应满足稳定的要求。

表 6.2-23 中短暂状况正应力 $\sigma = (1) + (2)$。

由表 6.2-23 中验算,施工阶段桥面板混凝土最大应力为 -1.6MPa 压应力,小于 $0.7f_{ck} = 0.7 \times 32.4 = 22.68(MPa)$,满足要求。

施工阶段开孔钢板最大应力为 114.4MPa 拉应力、底钢板最大应力为 13.9MPa 拉应力,小于 $0.8f_d = 0.8 \times 280 = 224(MPa)$,满足要求。

由以上验算,在承载能力极限状态及短暂状况下,桥面板混凝土、钢筋、开孔钢板及底钢板应力验算均满足要求。

注:应根据《公预规》第 6.4.3 条验算负弯矩区桥面板裂缝宽度,在此省略。

5)连接件抗剪及滑移验算

(1)连接件构造

该桥采用组合桥面板,底钢板上等间距焊接开孔钢板,开孔钢板内穿钢筋,作为横向连接键及底钢板的横向加劲肋。在距开孔钢板底缘 65mm 设置 $\phi60mm$ 圆孔,圆孔标准间距 330mm,圆孔内布置 $\phi22$ HRB400 贯穿钢筋。标准截面处开孔构造及布置如图 6.2-29 所示。

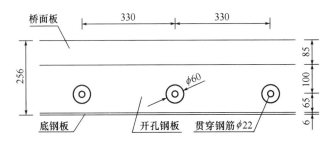

图 6.2-29 标准截面处开孔构造及布置(尺寸单位:mm)

对于该桥桥面板主要是开孔钢板+贯穿钢筋连接件验算。

(2) 桥面板剪力

在自重、二期荷载及汽车荷载作用下,桥面板剪力如图6.2-30～图6.2-32所示。

图6.2-30　桥面板剪力-自重(单位:kN)

图6.2-31　桥面板剪力-二期(单位:kN)

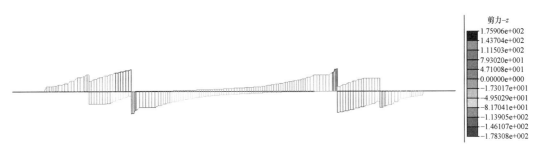

图6.2-32　桥面板剪力-汽车(已考虑冲击系数0.3)(单位:kN)

桥面板各截面剪力汇总见表6.2-24。

桥面板各截面剪力(1)(单位:kN)　　　　表6.2-24

截面-连接件	(1)自重	(2)二期荷载	(3)汽车荷载		基本组合1	基本组合2	频遇组合1	频遇组合2
			最大值	最小值				
截面1-左	8.9	13.9	52.1	0	110.5	16.7	42	13.9
截面2-左	16.2	16	130.9	0	254.8	19.2	86.5	16
截面3-左	8.9	−15	172.8	−36.4	293	−83.5	78	−34.6
截面4-左	−14.1	−4.9	4.5	−111.5	2.2	−206.6	−2.5	−64.9
截面5-左	0	0	23.4	−23.4	42.1	−42.1	12.6	−12.6
截面1-右	8.9	13.9	52	0	110.3	16.7	41.9	13.9

续上表

截面-连接件	(1)自重	(2)二期荷载	(3)汽车荷载 最大值	(3)汽车荷载 最小值	基本组合1	基本组合2	频遇组合1	频遇组合2
截面2-右	-2.6	-17.8	80.9	-100.4	124.3	-202.1	25.8	-71.9
截面3-右	-21.3	-7	0.8	-178.3	-7	-329.3	-6.6	-103
截面4-右	-14.1	-4.9	4.5	-111.8	2.2	-207.1	-2.5	-65.1
截面5-右	0	0	23.4	-23.4	42.1	-42.1	12.6	-12.6

注:截面1-左是"截面1-左连接件"的简写形式,余类同。

根据《钢混设计施工》第7.2.3条第1款:剪力连接件的作用包括形成组合截面之后的永久作用和可变作用。对于该桥桥面板连接件,组合截面之后的作用为二期、汽车荷载,表6.2-24中基本组合=1.2×二期荷载+1.8×汽车荷载,频遇组合=1.0×二期荷载+0.7×汽车荷载(不含冲击力)。

由表6.2-24中各截面剪力,结合桥面板构造及连接件布置特点,对截面3-右、截面4-左及截面4-右处连接件进行验算。

(3)截面3-右连接件验算

①截面特性

截面3-右处于负弯矩区,根据《钢混设计施工》第7.2.3条及《钢桥规》第11.4.3条,采用未开裂截面分析方法进行计算。开孔钢板+桥面板组合截面特性计算见表6.2-25,其中Q355钢材与C50混凝土弹性模量比值n_0取10。

截面特性计算(截面3-右,未开裂) 表6.2-25

分 类	规格(mm)	件 数	面积A(mm²)	y(mm)	$A \times y$(mm³)	$A \times y^2$(mm⁴)	I(mm⁴)
桥面板	350×1000/10	1	35000	175	6125000	1071875000	357291667
开孔钢板	165×16	2.5	6600	182.5	1204500	219821250	14973750
合计			41600		7329500	1291696250	372265417

混凝土底缘(截面底缘)距截面中和轴距离:

$$y_{vcl} = (\sum A \times y)/\sum A = 7329500/41600 = 176(\text{mm})$$

组合截面惯性矩:

$$I_v = \sum(A \times y^2) - \sum A \times y_{vcl}^2 + \sum I$$
$$= 1291696250 - 41600 \times 176^2 + 372265417 = 375360067(\text{mm}^4)$$

截面及计算参数如图6.2-33所示。

计算贯穿钢筋位置以下部分桥面板+开孔钢板对中和轴的面积矩:

$$S = (1000/10 \times 165) \times (176 - 165/2) + (16 \times 2.5 \times 65) \times$$
$$(176 - 100 - 65/2) = 1655850(\text{mm}^3)$$

②连接件验算

a. 承载能力极限状态验算

根据《钢混设计施工》第7.2.3条第3款或《钢桥规》第11.4.3条第2款,承载能力极限状态下该截面位置处连接件的水平剪力设计值计算如下：

$$V_1 = \frac{V_d \cdot S}{I_v} = \frac{329.3 \times 1655850 \times 10^{-9}}{375360067 \times 10^{-12}} = 1452.7 (\text{kN/m})$$

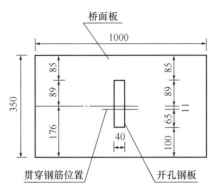

图 6.2-33　截面 3-右计算断面图（尺寸单位：mm）

根据《钢混设计施工》第 9.3.4 条第 2 款或《钢桥规》第 11.4.5 条，开孔钢板连接件的单孔抗剪承载力设计值：

$$V_{pud} = 1.4(d^2 - d_s^2)f_{cd} + 1.2 d_s^2 f_{sd}$$

$$= \frac{1.4 \times (60^2 - 22^2) \times 22.4 + 1.2 \times 22^2 \times 330}{1000} = 289.4 (\text{kN})$$

开孔横桥向间距 330mm，1m 范围内 3 个，纵桥向 1m 范围内 2.5 个，合计 7.5 个。

根据《钢混设计施工》9.3.3 条第 1 款或《钢桥规》第 11.4.2 条第 3 款，开孔钢板连接件的承载能力极限状态验算：

$$\gamma_0 V_d = 1.1 \times 1452.7 = 1598.0 (\text{kN/m}) < V_u = 7.5 \times 289.4 = 2170.5 (\text{kN/m})$$

以上验算满足要求。

注：对某个截面的剪力峰值进行验算是一种较为安全的验算方法，也可根据剪力包络图进行分段验算。

如按照《钢混组合梁》第 7.2.2 条计算开孔钢板的单孔抗剪承载力设计值如下：

$$N_v^c = 2\alpha \left(\frac{\pi}{4} d_1^2 - \frac{\pi}{4} d_2^2 \right) f_{td} + 2 \cdot \frac{\pi}{4} d_2^2 \cdot f_{vd}$$

$$= \frac{2 \times 6.1 \times \left(\frac{\pi}{4} \times 60^2 - \frac{\pi}{4} \times 22^2 \right) \times 1.83 + 2 \times \frac{\pi}{4} \times 22^2 \times 0.577 \times 330}{1000}$$

$$= 199.3 (\text{kN})$$

d_s^2 满足《钢混设计施工》相关计算要求。

对于连接件承载力设计值计算，还可参考《钢结构设计标准》（GB 50017—2017）、《波形钢腹板组合梁桥技术标准》（CJJ/T 272—2017）、《组合结构设计规范》（JGJ 138—2016）、《钢-混凝土组合桥面板技术规程》（DB51/T 1991—2015）等标准。

对于开孔钢板连接件承载力设计值计算，《钢混设计施工》及《钢桥规》仅验算了该连接件的混凝土剪力销受剪承载力，《波形钢腹板组合梁桥技术标准》（CJJ/T 272—2017）还验算连接件的混凝土剪力销受劈裂承载力设计值、开孔钢板间受剪承载力设计值，并取三者的最小值。对于该算例,连接件单孔的混凝土剪力销受剪承载力为289.4kN,混凝土剪力销受劈裂承载力设计值为209.7kN,开孔钢板间受剪承载力设计值为1152kN,取三者最小值209.7kN,最终取值与《钢混组合梁》开孔钢板连接件计算接近。

《钢-混凝土组合桥面板技术规程》(DB51/T 1991—2015)验算了开孔钢板剪力销受剪承载力、开孔钢板间受剪承载力、开孔钢板焊缝承载力,并要求后两项承载力均大于开孔钢板剪力销受剪承载力,即应避免开孔钢板剪力键孔间钢板的剪力破坏先于混凝土的剪切破坏。

负弯矩区段,考虑连接件周围的混凝土约束程度由于开裂而降低,对于连接件承载力设计值折减,《钢混组合梁》及《钢桥规》没有相关规定,《钢混组合梁》、《钢结构设计标准》(GB 50017—2017)、《组合结构设计规范》(JGJ 138—2016)、《钢-混凝土组合桥面板技术规程》(DB51/T 1991—2015)有具体折减规定,可根据情况酌情考虑。

b. 正常使用极限状态验算

正常使用极限状态下该截面位置处连接件的水平剪力设计值计算如下:

$$V_{sd} = \frac{103.0 \times 1655850 \times 10^{-9}}{375360067 \times 10^{-12}} = 454.4(kN/m)$$

(a)连接件滑移值验算

根据《钢混设计施工》第9.3.2条第2款计算单孔开孔钢板+贯穿钢筋连接件的抗剪刚度:

$$k_{ps} = 23.4\sqrt{(d-d_s)d_s E_c f_{ck}} = 23.4 \times \sqrt{(60-22) \times 22 \times 3.45 \times 10^4 \times 32.4}$$
$$= 715321.1(kN/m)$$

根据《钢混设计施工》第9.3.3条第2款及第9.3.5条第2款,正常使用极限状态下开孔钢板连接件滑移值验算:

$$s_{max} = \frac{V_{sd}}{\sum k_{ps}} = \frac{454.4}{7.5 \times 715321.1} \times 1000 = 0.08(mm) < s_{lim} = 0.2mm$$

以上验算满足要求。

(b)连接件抗剪验算

根据《钢混组合梁》第7.1.3条或《钢桥规》第11.4.2条第4款,在正常使用极限状态下,单个抗剪连接件承担的剪力设计值不应超过75%的抗剪抗剪承载力设计值:

$$V_{sd} = 454.4kN/m < 0.75 \times 7.5 \times 289.4 = 1627.9(kN/m)$$

以上验算满足要求。

注:《波形钢腹板组合梁桥技术标准》(CJJ/T 272—2017)也有正常使用极限状态下连接件的相关验算,可参考。

(4)截面4-左连接件验算

①截面特性

截面4-左处不考虑组合桥面板底钢板,开孔钢板+桥面板组合截面特性计算见表6.2-26。

混凝土底缘(截面底缘)距截面中和轴距离:

$$y_{vcl} = (\sum A \times y)/\sum A = 3669500/31600 = 116(mm)$$

截面特性计算(截面 4-左,未开裂) 表 6.2-26

分 类	规格 (mm)	件 数	面积 A (mm^2)	y (mm)	$A×y$ (mm^3)	$A×y^2$ (mm^4)	I (mm^4)
桥面板	250×1000/10	1	25000	125	3125000	390625000	130208333
开孔钢板	165×16	2.5	6600	82.5	544500	44921250	14973750
合计			31600		3669500	435546250	145182083

组合截面惯性矩：

$$I_v = \sum(A \times y^2) - \sum A \times y_{vcl}^2 + \sum I = 435546250 - 31600 \times 116^2 + 145182083$$
$$= 155518733(\text{mm}^4)$$

截面及计算参数如图 6.2-34 所示。

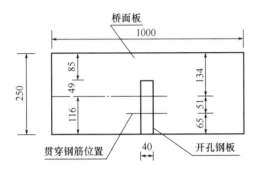

图 6.2-34　截面 4-左计算参数(尺寸单位:mm)

计算贯穿钢筋位置以下部分桥面板+开孔钢板对中和轴的面积矩：

$S = (1000/10 \times 65) \times (116 - 65/2) + (16 \times 2.5 \times 65) \times (116 - 65/2) = 759850(\text{mm}^3)$

②连接件验算

a. 承载能力极限状态验算

根据《钢混设计施工》第 7.2.3 条第 3 款或《钢桥规》第 11.4.3 条第 2 款,承载能力极限状态下该截面位置处连接件的水平剪力设计值计算如下：

$$V_1 = \frac{V_d \cdot S}{I_v} = \frac{206.6 \times 759850 \times 10^{-9}}{155518733 \times 10^{-12}} = 1009.4(\text{kN/m})$$

该截面位置处水平剪力设计值小于截面 3-右处,可知承载能力极限状态下该截面处连接件抗剪验算满足要求。

b. 正常使用极限状态验算

正常使用极限状态下该截面位置处连接件的水平剪力设计值计算如下：

$$V_{sd} = \frac{64.9 \times 759850 \times 10^{-9}}{155518733 \times 10^{-12}} = 317.1(\text{kN/m})$$

该截面位置处水平剪力设计值小于截面 3-右处,可知正常使用极限状态下该截面处连接件滑移值验算及抗剪验算满足要求。

（5）截面 4-右连接件验算

①截面特性

截面 4-右处考虑组合桥面板底钢板,底钢板+开孔钢板+桥面板组合截面特性计算见表 6.2-27。

截面特性计算（截面 4-右,未开裂） 表 6.2-27

分 类	规格（mm）	件 数	面积 A（mm^2）	y（mm）	$A \times y$（mm^3）	$A \times y^2$（mm^4）	I（mm^4）
桥面板	250×1000/10	1	25000	131	3275000	429025000	130208333
开孔钢板	165×16	2.5	6600	88.5	584100	51692850	14973750
底钢板	1000×6	1	6000	3	18000	54000	18000
合计			37600		3877100	480771850	145200083

混凝土底缘（截面底缘）距截面中和轴距离：

$$y_{\mathrm{vcl}} = (\sum A \times y)/\sum A = 3877100/37600 = 103(\mathrm{mm})$$

组合截面惯性矩：

$$I_{\mathrm{v}} = \sum (A \times y^2) - \sum A \times y_{\mathrm{vcl}}^2 + \sum I = 480771850 - 37600 \times 103^2 + 145200083$$
$$= 227073533(\mathrm{mm}^4)$$

截面及计算参数如图 6.2-35 所示。

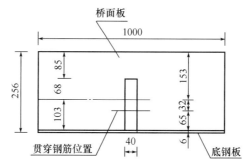

图 6.2-35 截面 4-右计算参数(尺寸单位:mm)

计算贯穿钢筋位置以下部分桥面板+底钢板+开孔钢板对中和轴的面积矩：

$S = (1000/10 \times 65) \times (103 - 6 - 65/2) + (1000 \times 6) \times (103 - 6/2) + (16 \times 2.5 \times 65) \times (103 - 6 - 65/2) = 1186950(\mathrm{mm}^3)$

②连接件验算

a. 承载能力极限状态验算

根据《钢混设计施工》第 7.2.3 条第 3 款或《钢桥规》第 11.4.3 条第 2 款,承载能力极限状态下该截面位置处连接件的水平剪力设计值计算如下：

$$V_1 = \frac{V_{\mathrm{d}} \cdot S}{I_{\mathrm{v}}} = \frac{207.1 \times 1186950 \times 10^{-9}}{227073533 \times 10^{-12}} = 1082.5(\mathrm{kN/m})$$

该截面位置处水平剪力设计值小于截面3-右处,可知承载能力极限状态下该截面处连接件抗剪验算满足要求。

b. 正常使用极限状态验算

正常使用极限状态下该截面位置处连接件的水平剪力设计值计算如下:

$$V_{sd} = \frac{65.1 \times 1186950 \times 10^{-9}}{227073533 \times 10^{-12}} = 340.3(kN/m)$$

该截面位置处水平剪力设计值小于截面3-右处,可知正常使用极限状态下该截面处连接件滑移值验算及抗剪验算满足要求。

(6)连接件验算小结

根据桥面板剪力包络图,结合桥面板构造及连接件布置特点,选取典型截面位置进行验算,在承载能力极限状态下连接件抗剪验算满足要求,在正常使用极限状态下连接件滑移值验算及抗剪验算满足要求。

6)连接件疲劳验算

根据《通规》第4.3.7条第5款或《钢桥规》5.5.2条第5款,桥面系构件应采用疲劳荷载计算模型Ⅲ验算。疲劳荷载模型Ⅲ车轮荷载及布置详见《公路钢结构桥梁设计规范》(JTG D64—2015),其车轮荷载分布宽度与公路—Ⅰ级车辆荷载计算类似,不再详述。

(1)疲劳荷载模型Ⅲ桥面板剪力

在疲劳荷载模型Ⅲ汽车荷载(已考虑冲击系数0.3)作用下,桥面板剪力如图6.2-36所示。

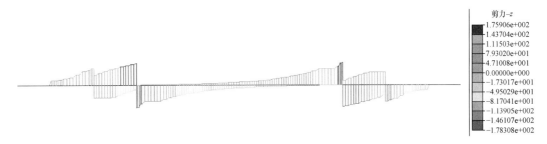

图6.2-36 桥面板剪力(汽车荷载)(单位:kN)

桥面板各截面剪力汇总见表6.2-28。

桥面板各截面剪力(2)(单位:kN) 表6.2-28

截 面	疲劳荷载模型Ⅲ剪力(汽车荷载)		剪 力 幅 ΔV
	最大值	最小值	
截面1-左	46.4	0	46.4
截面2-左	112.5	0	112.5
截面3-左	152	-32.3	184.3
截面4-左	4.1	-102	106.1
截面5-左	21	-21	42
截面1-右	46.3	0	46.3

续上表

截面	疲劳荷载模型Ⅲ剪力(汽车荷载)		剪力幅 ΔV
	最大值	最小值	
截面2-右	77.2	-87.5	164.7
截面3-右	0.7	-170	170.7
截面4-右	4.1	-102.2	106.3
截面5-右	21	-21	42

由表6.2-28中各截面在疲劳荷载模型Ⅲ在汽车荷载作用下剪力幅,结合桥面板构造及连接件布置特点,对截面3-左、截面4-左及截面4-右处连接件疲劳进行验算。

(2)截面3-左连接件疲劳验算

截面3-左与截面3-右的截面特性相同,计算截面3-左开孔钢板贯穿钢筋位置处在疲劳荷载模型Ⅲ汽车荷载作用下的剪应力幅:

$$\Delta \tau_p = \frac{\Delta V_d \cdot S}{I_v \cdot t} = \frac{184.3 \times 10^3 \times 1655850}{375360067 \times 2.5 \times 16} = 20.3(\text{MPa})$$

根据《钢桥规》第5.5.6条验算疲劳:

$$\Delta \tau_{E2} = (1 + \Delta \varphi) \gamma (\Delta \tau_{pmax} + \Delta \tau_{pmin})$$
$$= (1 + 0) \times 1.8 \times 20.3 = 36.5(\text{MPa})$$

$$\gamma_{Ff} \Delta \tau_{E2} = 1.0 \times 36.5 = 36.5(\text{MPa}) < \frac{\Delta \tau_C}{\gamma_{Mf}} = \frac{100}{1.35} = 74.1(\text{MPa})$$

该截面连接件剪应力幅疲劳验算满足要求。

注:对于连接件疲劳验算,《钢混设计施工》第7.4.2条及《钢桥规》第5.5.6条主要采用剪应力幅进行验算,验算方法基本相同,其中《钢混设计施工》根据剪力连接件处于受拉、受压翼缘进行分类。验算中损伤等效系数γ计算较为复杂,本算例根据计算取值1.8。

《钢混组合梁》7.3节采用剪力幅进行连接件疲劳验算,验算如下:

$$\Delta N_L = 0.2 N_v^c = 0.2 \times (7.5 \times 289.4) = 434.1(\text{kN/m})$$

$$\Delta N_p = (N_{p,max} - N_{p,min}) = \frac{\Delta V \cdot S}{I_v} = \frac{184.3 \times 1655850 \times 10^{-9}}{375360067 \times 10^{-12}} = 813.0(\text{kN/m})$$

$$\gamma_{Ff} \Delta N_p = 1.0 \times 813.0 = 813.0(\text{kN/m}) > \Delta N_L / \gamma_{Mf} = 434.1/1.35 = 321.6(\text{kN/m})$$

不满足要求,且相差较大,一般来说疲劳验算不控制设计。《钢混组合梁》7.3节条文说明:"该条规定主要是针对组合梁参照相关规范及栓钉的疲劳要求制定,对于开孔钢板抗剪连接件,工程设计中如有可靠试验资料,可适当提高"。故本计算不足以作为计算依据,应经疲劳试验决定。

(3)截面4-左连接件疲劳验算

计算截面4-左开孔钢板贯穿钢筋位置处在疲劳荷载模型Ⅲ汽车荷载作用下的剪应力幅:

$$\Delta \tau_p = \frac{\Delta V_d \cdot S}{I_v \cdot t} = \frac{106.1 \times 10^3 \times 759850}{155518733 \times 2.5 \times 16} = 13.0(\text{MPa})$$

该截面位置处连接件剪应力幅小于截面3-左处,可知该截面处连接件疲劳验算满足要求。

(4) 截面 4-右连接件疲劳验算

计算截面 4-右开孔钢板贯穿钢筋位置处在疲劳荷载模型Ⅲ汽车荷载作用下的剪应力幅:

$$\Delta \tau_{\mathrm{p}} = \frac{\Delta V_{\mathrm{d}} \cdot S}{I_{\mathrm{v}} \cdot t} = \frac{106.3 \times 10^3 \times 1186950}{227073533 \times 2.5 \times 16} = 13.9(\mathrm{MPa})$$

该截面位置处连接件剪应力幅小于截面 3-左处,可知该截面处连接件疲劳验算满足要求。

(5) 连接件疲劳验算小结

根据桥面板在疲劳荷载模型Ⅲ汽车荷载作用下剪力幅数值大小,结合桥面板构造及连接件布置特点,选取典型截面位置进行验算,连接件疲劳验算满足要求。

6.2.5 计算总结

(1) 对于主梁纵向整体计算,选取墩顶及跨中典型位置处断面进行验算,钢梁顶底缘正应力、腹板折算应力、桥面板及钢筋应力验算均满足要求。

(2) 对于桥面板横向计算,根据桥面板受力及结构配筋情况,选取典型位置处进行验算,底钢板、开孔钢板顶底缘、桥面板及钢筋的正应力验算均满足要求。选取剪力数值较大位置处进行连接件抗剪及滑移、疲劳验算,均满足要求。

附录1 基于性能复核设计法的钢混组合桥面板的设计

1 概　　要

基于设计指南制定的极限状态设计方法试进行钢混组合桥面板设计,针对已有施工实例的13种类型钢混组合桥面板分别进行设计。设计中检核了这些钢混组合桥面板的相对破坏状态的安全性,以及钢混组合后的弯矩与剪力,对其计算结果列表说明,表中同时列出了按允许应力设计法计算的复核结果,以兹对照。

2 设 计 条 件

桥梁断面如附图1-1所示。

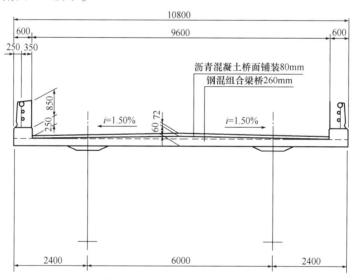

附图1-1　断面示意图(尺寸单位:mm)

桥梁形式:双主梁式连续钢混组合梁桥。
桥面板:钢混组合桥面板。
桥面铺装:沥青混凝土桥面铺装,铺装厚80mm。
平面线性:$R=\infty$。桥面横坡:双向1.5%。
纵断面线性:平直。
使用钢材:SM400A、SS400、SD345。
平面角度:90°。

作用：活载（B 荷重）、风荷载、冲击荷载。
总宽：10800mm。有效宽度：9600mm。护栏宽度：600mm。
桥面板跨度：6000mm。桥面板悬出长度：2400mm。加腋高：100mm。
加腋坡度：1:3。上翼缘板宽：800mm。桥面板厚：260mm。铺装厚：80mm。

3 安全系数（附表 1-1）

极限状态时材料系数表 附表 1-1

| 系数 | 材料系数 | | | 屈曲 | 受力系数 γ_b | | | 构件解析系数 γ_a | 荷载系数 γ_f | 结构系数 γ_i |
| | 混凝土 γ_c | 钢筋 γ_s | 构造用钢材 γ_s | | 抗剪 | | | | 使用时 | |
					混凝土	钢材	剪力键			
截面破坏	1.3	1.0	1.05	1.1	1.3	1.1	1.0~1.3	1.0	1.0~1.2	1.2

作用修正系数 ρ_f 为 1.65。

4 桥面板厚

$$h_c = 25L + 110 \qquad (\text{附 } 1\text{-}1)$$

式中：h_c——最小桥面板厚（mm）；

L——桥面板间距（m）。

$$h_c = 25 \times 6.0 + 110 = 260(\text{mm})$$

钢混组合桥面板设计见附表 1-2~附表 1-8。

钢混组合桥面板设计一览表(1) 附表 1-2

钢混组合桥面板类型	A	B
剪力连接件类型	栓钉+加劲肋	栓钉+球扁钢
设计断面	钢底板：8mm；主钢筋：D22@125；加劲肋：140mm×19mm；剪力键间距：250mm	钢底板：6mm；主钢筋：D22@125；加劲肋：180mm×9.5mm；剪力键间距：300mm
极限状态设计法 安全性复核 设计弯矩（kN·m）	229.1 / −176.7	196.9 / −130.9
极限状态设计法 安全性复核 设计抗力矩（kN·m）	353.7 / 280.4	246.4 / −274.7

钢混组合桥面板

续上表

钢混组合桥面板类型			A	B
极限状态设计法	安全性复核	复核结果	0.78<1.0 0.76<1.0	0.85<1.0 0.59<1.0
		设计剪力（kN）	198.0	198.0
		设计抗剪力（kN）	1218.7	1355.7
		复核结果	0.19<1.0	0.18<1.0
		安全系数	$\rho_f=1.65$，$\gamma_b=1.1$，$\gamma_b=1.3$（剪力键）， $\gamma_f=1.0$（组合前恒载），$\gamma_f=1.1$（组合前恒载）， $\gamma_f=1.2$（活载），$\gamma_f=1.2$（冲击荷载）， $\gamma_f=1.0$（活载与冲击荷载组合）	$\rho_f=1.65$，$\gamma_b=1.1$，$\gamma_b=1.3$（剪力键）， $\gamma_f=1.0$（组合前恒载），$\gamma_f=1.1$（组合前恒载）， $\gamma_f=1.2$（活载），$\gamma_f=1.2$（冲击荷载）， $\gamma_f=1.0$（活载与冲击荷载组合）
	连接件复核	设计水平剪力（kN）	29.6	22.9
		设计抗剪力（kN）	62.2	63.1
		复核结果	0.57<1.0	0.36<1.0
容许应力设计法	组合前	设计弯矩（kN·m）	12.8 −16.6	17.1 −18.6
		加劲肋上缘应力（MPa）	−68.6<175（容许应力） 118.4<175（容许应力）	−49.0<175（容许应力） 59.3<175（容许应力）
		底钢板（带肋）下缘应力（MPa）	28.0<175（容许应力） −71.5<175（容许应力）	19.5<175（容许应力） −57.1<175（容许应力）
	组合后	设计弯矩（kN·m）	103.1 −83.2	103.1 −73.2
		混凝土桥面板上缘或下缘应力（MPa）	−7.1<8.6（容许应力） −5.2<8.6（容许应力）	−7.3<8.6（容许应力） −4.3<8.6（容许应力）
		钢筋应力（MPa）	考虑剪力 95.7<140（容许应力）	考虑剪力 49.6<140（容许应力）
		底钢板下缘应力（MPa）	91.2<140（容许应力）	93.6<140（容许应力）
		剪力连接件（kN）	27.8<50 （考虑疲劳的剪切力）	13.9<19.0 （考虑疲劳的剪切力）

注：上行数字指跨中断面，下行数字指支点断面，D 指直径，图内单位为 mm。余表类同。

钢混组合桥面板设计一览表（2）　　　　附表1-3

钢混组合桥面板类型	C	D
剪力连接件类型	栓钉	栓钉+槽形钢
设计断面	钢底板：8mm；主钢筋：D22@100；加劲肋：500mm×180mm；剪力键间距：250mm	钢底板：8mm；加劲肋：150×75；主钢筋：D22@125；剪力键间距：300mm

			C	D
极限状态设计法	安全性复核	设计弯矩（kN·m）	229.1 −176.7	229.1 −176.7
		设计抗力矩（kN·m）	353.3 345.9	353.3 224.1
		复核结果	0.78<1.0 0.61<1.0	0.78<1.0 0.95<1.0
		设计剪力（kN）	198.0	198.0
		设计抗剪力（kN）	1214.6	916.2
		复核结果	0.19<1.0	0.26<1.0
		安全系数	$\rho_f = 1.65$，$\gamma_b = 1.1$，$\gamma_b = 1.3$（剪力键），$\gamma_f = 1.0$（组合前恒载），$\gamma_f = 1.2$（活载），$\gamma_f = 1.0$（活载与冲击荷载组合）	$\rho_f = 1.65$，$\gamma_b = 1.1$，$\gamma_b = 1.1$，$\gamma_f = 1.0$（组合前恒载），$\gamma_f = 1.1$（组合前恒载），$\gamma_f = 1.2$（活载），$\gamma_f = 1.2$（冲击荷载），$\gamma_f = 1.0$（活载与冲击荷载组合）
	连接件复核	设计水平剪力（kN）	15.8	27.8
		设计抗剪力（kN）	87.2	46.9
		复核结果	0.22<1.0	0.59<1.0

续上表

钢混组合桥面板类型			C	D
容许应力设计法	组合前	设计弯矩（kN·m）	38.6 −20.8	32.9 −18.5
		加劲肋上缘应力（MPa）	7.2<10.0（容许应力） 2.1<10.0（容许应力）	−49.0<175（容许应力） 59.3<175（容许应力）
		底钢板（带肋）下缘应力（MPa）	29.7<175（容许应力） −23.3<175（容许应力）	19.5<175（容许应力） −57.1<175（容许应力）
	组合后	设计弯矩（kN·m）	1031 −84.2	−90.18
		混凝土桥面板上缘或下缘应力（MPa）	5.5<10.0（容许应力） 4.1<10.0（容许应力）	−5.6<10（容许应力） −5.8<10（容许应力）
		钢筋应力（MPa）	−36.6<140（容许应力） 87.3<140（容许应力）	−35<140（容许应力） 0.1<140（容许应力）
		底钢板下缘应力（MPa）	89.5<140（容许应力）	65.4<140 —
	剪力连接件（kN）		8.0<14.2 （考虑疲劳的剪切力）	49.5<67 （考虑疲劳的剪切力）

钢混组合桥面板设计一览表（3）　　　附表 1-4

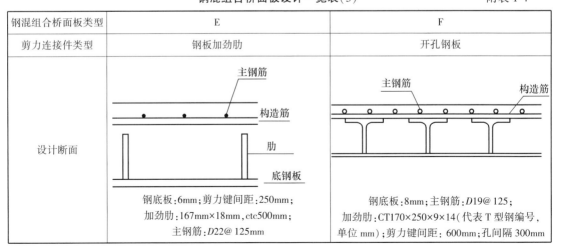

钢混组合桥面板类型	E	F
剪力连接件类型	钢板加劲肋	开孔钢板
设计断面	钢底板：6mm；剪力键间距：250mm； 加劲肋：167mm×18mm，ctc500mm； 主钢筋：D22@125mm	钢底板：8mm；主钢筋：D19@125； 加劲肋：CT170×250×9×14（代表 T 型钢编号，单位 mm）；剪力键间距：600mm；孔间隔 300mm

续上表

钢混组合桥面板类型			E	F
极限状态设计法	安全性复核	设计弯矩（kN·m）	229.1 -180.0	229.1 -157.9
		设计抗力矩（kN·m）	280.4 271.1	335.1 227.6
		复核结果	0.98<1.0 0.80<1.0	0.82<1.0 0.85<1.0
		设计剪力（kN）	198.0	198.0
		设计抗剪力（kN）	1355.7	1217.1
		复核结果	0.18<1.0	0.20<1.0
		安全系数	$\rho_f=1.65$, $\gamma_b=1.1$, $\gamma_b=1.3$（剪力键），$\gamma_f=1.0$（组合前恒载），$\gamma_f=1.1$（组合前恒载），$\gamma_f=1.2$（活载），$\gamma_f=1.2$（冲击荷载），$\gamma_f=1.0$（活载与冲击荷载组合）	$\rho_f=1.65$, $\gamma_b=1.1$, $\gamma_b=1.3$（剪力键），$\gamma_f=1.0$（组合前恒载），$\gamma_f=1.1$（组合前恒载），$\gamma_f=1.2$（活载），$\gamma_f=1.2$（冲击荷载），$\gamma_f=1.0$（活载与冲击荷载组合）
	连接件复核	设计水平剪力（kN）	92.4	3.2
		设计抗剪力（kN）	155.8	56.9
		复核结果	0.71<1.0	0.07<1.0
容许应力设计法	组合前	设计弯矩（kN·m）	32.2 -21.1	32.2 -10.3
		加劲肋上缘应力（MPa）	-151.5<185（容许应力） 136.3<185（容许应力）	-51.0<175（容许应力） 19.9<175（容许应力）
		底钢板（带肋）下缘应力（MPa）	40.1<140（容许应力） -136.3<185（容许应力）	27.4<175（容许应力） -33.9<175（容许应力）
	组合后	设计弯矩（kN·m）	95.0 -79.8	103.1 -71.3

钢混组合桥面板

续上表

钢混组合桥面板类型			E	F
容许应力设计法	组合后	混凝土桥面板上缘或下缘应力（MPa）	−7.3<10.0(容许应力) −5.4<10.0(容许应力)	−6.7<8.6(容许应力) −8.0<8.6(容许应力)
		钢筋应力（MPa）	−38.8<200(容许应力) 95.7<140(容许应力)	— −97.3<140(容许应力)
		底钢板下缘应力（MPa）	127.0<140(容许应力)	96.2<140(容许应力) −120.8<140(容许应力)
	剪力连接件（kN）		50.2<87.7 （考虑疲劳的剪切力）	2.6<22.5 （考虑疲劳的剪切力）

注：表内 ctc 表示间距。余表类同。

钢混组合桥面板设计一览表（4） 附表1-5

钢混组合桥面板类型			G	H
剪力连接件类型			开孔 T 形加劲肋	开孔 I 形钢板加劲肋
设计断面			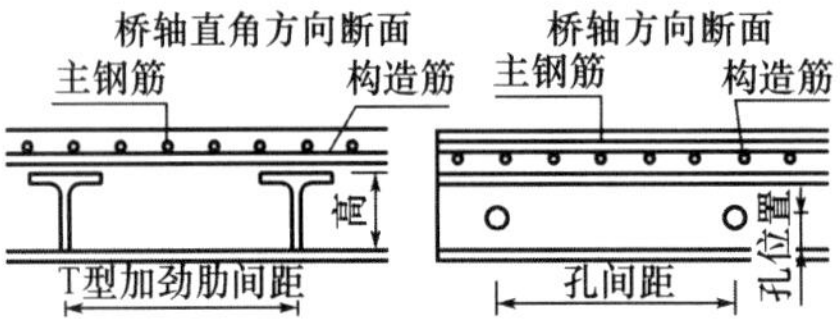 钢底板:6mm；主钢筋:D19@125； 加劲肋:T-150×150×8×13； 剪力键间距:280mm	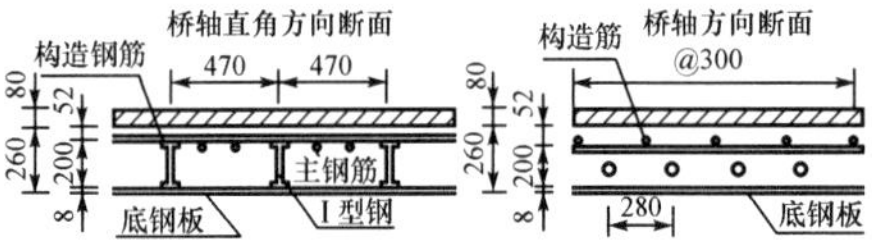 钢底板:8mm；主钢筋:D22@125； 加劲肋:I形钢(I-200,ctc470)； 剪力键间距:280mm
极限状态设计法	安全性复核	设计弯矩（kN·m）	229.1 −176.7	208.6 −180.3
		设计抗力矩（kN·m）	281.4 458.5	409.7 −227.5
		复核结果	0.98<1.0 0.46<1.0	0.61<1.0 0.95<1.0
		设计剪力（kN）	198.0	198.0
		设计抗剪力（kN）	1355.7	1223.7
		复核结果	0.18<1.0	0.19<1.0

续上表

钢混组合桥面板类型			G	H
极限状态设计法	安全性复核	安全系数	$\rho_f=1.65$, $\gamma_b=1.1$, $\gamma_b=1.3$(剪力键), $\gamma_f=1.0$(组合前恒载), $\gamma_f=1.1$(组合前恒载), $\gamma_f=1.2$(活载), $\gamma_f=1.2$(冲击荷载), $\gamma_f=1.0$(活载与冲击荷载组合)	$\rho_f=1.65$, $\gamma_b=1.1$, $\gamma_b=1.3$(剪力键), $\gamma_f=1.0$(组合前恒载), $\gamma_f=1.1$(组合前恒载), $\gamma_f=1.2$(活载), $\gamma_f=1.2$(冲击荷载), $\gamma_f=1.0$(活载与冲击荷载组合)
	连接杆	设计水平剪力(kN)	104.4	77.4
		设计抗剪力(kN)	132.9	103.8
		复核结果	0.95<1.0	0.89<1.0
容许应力设计法	组合前	设计弯矩(kN·m)	32.2 -17.4	116 -20.6
		加劲肋上缘应力(MPa)	-55.3<175(容许应力) 32.8<175(容许应力)	-26.1<175(容许应力) 54.5<175(容许应力)
		底钢板(带肋)下缘应力(MPa)	39.3<175(容许应力) -57.5<175(容许应力)	7.5<175(容许应力) -54.7<175(容许应力)
	组合后	设计弯矩(kN·m)	103.1 -79.8	102.9 -80.0
		混凝土桥面板上缘或下缘应力(MPa)	-6.6<8.6(容许应力) -5.6<8.6(容许应力)	-5.7<8.6(容许应力) -4.9<8.6(容许应力)
		钢筋应力(MPa)	-37.7<140(容许应力) 74.7<140(容许应力)	-61.2<140(容许应力) 129.1<140(容许应力)
		底钢板下缘应力(MPa)	121.1<140(容许应力) -75.8<140(容许应力)	66.4<140(容许应力)
		剪力连接件(kN)	53.0<90.7 (考虑疲劳的剪切力)	41.7<45.0 (考虑疲劳的剪切力)

钢混组合桥面板设计一览表（5） 附表1-6

钢混组合桥面板类型		I	J
剪力连接件类型		开孔钢板	型钢
设计断面		钢底板：8mm；主钢筋：$D16@125mm$； 加劲肋：$167mm×14mm$，$ctc500mm$； 剪力键间距：250mm	钢底板：8mm；主钢筋：$D19@100$； 加劲肋：$150×150×8×13$； 剪力键间距：600mm
极限状态设计法	安全性复核		
	设计弯矩（kN·m）	230.8 −143.0	208.9 −180.6
	设计抗力矩（kN·m）	353.7 202.6	353.3 265.3
	复核结果	0.78<1.0 0.85<1.0	0.71<1.0 0.82<1.0
	设计剪力（kN）	198.0	198.0
	设计抗剪力（kN）	1113.8	1224.6
	复核结果	0.21<1.0	0.19<1.0
	安全系数	$\rho_f=1.65$，$\gamma_b=1.1$，$\gamma_b=1.3$（剪力键）， $\gamma_f=1.0$（组合前恒载），$\gamma_f=1.1$（组合前恒载）， $\gamma_f=1.2$（活载），$\gamma_f=1.2$（冲击荷载）， $\gamma_f=1.0$（活载与冲击荷载组合）	$\rho_f=1.65$，$\gamma_b=1.1$，$\gamma_b=1.3$（剪力键）， $\gamma_f=1.0$（组合前恒载），$\gamma_f=1.1$（组合前恒载）， $\gamma_f=1.2$（活载），$\gamma_f=1.2$（冲击荷载）， $\gamma_f=1.0$（活载与冲击荷载组合）
	连接件复核		
	设计水平剪力（kN）	35.3	231.8
	设计抗剪力（kN）	189.0	374.0
	复核结果	0.24<1.0	0.74<1.0

续上表

钢混组合桥面板类型			I	J
容许应力设计法	组合前	设计弯矩 (kN·m)	12.2 -18.2	9.2 -16.3
		加劲肋上缘应力 (MPa)	-60.5<210(容许应力) 101.1<210(容许应力)	-38.3<116.3(容许应力) 77.7<175(容许应力)
		底钢板(带肋)下缘应力 (MPa)	12.3<140(容许应力) -96.1<140(容许应力)	13.0<175(容许应力) -97.7<175(容许应力)
	组合后	设计弯矩 (kN·m)	115.2 -98.0	102.9 -79.8
		混凝土桥面板上缘或下缘应力 (MPa)	-7.7<8.6(容许应力) -3.4<8.6(容许应力)	-6.0<8.5(容许应力) -4.9<8.5(容许应力)
		钢筋应力 (MPa)	—(容许应力) 119.7<140(容许应力)	—(容许应力) 74.7<140(容许应力)
		底钢板下缘应力 (MPa)	77.7<140(容许应力) -37.9<140(容许应力)	76.2<140(容许应力) 107.8<140(容许应力)
	剪力连接件 (kN)		17.8<81.3 (考虑疲劳的剪切力)	119.7<227.3 (考虑疲劳的剪切力)

钢混组合桥面板设计一览表(6)　　　　　　　　　附表 1-7

钢混组合桥面板类型	K	L
剪力连接件类型	其他(钢管)	其他(DFT)
设计断面	钢底板:6mm;钢管:ϕ48.6×1.8; 加劲肋:170mm×13mm; 主钢筋:$D22@125$; 剪力键间距:400mm	钢底板:8mm;主钢筋:4根 $D22$; DFT:150×150×8×13; 受力钢筋:$D19@250$

续上表

钢混组合桥面板类型			K	L
极限状态设计法	安全性复核	设计弯矩（kN·m）	228.0 -176.1	229.1 -176.7
		设计抗力矩（kN·m）	281.4 282.0	344.5 319.2
		复核结果	0.97<1.0 0.75<1.0	0.80<1.0 0.66<1.0
		设计剪力（kN）	198.0	198.0
		设计抗剪力（kN）	1355.7	1202.1
		复核结果	0.20<1.0	0.20<1.0
		安全系数	$\rho_f=1.65$，$\gamma_b=1.1$，$\gamma_b=1.3$（剪力键），$\gamma_f=1.0$（组合前恒载），$\gamma_f=1.1$（组合前恒载），$\gamma_f=1.2$（活载），$\gamma_f=1.2$（冲击荷载），$\gamma_f=1.0$（活载与冲击荷载组合）	$\rho_f=1.65$，$\gamma_b=1.1$，$\gamma_b=1.3$（剪力键），$\gamma_f=1.0$（组合前恒载），$\gamma_f=1.1$（组合前恒载），$\gamma_f=1.2$（活载），$\gamma_f=1.2$（冲击荷载），$\gamma_f=1.0$（活载与冲击荷载组合）
	连接件复核	设计水平剪力（kN）	74.9	2.1
		设计抗剪力（kN）	492.0	2.7
		复核结果	0.18<1.0	0.92<1.0
容许应力设计法	组合前	设计弯矩（kN·m）	31.1 -18.9	32.2 -17.5
		加劲肋上缘应力（MPa）	-171.7<175（容许应力） 138.2<175（容许应力）	-51.8<175（容许应力） 34.3<175（容许应力）
		底钢板（带肋）下缘应力（MPa）	36.3<175（容许应力） -138.2<175（容许应力）	27.5<175（容许应力） -70.5<175（容许应力）
	组合后	设计弯矩（kN·m）	103.1 -79.8	103.1 -79.8

附录1 基于性能复核设计法的钢混组合桥面板的设计

续上表

<table>
<tr><th colspan="2">钢混组合桥面板类型</th><th>K</th><th>L</th></tr>
<tr><td rowspan="8">容许应力设计法</td><td rowspan="6">组合后</td><td rowspan="2">混凝土桥面板上缘或下缘应力(MPa)</td><td>−6.1<8.6(容许应力)</td><td>−6.1<10(容许应力)</td></tr>
<tr><td>−5.4<8.6(容许应力)</td><td>−5.4<10(容许应力)</td></tr>
<tr><td rowspan="2">钢筋应力(MPa)</td><td>−32.9<140(容许应力)</td><td>−23.0<200(容许应力)</td></tr>
<tr><td>95.7<140(容许应力)</td><td>66.0<140(容许应力)</td></tr>
<tr><td rowspan="2">底钢板下缘应力(MPa)</td><td rowspan="2">114.4<140(容许应力)</td><td>88.6<140(容许应力)</td></tr>
<tr><td>−81.8<140(容许应力)</td></tr>
<tr><td colspan="2">剪力连接件(kN)</td><td>38.1<106.6(考虑疲劳的剪切力)</td><td>1.16MPa<1.80MPa(考虑疲劳的剪切力)</td></tr>
</table>

钢混组合桥面板设计一览表(7)　　　　附表1-8

<table>
<tr><td colspan="3">钢混组合桥面板类型</td><td>M</td></tr>
<tr><td colspan="3">剪力连接件类型</td><td>钢筋格构</td></tr>
<tr><td colspan="3">设计断面</td><td>桥轴直角方向断面
主钢筋D22@100　构造筋D16@200　底钢板
钢底板:6mm;上、下弦间距:H=180mm;
上弦:D16,下弦 D13,斜筋:φ8;下弦点焊间距:200mm</td></tr>
<tr><td rowspan="7">极限状态设计法</td><td rowspan="7">安全性复核</td><td rowspan="2">设计弯矩(kN·m)</td><td>207.1</td></tr>
<tr><td>176.7</td></tr>
<tr><td rowspan="2">设计抗力矩(kN·m)</td><td>281.4</td></tr>
<tr><td>338.7</td></tr>
<tr><td rowspan="2">复核结果</td><td>0.90<1.0</td></tr>
<tr><td>0.60<1.0</td></tr>
<tr><td>设计剪力(kN)</td><td>198.0</td></tr>
<tr><td></td><td></td><td>设计抗剪力(kN)</td><td>1225.3</td></tr>
<tr><td></td><td></td><td>复核结果</td><td>0.19<1.0</td></tr>
<tr><td></td><td></td><td>安全系数</td><td>$\rho_f=1.65$, $\gamma_b=1.1$, $\gamma_b=1.3$(剪力键),
$\gamma_f=1.0$(组合前恒载), $\gamma_f=1.1$(组合前恒载),
$\gamma_f=1.2$(活载), $\gamma_f=1.2$(冲击荷载),
$\gamma_f=1.0$(活载与冲击荷载组合)</td></tr>
</table>

续上表

钢混组合桥面板类型			M
极限状态设计法	连接件复核	设计水平剪力(kN)	20.9
		设计抗剪力(kN)	45.7
		复核结果	0.59<1.0
容许应力设计法	组合前	设计弯矩(kN·m)	10.2 −13.6
		加劲肋上缘应力(MPa)	−91.0<142.3(容许应力) 82.8<175(容许应力)
		底钢板(带肋)下缘应力(MPa)	9.2<175(容许应力) −65.0<175(容许应力)
	组合后	设计弯矩(kN·m)	103.1 −79.8
		混凝土桥面板上缘或下缘应力(MPa)	−6.8<10.0(容许应力) −4.0<10.0(容许应力)
		钢筋应力(MPa)	−40.6<200(容许应力) 75.6<140(容许应力)
		底钢板下缘应力(MPa)	79.4<140
		剪力连接件(kN)	38.0<80.0 (容许应力)

附录2 钢混组合桥面板用钢筋格构剪力连接件研究报告

1 研究背景及研究目的

1.1 研究背景

除了传统的栓钉及PBL剪力连接件,在组合板中还拓展了一些其他的剪力连接件,日本在20世纪80年代开发出了钢板条桁架型剪力连接件,随后又提出了一种用钢筋代替折板来制作桁架骨架,形成用钢筋格构加劲筋的剪力连接件,这些格构可以自动化生产,因而具有良好的经济效益,其费用比折板桁架更低。钢筋骨架剪力连接件与底钢板焊接形成板-桁结构,增大了底钢板刚度,从而可以实现免支撑快速施工,同时钢筋骨架预埋于桥面板混凝土中,桥面板仍为整体,并未破坏桥面板混凝土的整体性,在提高底钢板刚度的同时,弥补了PBL连接件组合桥面板的不足,为快速施工钢混组合桥面板提供了一种新的结构形式,对于钢结构桥梁和钢混组合结构桥梁的发展具有促进作用。

1.2 研究目的

鉴于涉及钢筋格构剪力连接件的研究资料很少,我们为之列专题进行了研究,期望通过有限元建模、试验探究及理论分析得出适用于组合桥面板中合理的构造关键指标的计算方法。

2 试验方案与设计

2.1 试验目的

研究工作分两部分进行,第一部分对10块钢筋格构剪力连接件钢混组合桥面板进行实验室加载破坏试验,以期了解该型钢混组合桥面板受力破坏机理,由此导出钢筋格构剪力连接件的计算方法;第二部分借助ABAQUS有限元软件对钢筋格构剪力连接件钢混组合桥面板作承载力有限元分析,借以论述该型钢混组合桥面板受力机理,从理论上佐证本课题试验研究的正确性。

2.2 试件设计与制作

(1)试件设计

本试验共设计10块钢筋骨架剪力件简支单向组合板,混凝土强度等级为C50,试件整体尺寸(长×宽×高)为2500mm×600mm×258mm,计算跨度为2300mm,混凝土板厚250mm,剪力键高188mm。本试验采用8mm厚度的钢板,强度为Q345,钢筋为HRB400钢筋,钢构件部分构造及配筋见附图2-1和附图2-2,试件的主要参数见附表2-1,所设计试件的高跨比为0.11,剪跨比为3。栓钉试件保持与钢筋骨架剪力键相同的配筋率。

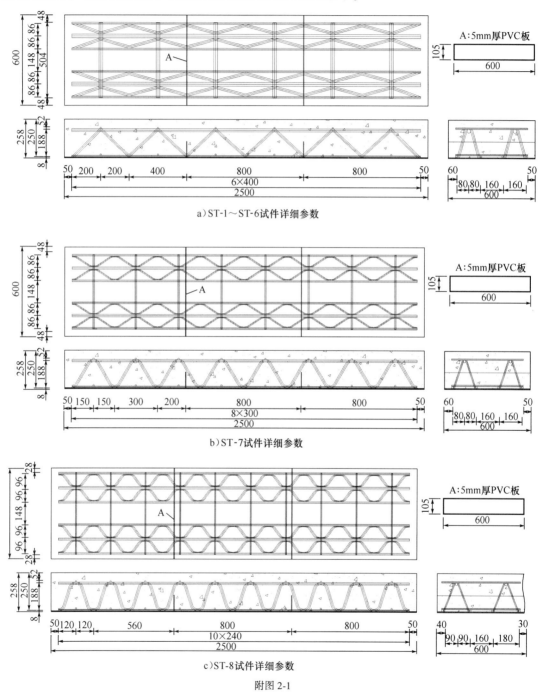

a) ST-1~ST-6试件详细参数

b) ST-7试件详细参数

c) ST-8试件详细参数

附图2-1

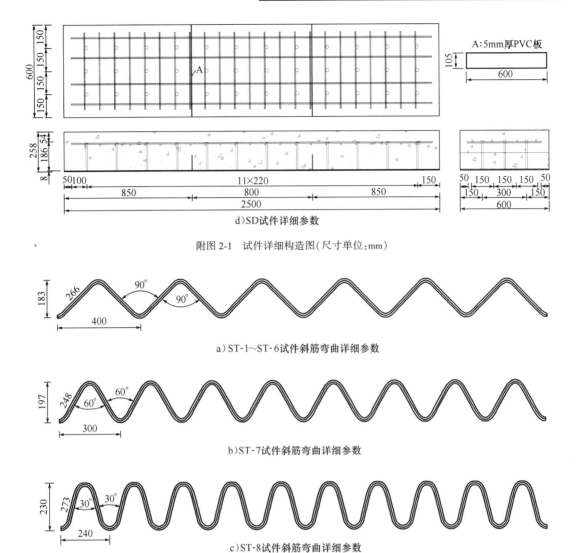

d) SD试件详细参数

附图 2-1 试件详细构造图(尺寸单位:mm)

a) ST-1~ST-6试件斜筋弯曲详细参数

b) ST-7试件斜筋弯曲详细参数

c) ST-8试件斜筋弯曲详细参数

附图 2-2 斜筋弯曲详细构造图(尺寸单位:mm)

试件参数表(单位:mm)　　　　　　　　　　　　　　　　附表 2-1

试件编号	个数	剪力键尺寸 (角度+长×宽×高)	斜筋	上加劲筋直径	下加劲筋直径	纵向主筋直径	分隔板间距	计算跨度	研究参数
ST-1	2	45°+400×160×188	16	20	12	10	800	2300	参照组
ST-2	1	45°+400×160×188	12	20	12	10	800	2300	斜钢筋直径
ST-3	1	45°+400×160×188	8	20	12	10	800	2300	
ST-4	1	45°+400×160×188	16	25	12	10	800	2300	
ST-5	1	45°+400×160×188	12	25	12	10	800	2300	上加劲筋直径
ST-6	1	45°+400×160×188	8	12	12	10	800	2300	

续上表

试件编号	个数	剪力键尺寸（角度+长×宽×高）	斜筋	上加劲筋直径	下加劲筋直径	纵向主筋直径	分隔板间距	计算跨度	研究参数
ST-7	1	60°+300×160×188	16	20	12	10	800	2300	钢筋骨架角度
ST-8	1	75°+240×160×188	16	20	12	10	800	2300	
SD	1	φ22栓钉				10	800	2300	对比组

如附图2-2所示，斜筋采用完整钢筋按照几何参数直接弯曲而成。如附图2-3所示，斜筋与上下加劲筋先焊接形成桁架结构，随后将整个桁架结构放置在钢板上焊接成型，按照焊接长度6D（D-钢筋直径），每条焊缝的焊接长度均为60mm，其中，ST-1~ST-6试件焊接间距为140mm，ST-7试件焊接间距为90mm，ST-8试件焊接间距为60mm。栓钉试件采用标准电弧焊。

通过ST系列共9块试件，研究简支单向组合板构件在正弯矩作用下剪力键的受力性能，采用三分点加载模式，对其进行分级静力加载至破坏全过程研究。试验中记录开裂荷载、极限荷载；绘制荷载跨中挠度曲线，分析荷载端部滑移曲线、混凝土受压区高度、钢筋骨架的钢筋直径组合及布置参数对剪力件抗剪承载力的影响。

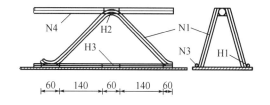

a）ST-1~ST-6试件钢筋骨架焊接参数

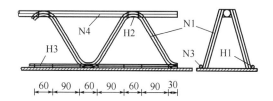

b）ST-7试件钢筋骨架焊接参数

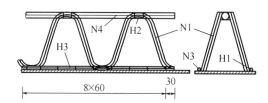

c）ST-8试件钢筋骨架焊接参数

附图2-3 钢筋骨架焊接详细构造图（尺寸单位：mm）

N1-斜筋；N3-下加劲筋；N4-上加劲筋；H1-斜筋与下加劲筋之间的焊缝；H2-斜筋与上加劲筋之间的焊缝；H3-钢筋骨架与底钢板之间的焊缝

（2）试件制作

本次钢筋骨架剪力件钢混桥面板试件制作委托成都建工预制装配工业化生产基地制作，主要制作流程节点如附图2-4所示。

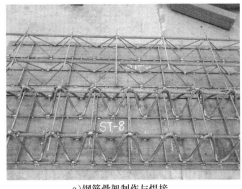
a）钢筋骨架制作与焊接

b）支模与入模

c）浇筑成型

d）试件成型

附图 2-4　试件主要制作过程图

2.3　加载设备及加载方案

本试验在西南交通大学陆地灾害防治国家工程实验室进行，所有试件的加载均由 MTS 电液伺服液压加载系统完成。

简支单向组合板试件采用三分点加载，加载时通过分载梁在跨中形成 800mm 的纯弯段，分载梁再通过两片横向放置的垫梁将荷载平均传递到试验板上，加载示意如附图 2-5 所示。

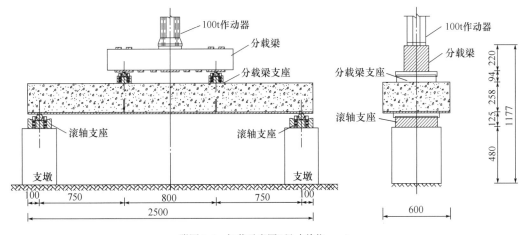

附图 2-5　加载示意图（尺寸单位：mm）

3 新型剪力连接件桥面板试验与连接件承载能力计算

3.1 裂缝发展及破坏形态

本次试验对试验现象的关注主要集中于加载过程中裂缝的出现和发展,包括裂缝的形态和分布、延伸趋势、宽度变化等内容。需说明的是,由于本次试验均采用两点对称加载,因而以下现象描述中提及的破坏侧剪弯段指的是试验梁最终发生破坏的剪弯段区域。

1) ST-1 试件

ST-1 试件为预设的标准试件,斜筋直径 16mm,上加劲筋直径 20mm。当试验后期将破坏端混凝土破开查看内部剪力键发现内部剪力键和焊缝并未出现断裂,破坏细节如附图 2-6 所示。ST-1 试件的破坏实质为系杆拱体系中混凝土上缘受压破坏。

a) 试件破坏形态

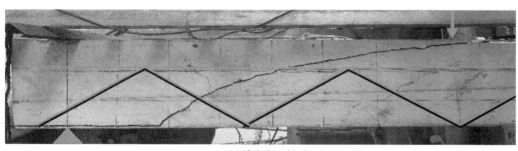

b) 试件破坏端细部

c) 试件破坏端内部

d) 钢筋骨架细部

附图 2-6　ST-1 试件破坏图

2) ST-1B 试件

ST-1B 试件为预设的补充验证试件,斜筋直径 16mm,上加劲筋直径 20mm。当试验后期将破坏端混凝土破开查看内部剪力键发现内部剪力键上加劲筋焊缝出现断裂,支座处底钢板和斜筋出现屈曲的特征,破坏细节如附图 2-7 所示。ST-1B 的破坏实质为混凝土上部受压区破坏引起的系杆拱体系崩溃。

a) 试件破坏形态

b) 试件破坏端细部

c) 破坏端内部　　　　　　　　　　　　d) 钢筋骨架破坏细部

附图 2-7　ST-1B 试件破坏图

3) ST-2 试件

ST-2 试件斜筋直径 12mm,上加劲筋直径 20mm。试验后期将破坏端混凝土破开查看内部剪力键发现内部剪力键斜筋底部焊缝出现 5 处断裂,破坏细节如附图 2-8 所示。ST-2 试件的破坏实质为系杆拱体系中斜筋与钢板间的焊缝受剪破坏。

4) ST-3 试件

ST-3 试件斜筋直径 8mm,上加劲筋直径 20mm。破坏细节如附图 2-9 所示,ST-3 试件的破坏与斜拉破坏类似,但其本质是在主斜裂缝出现以后,最外侧焊缝发生破坏导致系杆拱体系崩溃。

a）试件破坏形态

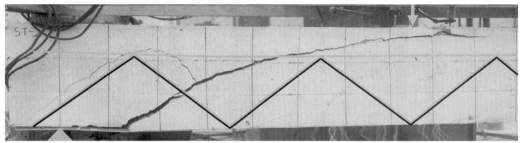

b）试件破坏端细部

c）破坏端内部

d）钢筋骨架破坏细部

附图 2-8　ST-2 试件破坏图

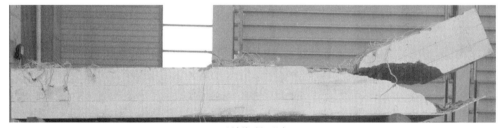

a）试件破坏形态

b）试件破坏端细部

附图 2-9

c）斜筋底部焊缝破坏细部

d）斜筋断裂破坏细部

附图 2-9　ST-3 试件破坏图

5）ST-4 试件

ST-4 试件斜筋直径 16mm，上加劲筋直径 25mm。破坏细节如附图 2-10 所示，ST-4 试件的破坏实质为顶部混凝土压溃引起的系杆拱体系崩溃。

a）试件破坏形态

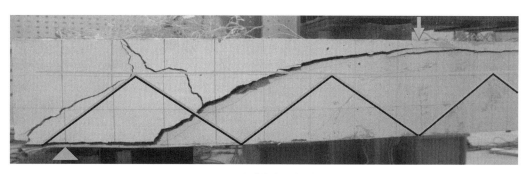
b）试件破坏端细部

c）破坏侧内部

d）破坏侧细部

附图 2-10　ST-4 试件破坏图

6）ST-5 试件

ST-5 试件斜筋直径 12mm，上加劲筋直径 25mm。试验后期将破坏端混凝土破开查看内部剪力键，发现内部剪力键斜筋底部焊缝出现 1 处断裂，斜筋与上加劲筋焊缝断裂 2 处，破坏细节如附图 2-11 所示。ST-5 试件的破坏实质为钢筋骨架剪力连接件部分焊缝破坏引起系杆拱体系发生削弱，随后引起剪压区混凝土的破坏。

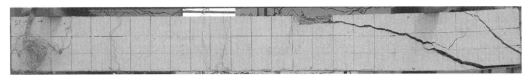

a）试件破坏形态

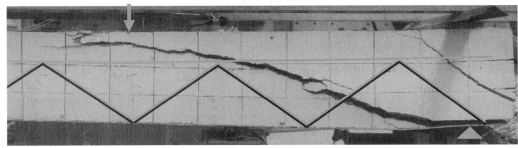

b）试件破坏端细部

c）破坏侧内部

d）钢筋骨架破坏细部

附图 2-11　ST-5 试件破坏图

7）ST-6 试件

ST-6 试件斜筋直径 8mm，上加劲筋直径 12mm。试验后期将试件破坏端打开查看内部剪力键，发现内部剪力键斜筋底部焊缝出现 4 处断裂，其中最外侧一根斜筋本身发生断裂，破坏细节如附图 2-12 所示。ST-6 试件的破坏实质为斜裂缝外侧剪力键底部的第一排焊缝受剪破坏，随后最外侧焊缝无法承受重分配过来的荷载紧接着发生破坏。

8）ST-7 试件

ST-7 试件斜筋直径 16mm，上加劲筋直径 20mm，钢筋骨架弯曲底角调整为 60°，故单个钢筋骨架纵向投影长度变为 300mm。试验后期将破坏端混凝土破开查看内部剪力键发现剪力键斜筋与上加劲筋焊缝出现 1 处断裂，上加劲筋与钢板都出现弯曲屈服现象，破坏细节如附图 2-13 所示。

a)试件破坏形态

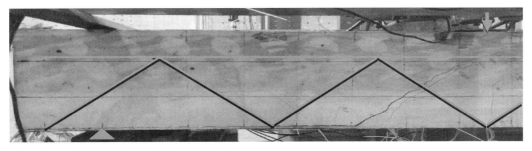

b)试件破坏端细部

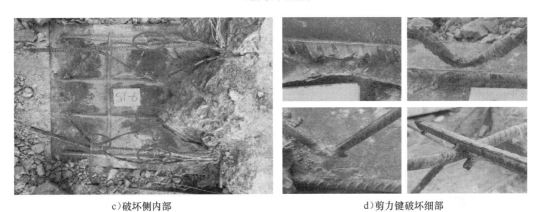

c)破坏侧内部　　　　　　　　d)剪力键破坏细部

附图 2-12　ST-6 试件破坏图

a)试件破坏细部

b)试件破坏端细部

附图 2-13

c)破坏侧内部　　　　　　　　　d)剪力键破坏细部

附图 2-13　ST-7 试件破坏图

ST-7 试件的破坏实质为剪压区混凝土压溃引起的系杆拱体系崩溃，随后引起上加劲筋与斜筋的焊缝发生断裂试件最终破坏。较为遗憾的是采用千斤顶补充加载时未能采集到应变及挠度数据。

9）ST-8 试件

ST-8 试件斜筋直径 16mm，上加劲筋直径 20mm，钢筋骨架弯曲底角进一步调整为 75°，故单个钢筋骨架纵向投影长度变为 240mm。破坏细节如附图 2-14 所示，ST-8 试件的破坏实质为跨中混凝土顶部受压区发生的压溃类似于超筋梁的受弯破坏。

a)试件破坏形态

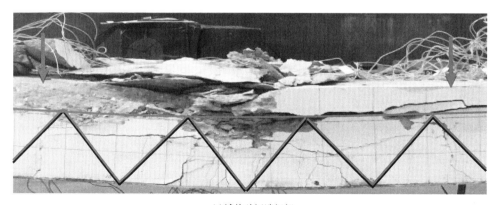

b)试件破坏端细部

附图 2-14　ST-8 试件破坏图

10) SD 试件

SD 试件采用的是 M22 的剪力栓钉作为剪力连接件,作为对比试件保持和 ST-1 相同的抗剪面积及其他参数。试验后期将破坏端混凝土破开查看内部剪力键发现内部剪力键并未破坏,点焊在栓钉帽上的横筋焊缝发生断裂,SD 试件破坏(附图 2-15)实质为系杆拱体系中剪压区混凝土压溃破坏。

a) 试件破坏形态

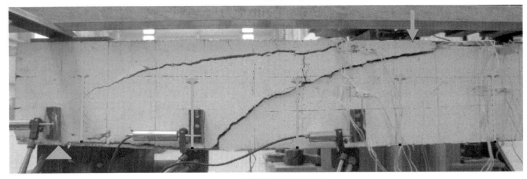

b) 试件破坏端细部

c) 破坏侧内部

d) 栓钉细部

附图 2-15　SD 试件破坏图

所有试件最终的裂缝分布汇总在附图 2-16 中。

由于钢底板受拉,与其交界的混凝土受拉面不外露,无法记录此面的裂缝分布。因此对于该类试件,主要记录混凝土板侧面的开裂情况,开裂荷载也以混凝土侧面出现第一条裂缝时所对应的荷载为准。可以看出这些试件的裂缝主要为弯曲裂缝和弯剪斜裂缝,最后的破坏裂缝主要是拱状弯剪斜裂缝,通过观察试件的裂缝分布可以看到,对于单个钢筋骨架投影长度400mm 的 ST-1~ST-6 试件,其裂缝间距约为 200mm,对于单个钢筋骨架投影长度 300mm 的 ST-7 试件,其裂缝间距约为 150mm,对于单个钢筋骨架投影长度 240mm 的 ST-8 试件,其裂缝间距约为 120mm。不难发现,裂缝间距与单个钢筋骨架的投影长度存在对应关系,大约为单

▶ 钢混组合桥面板

个钢筋骨架投影长度的一半,究其原因是在单个钢筋骨架投影长度中点的位置是试件刚度最小的截面,故裂缝也最易出现。同样可以发现对于采用栓钉连接件的 SD 试件,其裂缝间距与近似等于栓钉的间距。另外可以注意到,除了剪跨比不一致的 ST-6 试件,所有底角为 45°的试件,其主斜裂缝底部起点基本在距离支座约 16cm 处,有一定的统计学规律。

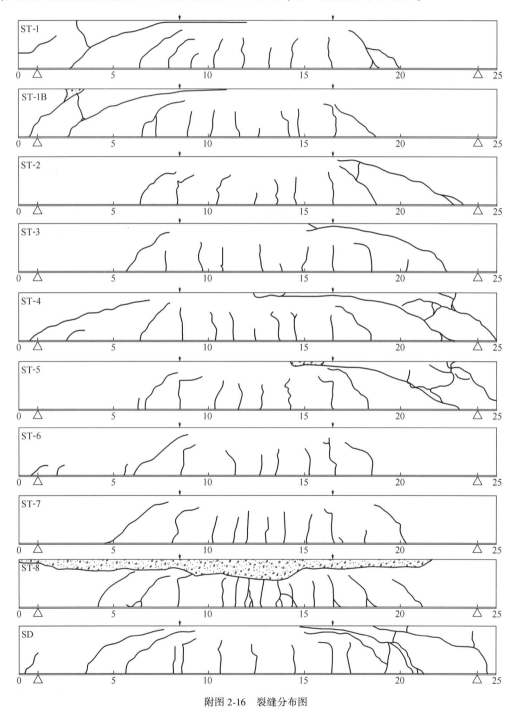

附图 2-16 裂缝分布图

所有试件的试验结果及破坏形态汇总于附表2-2。

试验结果汇总表　　　　　　　　　　　　　　附表2-2

试件编号	P_m(kN)	P_{cr}(kN)	P_x(kN)	P_z(kN)	P_u(kN)	D_u(mm)	D_h(mm)	破坏形态
ST-1	80	240	320	760	824	8.16	0.28	剪压破坏
ST-1B	140	200	280	720	870	9.7	0.93	剪压破坏
ST-2	120	200	360	600	718	11.27	4.74	剪力件破坏
ST-3	120	160	280	600	600	5.02	0.33	剪力件破坏
ST-4	160	200	360	640	856	9.65	2.08	剪压破坏
ST-5	100	200	400	680	764	11.4	4.2	剪力件破坏
ST-6	75	200	416	730	730	5.89	0.4	剪力件破坏
ST-7(60)	100	280	320	802	953	8.71	0.78	剪压破坏
ST-8(75)	138	332	332	—	900	23.14	0.21	弯曲破坏
SD	70	90	240	690	862	14.97	3.02	剪压破坏

注：P_m-试件PVC板（聚氯乙烯板）处出现弯曲裂缝时的荷载值；P_{cr}-试件出现弯曲裂缝时的荷载值；P_x-试件出现斜裂缝时的荷载值；P_z为试件出现主斜裂缝时的荷载值；P_u-试件最终破坏时的荷载值；D_u-试件破坏时的跨中挠度值；D_h-试件破坏时最大的钢混滑移值，其中ST-6试件由于安装失误剪跨比为2.8，其余试件剪跨比为3。

10个试件按照破坏形态主要可以分为混凝土顶部受压破坏和剪力连接件破坏两大类。其中混凝土顶部受压破坏可细分为两类，一类是跨中混凝土受压破坏，该类破坏是试件正截面破坏；另一类是剪压区混凝土受压破坏，该类破坏时试件的斜截面破坏。剪力连接件破坏的本质是斜筋底部焊缝受剪破坏，与钢筋混凝土梁的斜截面斜拉破坏类似。

综合以上破坏特征来看，剪力连接件破坏的试件承载力普遍低于混凝土顶部受压破坏的试件，因为剪力件在构件破坏前就发生了破坏，在破坏时材料的性能都未得到充分发挥，因而承载能力受到整个构件中最薄弱的焊缝连接部分控制，在实际使用中要尽量避免，而混凝土顶部受压破坏充分发挥了材料性能，同时满足剪力件不先于构件破坏这一设计原则，是可以接受的破坏形态。

此外，两类破坏形态与钢筋混凝土板的正截面破坏（超筋破坏）和斜截面剪压破坏无疑可以采用现有公式进行计算。综上可以看出，在采用钢筋骨架剪力连接件的组合板中，重点要解决的问题是剪力连接件的承载能力问题，在确保剪力连接件不先于构件破坏后，无论是正截面破坏还是斜截面破坏，其极限承载力均可通过现有方法计算。

3.2 荷载-挠度曲线

整理采集的挠度数据，绘制出10根试验梁的荷载-跨中挠度曲线，如附图2-17所示。

由附图2-17a）可知，除去发生斜拉破坏的ST-3试件和发生超筋破坏的ST-8试件，发生斜弯破坏的钢筋骨架组合板的荷载-挠度曲线发展可以分为三个阶段：第一阶段是线弹性阶段，此时处于小荷载状态，剪力件、钢板和混凝土共同承担荷载，试件截面基本处于全截面弹性工作阶段，曲线基本成线弹性增长；第二阶段是裂缝开展阶段，该阶段可以细分为两个小阶段，第一部分是弯曲裂缝的出现与开展,此时试件由于开裂以后逐渐进入弹塑性工作阶段,荷载-挠度曲线发生转折,转折较为平滑,曲线的斜率减小但仍然保持近似的线性,第二部分是弯剪斜裂缝的出现于开展,此时试件的滑移开始增长,荷载-挠度曲线再度发生转折,转折后曲线的斜率逐渐变缓;第三阶段是系杆拱体系受力阶段,在该阶段,弯剪段出现1~2条主斜裂缝,使试件转化为系杆拱受力体系,此时主斜裂缝随着荷载的增加快速发展,与之对应的钢混滑移也快速增加,荷载-挠度曲线有一个明显的突变,随后曲线斜率快速减小,试件刚度下降明显加快,直到最终达到极限荷载发生破坏。

斜筋底角的大小对试件的极限承载能力有一定影响,因为斜筋底角的变化会直接影响钢筋骨架的密度,如ST-7试件相对于ST-1试件,斜筋底角由45°增大至60°,相应的,沿试件长度方向布置的钢筋骨架剪力键也由6个增加到8个,极限承载力提升了近10%,但底角进一步增大的ST-8试件极限承载力反而降低,究其原因是ST-8试件由于钢筋骨架的数目进一步增多,使得试件类似于过度配筋的钢筋混凝土梁发生了超筋破坏,在实际运用中要避免,因而斜筋的底角的合理范围为45°~60°,结合试件的初始刚度因素,斜筋的底角取45°为佳。

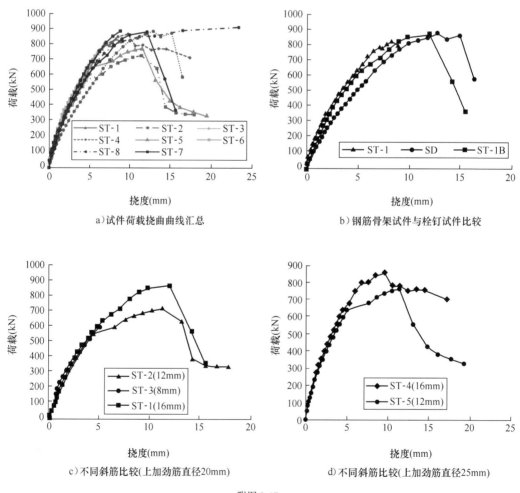

附图2-17

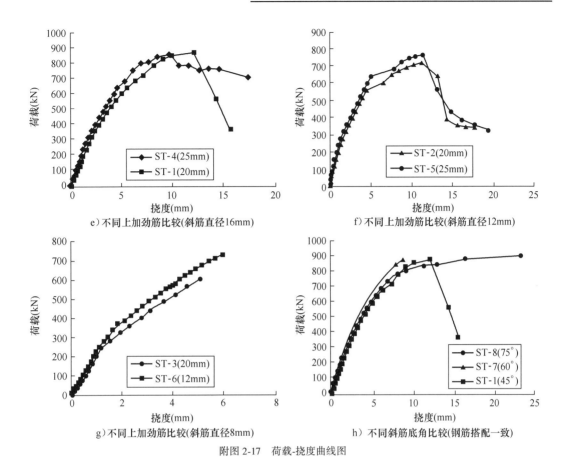

附图 2-17 荷载-挠度曲线图

3.3 荷载-应变曲线

组合板跨中底面钢板荷载应变曲线与顶面混凝土荷载-应变曲线如附图 2-18 所示,由图可知,除了 ST-8 试件所有试件的跨中底钢板和顶部混凝土都未进入屈服状态。

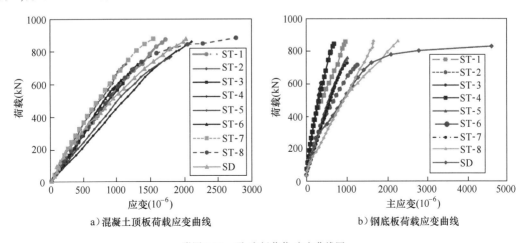

附图 2-18 顶、底板荷载-应变曲线图

上加劲筋荷载-应变曲线如附图 2-19 所示,由图可知,所有试件的上加劲筋受力均很小,说明在组合板受力过程中,上加劲筋并未起到重要作用。分析其原因可知在组合板中,上加劲筋相当于在受压区靠近中性轴位置配置的钢筋,混凝土几乎承受了所有的受压应力,但上加劲筋对钢筋骨架所组成的板桁结构中起到提升刚度的作用。

通过对试验结果的分析,除去发生斜拉破坏的 ST-3 试件和发生超筋破坏的 ST-8 试件,钢筋骨架斜筋的应力发展和试件的挠度发展相对应,也可以分为三个阶段:第一阶段是线弹性阶段,如附图 2-20 中 a 阶段,此时处于小荷载状态,斜筋和混凝土一同受力,应力较小;第二阶段是裂缝开展阶段,也可以细分为两部分,如附图 2-20 中的 b 和 c 阶段,斜筋 a 阶段是弯曲裂缝出现后,应力增长变快,b 阶段是弯曲裂缝转化为弯剪斜裂缝后,裂缝缝宽缝高开始快速增长,此时试件的滑移开始出现,斜裂缝穿过的斜筋应力以更快的速度增加,转折较为平滑,并且主要受力的斜筋由加载点附近转移到更靠近支座的斜筋;第三阶段是系杆拱体系受力阶段,即附图 2-20 中的 d 阶段,该阶段因为主斜裂缝的出现,使试件转化为系杆拱受力体系,此时主斜裂缝缝宽快速增加,与之对应的钢混滑移也快速增加,主斜裂缝穿过的斜筋应力快速增长。

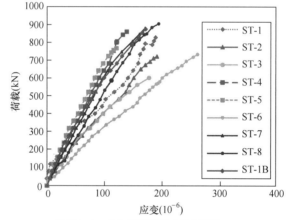

附图 2-19　上加劲筋荷载应变曲线图

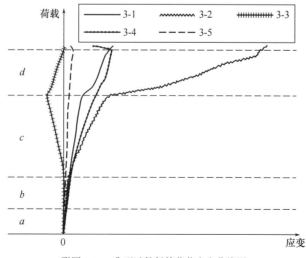

附图 2-20　典型试件斜筋荷载应变曲线图

3.4 连接件承载能力计算

1) 抗剪承载力影响因素分析

通过模型试验发现,钢筋骨架剪力件组合板主要会发生三种破坏形态,当剪力件较弱时会因为剪力件失效而发生剪力件破坏,当剪力件较强时会发生混凝土顶部压溃引起的剪压破坏或正截面受弯破坏。剪力连接件破坏的试件承载力普遍低于混凝土顶部受压破坏的试件,因为剪力件在构件破坏前就发生了破坏,在破坏时材料的性能都未得到充分发挥,因而承载能力受到整个构件中最薄弱的焊缝连接部分控制,在实际使用中要尽量避免,而混凝土顶部受压破坏充分发挥了材料性能,同时满足剪力件不先于构件破坏这一设计原则,是可以接受的破坏形态。

对构件进行传力路径分析可以发现,构件的荷载传递主要有两种途径,第一种传力路径是荷载—混凝土—斜筋—底部焊缝—底钢板,第二种传力路径是荷载—混凝土—钢混界面剪力—底焊缝—钢板。这两种传力路径都集中在底焊缝处,而试件的破坏正是源于底焊缝的破坏,所以剪力件的破坏实际上是可以转化为底焊缝的破坏来进行分析。为了分析底焊缝的承载能力,需要确定剪切破坏面的位置,附表2-3为试验中试件破坏斜裂缝底部位置的统计数据,可以看到在剪跨比为3时,斜裂缝底部的位置距离加载点约 $0.65h_0$ 处,这一结果符合钢筋混凝土抗剪计算中 $(0.5\sim0.75)h_0$ 的参考范围,对这个剪切破坏面起到约束作用的主要是破坏面左右两侧的底焊缝,其中破坏面内侧有一个底焊缝,破坏面外侧有一个底焊缝。

试件剪切破坏面底部起裂点位置统计表　　　　　附表2-3

试件编号	ST-1	ST-1B	ST-2	ST-3	ST-4	ST-5	ST-7	平均值
起裂点距支座距离/h_0	0.72	0.6	0.56	0.68	0.68	0.6	0.72	0.65

值得注意的是在试验过程中,破坏面内侧的底焊缝受力往往要大于破坏面外侧底焊缝,但是在试件破坏时,该处底焊缝发生破坏后会将荷载分配到最外侧底焊缝处,此时如果最外侧底焊缝有足够的强度,那么系杆拱体系仍然能够维持,所以说破坏面外侧的底焊缝强度实际上是试件最终破坏的决定性因素,因而对剪力件抗剪承载力分析的实质是需要确定剪切破坏面外侧底焊缝的抗剪承载力。

2) 钢筋骨架连接件底焊缝剪力计算

设剪力连接件破坏时剪压区混凝土同时被压碎为界限破坏,当剪压区混凝土被压碎时剪力连接件未破坏,则试件发生剪压破坏;当剪压区混凝土被压碎前剪力连接件破坏,则发生斜拉破坏。若以试件发生剪压破坏时的剪力作为剪力连接件的设计荷载,同时计入斜筋的有利影响,则这样设计得到的剪力连接件可以满足试件的破坏不由剪力连接件破坏的条件。

与普通混凝土一样,钢筋骨架剪力件的斜筋在组合板试件中起到了弯起钢筋的作用,是斜裂缝间的受拉腹杆,在试件斜截面开裂以后直接承担裂缝间荷载。从试验测得的斜筋应变来看,斜筋上的应力大多达到了接近屈服的状态,因而斜筋的作用不可忽视。组合板试件在剪切破坏前尚有一定的剪压区高度,剪压区混凝土承担的剪力与压力也不可忽视。此外钢筋骨架剪力件的上加劲筋作为试件的纵向钢筋在斜裂缝间也有一定的销栓作用,同时斜裂缝间集料咬合作用等都对试件的抗剪过程中起到了作用,Zararis认为由于剪压区未开裂的混凝土阻止裂缝面的剪切滑移,集料内聚力和咬合力以及纵筋销栓作用都不明显,Choi的研究也表明钢筋混凝土梁的剪力主要由剪压区混凝土传递;对于钢混组合板而言,底钢板的存在更是进一步限制了裂缝面的剪切滑移,在试验中发现所有试件的上加劲筋应力在加载全过程中均不超过50MPa,并且试验梁在斜截面临近破坏前斜裂缝缝宽已充分开展,斜裂缝缝宽通常达到1mm,集料咬合作用明显削弱。鉴于此,在分离体受力分析中偏于安全的忽略上加劲筋的销栓作用和裂缝面上的集料咬合作用。

附图2-21绘出了组合板试件梁发生斜截面剪压破坏的隔离体简化受力模型。附图2-21中V为支座剪力,物理意义为即为试件发生剪压破坏时的抗剪承载力,V_c为剪压区混凝土承担的剪力,C为剪压区混凝土承担的压力,V_s为斜筋的作用,T表示焊缝的剪力,h_0表示试件有效计算高度,对于本次钢混组合板试件,试件有效计算高度为混凝土板高,αh_0表示剪压区混凝土的高度,m表示试件加载时的剪跨比。

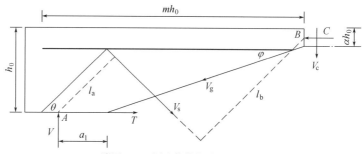

附图 2-21　隔离体简化受力模型图

根据简化后的分离体受力图,对受压区中点B点建立力矩平衡方程:

$$Vmh_0 = V_s \cdot l_b + T\left(h_0 - \frac{\alpha}{2}h_0\right) \tag{附2-1}$$

由竖向静力平衡条件可得:

$$V = V_s \cdot \sin\theta + V_c \tag{附2-2}$$

由此可以将焊缝的剪力T表示为:

$$T = \frac{Vmh_0 - V_s \cdot l_b}{h_0 - \frac{\alpha}{2}h_0} \tag{附2-3}$$

(1)斜筋的作用

对于钢筋骨架剪力件的斜截面破坏中,斜筋的作用与钢筋混凝土梁中的弯起钢筋类似,因此可以参考《公路钢筋混凝土及预应力混凝土桥涵设计规范》(JTG 3362—2018)中弯起筋抗剪承载力的计算方法:

$$V_s \cdot \sin\theta = V_{sb} = \beta f_{sd} \sum A_{sb} \cdot \sin\theta \cdot \sin\gamma \tag{附2-4}$$

如附图2-22所示,钢筋骨架剪力件是空间三维结构,所以斜筋分解到平面竖向有两个夹角,γ为斜筋在横平面与竖向的夹角,θ为斜筋与水平方向的夹角。在已知试件的情况下,钢筋骨架的形式均为已知,则斜筋的作用分解到平面中需要乘上$\sin\gamma$。在确定钢筋骨架尺寸以后,两个夹角均为已知量,式中的f_{sd}为普通钢筋抗拉强度设计值,A_{sb}为斜筋截面面积。对于试验中的试件来说,斜截面共穿过 n 根斜筋,考虑到穿过斜裂缝的斜筋不一定都达到了屈服,故对斜筋的受力加上一个系数 β 来修正,通过试验中测得该处的斜筋应力发现,穿过斜裂缝的斜筋应力往往达到临近屈服强度的程度,因此可以偏于安全选用规范推荐的 0.75 修正系数,则 $\beta = 0.75 \times 10^{-3}$,令斜筋直径为 D,则 $\sum A_{sb} = n\pi D^2/4$。

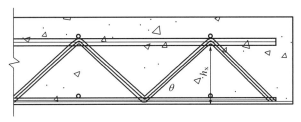
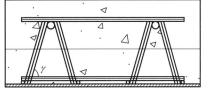

附图 2-22 斜筋几何参数

所以斜筋的作用可以表示为下式:

$$V_s = \frac{\beta f_{sd} n\pi D^2 \sin\gamma}{4} \tag{附 2-5}$$

式中:β——修正系数,0.75×10^{-3};
f_{sd}——普通钢筋抗拉强度设计值,可按照规范取值;
n——斜裂缝穿过的斜筋数目;
D——斜筋直径(mm)。

同时令斜筋的高度为 $h_x = kh_0$,在确定试件以后,k 值是一个已知量,则斜筋作用力距离附图 2-21 中 B 点的力臂 l_b 可以表示为试件高度 h_0 的表达式:

$$l_b = \left(\frac{49k\cos\theta}{48} + \frac{\alpha\cos\theta}{2}\right)h_0 \tag{附 2-6}$$

(2)竖向剪力

试验中的试验现象表明,对于剪压区混凝土受压破坏的组合板,当斜裂缝出现以后,拱作用逐渐起到控制作用,随着荷载增大,斜裂缝不断拓展延伸进而形成临近主斜裂缝,截面中性轴不断上升,导致剪压区混凝土的面积逐渐减小,剪压区混凝土上的正应力和剪应力也不断变化,最终受压区混凝土最终在复合应力状态下的发生破坏,这种破坏本质是钢筋混凝土梁斜截面的减压破坏。根据常生福推导的钢筋混凝土梁斜截面发生剪压破坏时的剪压区混凝土提供的剪力为:

$$V_c = \mu f_c b h_0 \tag{附 2-7}$$

$$\mu = 0.5\alpha - \frac{0.5m\alpha}{5\left(1 - \frac{\alpha}{3}\right) + m}$$

$$\alpha = \sqrt{(\alpha_E\rho)^2 + 2\alpha_E\rho} - \alpha_E\rho$$

式中:f_c——混凝土的立方体受压强度;
α_E——钢与混凝土的弹模比,$\alpha_E = E_s/E_c$;
ρ——配筋率,$\rho = \dfrac{A_s}{bh_0}$,对于本报告中的钢混组合板试件,底钢板相当于受拉区的配筋,

故 A_s 取为底钢板的面积,令底钢板的厚度为 h_s,则 $\rho = \dfrac{h_s}{h_0}$。

对于本次试验中的钢混组合板,没有箍筋的作用,同时需要考虑斜筋的有利作用,将式(附 2-5)和式(附 2-7)代入式(附 2-2)中,可以得到钢混组合板在剪压破坏时的抗剪承载力,即竖向剪力:

$$V = \mu f_c b h_0 + \frac{\beta f_{sd} n \pi D^2 \sin\gamma \cdot \sin\theta}{4} \tag{附 2-8}$$

将式(附 2-5)、式(附 2-6)、式(附 2-8)代入式(附 2-4)中,可以解出底焊缝的剪力 T:

$$T = K_1 f_c b h_0 + K_2 f_{sd} \pi D^2 \tag{附 2-9}$$

式中:

$$K_1 = \frac{\mu m}{1 - \alpha/2}$$

$$K_2 = \frac{n\beta(m h_0 \sin\gamma \cdot \sin\theta - l_b)}{4\left(h_0 - \dfrac{\alpha h_0}{2}\right)}$$

(3)焊缝最小焊接面积

因为钢筋骨架剪力连接件提供的拉力本质上是剪力件底部焊缝提供的承载力,而钢筋骨架剪力连接件底部的焊缝归属于角焊缝中的侧焊缝,剪力连接件破坏的本质是焊缝的剪切破坏,将试件破坏侧打开以后可以发现,破坏的焊缝主要为斜筋与底钢筋的焊缝,根据《公路钢结构桥梁设计规范》(JTG D64—2015)侧焊缝的剪切强度可以按照下式计算,由于钢筋骨架剪力连接件的破坏由底部焊缝导致,该式也是钢筋骨架剪力连接件承载力计算公式:

$$T = nF_h = nf_{fd}^w A_e \tag{附 2-10}$$

式中:n——参与工作的底焊缝数量;

f_{fd}^w——角焊缝的焊接强度,可以依据规范取值;

A_e——焊缝的有效焊接面积。

将剪力连接件承担的剪力代入侧焊缝的承载力计算公式,可解出剪力连接件所需侧焊缝最小面积为:

$$A_e = \frac{K_1 f_c b h_0 + K_2 f_{sd} \pi D^2}{n f_{fd}^w} \tag{附 2-11}$$

当侧焊缝面积大于上式计算所得面积时,试件的剪压破坏不因剪力连接件破坏(即侧焊缝破坏)而导致,这样即满足了构件不因剪力连接件破坏而破坏的条件。

3.5 小结

主要试验结论以及分析结果如下:

(1)影响钢筋骨架剪力件与底钢板组成的板桁结构初始刚度的主要因素是上加劲筋直径,上加劲筋直径越大,板桁结构的初始刚度越大,而斜筋的增强对初始刚度的提升效果较小,60°是较为合理斜筋底角;钢筋骨架剪力件与钢板组成的板桁结构具有优于栓钉剪力件及 PBL 加劲板的初始刚度,当上加劲筋直径不小于 12mm 时可以实现无支架快速施工。

(2)试验研究表明,采用钢筋骨架剪力连接件的钢混组合板,可能发生三种破坏形态,一为正截面超筋破坏,二为斜截面剪压破坏,三为剪力连接件破坏。前两种破坏形态均为桥面板正常的破坏形态,剪力连接件破坏时,受拉底钢板、受压区混凝土均未能充分发挥其作用,是需要避免的破坏形态。

(3)剪力连接件破坏是斜截面破坏衍生的破坏形式,其破坏机理为,组合板在主斜裂缝出现后发生受力体系的转换,形成以底钢板为系杆的系杆拱受力体系,主斜裂缝外侧的剪力连接件剪力为系杆提供锚固力,在过大的剪力作用下,剪力连接件破坏,导致系杆失去锚固,试件破坏。系杆力即剪力连接件剪力的确定,是避免此类破坏的基础。

(4)钢筋骨架的剪力连接件破坏均由剪力连接件的焊缝破坏导致,这表明,剪力连接件的抗剪承载力由焊缝决定,剪力连接件的承载力计算问题,在本质上是剪力连接件的焊缝计算问题,这种破坏形式不同于剪力栓钉和PBL剪力连接件。

(5)对于钢筋骨架剪力连接件,斜筋的增强对试件整体刚度影响不大,但对试件的极限承载力有较大影响,斜筋直径在8~16mm范围内,斜筋的增加会成为影响破坏形态迁移的重要因素,直径8mm的斜筋会因为斜筋拉断发生剪力件破坏,直径12mm的斜筋会因为剪力件底部焊缝剪坏而发生剪力件破坏,斜筋直径达到16mm以后,试件转而因为剪压区混凝土压溃发生剪压破坏。因此在保证焊缝强度以后,斜筋直径不小于12mm就可以避免因斜筋较弱而使试件提前发生剪力件破坏。

(6)钢筋骨架剪力件中的上加劲筋的增强能小幅提升试件的整体刚度,但对组合板极限承载力的提升并不明显,上加劲筋主要在混凝土浇筑前对试件的初始刚度有很大影响,故上加劲筋面积或直径可以通过初始刚度(施工期刚度)来确定范围。

(7)保持同样抗剪面积的钢筋骨架剪力件组合板与剪力栓钉组合板试件的破坏形态相似,最终均发生剪压区混凝土压溃的剪压破坏。因此,构造合理的钢筋骨架剪力连接件与剪力栓钉的极限承载力相差不大。

(8)通过试件的荷载-挠度曲线可以看出,破坏的试件在受力全过程中基本表现为三个阶段:线弹性阶段、裂缝开展阶段、系杆拱体系受力阶段。在系杆拱体系受力阶段,钢筋剪力连接件的破坏引起系杆拱受力体系的拉杆破坏,而剪力连接件的破坏由于底焊缝的破坏,综合试验现象与力学分析,最终试件极限承载力由剪力件最外侧斜筋底部焊缝控制。

(9)基于斜截面破坏的拱比拟理论,建立了剪力连接件剪力计算的力学模型,影响剪力连接件剪力的主要因素包括穿过斜裂缝的斜筋、剪压区混凝土、试件加载的剪跨比;利用极限平衡法,分析了系杆拱分离体的受力,考虑剪压区混凝土受压破坏的同时底焊缝达到破坏这一界限破坏状态,通过平衡方程求解出底部焊缝剪力的计算公式,得出可用于钢筋骨架剪力连接件的剪力计算公式。

(10)揭示了底焊缝的受力机理和破坏过程,钢筋骨架剪力连接件的破坏由底焊缝控制,在本质上为侧焊缝抗剪破坏,借鉴钢结构侧焊缝强度计算公式,提出了钢筋骨架剪力连接件的极限承载力的计算方法。

(11)根据钢筋骨架剪力连接件的剪力计算公式和极限承载力的计算公式,提出避免剪力连接件先于构件发生破坏时的斜筋底部焊缝最小有效焊接面积。该计算方法以构件发生剪压破坏时的剪力作为计算剪力,实现了剪压破坏与剪力连接件破坏的等强设计,当焊缝面积大于焊缝最小有效焊接面积,不会发生剪力连接件破坏。

4 钢混组合桥面板性能数值分析

本章的主要内容是利用有限元分析软件 ABAQUS,对带有钢筋骨架剪力连接件的钢-混凝土组合桥面板进行三维非线性有限元分析。首先讨论如何选取材料的本构关系和每一部分所选择的单元类型以及钢和混凝土之间的接触关系。在得到分析结果之后用试验数据和有限元计算结果进行比较,验证有限元结果的可靠性。在第一步的模型试验中并没有研究剪跨比、钢板板厚及混凝土板厚等元素的影响,同时由于在试件中加入了PVC板制造了初始裂缝,试件的试验表现与无初始裂缝的桥面板是否具有共性需要进一步验证,故在获得可靠的有限元模型之后,进一步对混凝土组合板横向整体性能进行数值分析。

4.1 材料本构关系

材料的本构关系是指材料在受力全过程中所受到的力与变形之间物理关系的数学模型,是材料内部微观机理的宏观行为表现,在材料力学中即为材料的应力-应变关系。本构关系是结构强度和变形计算中不可或缺的。钢-混凝土组合桥面板是由钢和混凝土两种材料共同组成,受力时二者相互作用,均处于复杂的应力状态。为了分析钢-混凝土组合桥面板的力学性能及其影响参数,必须首先确定钢和混凝土二者的本构关系。

4.2 有限元模型建立

(1)单元选择

钢底板与开孔钢板剪力连接件采用四节点壳单元 SR4 单元。混凝土采用三维实体单元 C3D8R 单元,钢筋骨架剪力件以及混凝土中的分布钢筋均采用两节点的桁架单元 T3D2。几何建模如附图 2-23 所示。

(2)接触关系

本次试件中三种不同部件之间的接触主要有三种,第一种是混凝土与底钢板之间的接触,第二种是混凝土与钢筋骨架剪力连接件的接触,第三种则是钢筋骨架剪力连接件与底钢板之间的焊缝连接。

钢板与混凝土间的界面接触关系比较复杂,接触关系影响因素除了材料本身性质以外,还与接触界面的粗糙程度以及荷载性质等有关,一旦钢与混凝土界面出现脱离或者较大的相对滑动,结构可能就会发生破坏或者大变形。通常采用平面分析假设来考虑钢-混凝土组合结构的界面黏结滑移问题,主要有两种思路:一种是钢混之间的摩擦效应模拟,两者的界面接触;另一种是在钢混之间加入弹簧单元来进行模拟。

采用考虑钢混之间的摩擦效应来模拟钢板与混凝土的界面接触关系。钢板与混凝土的界面模型主要由法线方向的接触和切线方向的黏结滑移组成,用硬接触(Hard Contact)来模拟法线方向的接触,保证二者的物理边界不发生相互嵌入。用黏滞力模型(Cohesive Bahaviour)来模拟界面切线方向的黏结滑移性能,在界面滑移量很小时认为界面黏滞力充分作用,此时滑移刚度不变,当滑移到大 1×10^{-12} mm 以后滑移刚度开始折减,当滑移达到 0.1mm 时认为界面黏滞力基本消失,此时滑移刚度降为0。黏滞力的力学模型可用附图 2-24 表示。

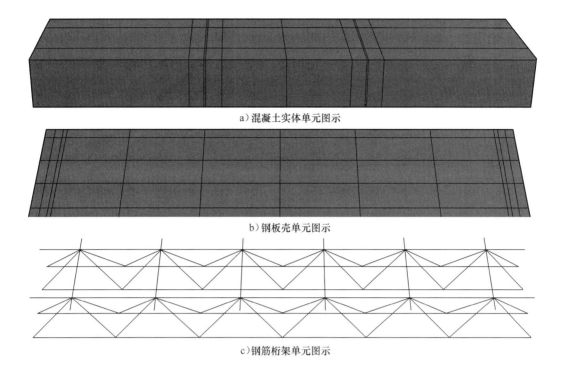

附图 2-23 几何建模示意图

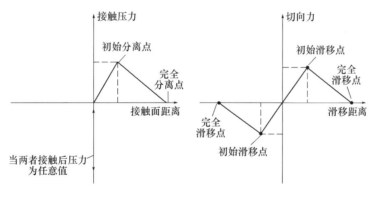

附图 2-24 钢混界面接触关系示意图

钢筋骨架剪力连接件与底钢板支架的焊缝采用弹簧单元(附图 2-25)进行模拟,分别设置法向和两个切向的刚度以及屈服力,当弹簧单元某一方向达到屈服力后就会屈服。由于构造适当的钢筋骨架剪力连接件,可以保证连接件焊缝不会先于组合板破坏前失效,故未定义弹簧单元的破坏阶段。

混凝土中的钢筋可以使用 ABAQUS 中的"EMBEDDED ELEMENT"选项,以实现在混凝土主题单元中嵌入钢筋单元。在完成定义之后,ABAQUS 会在计算时会自动分析嵌入单元节点与主体单元节点的几何相对关系。如果嵌入单元的某一节点位于主体单元内部,则该节点的自由度将被约束,成为主体单元的嵌入节点。

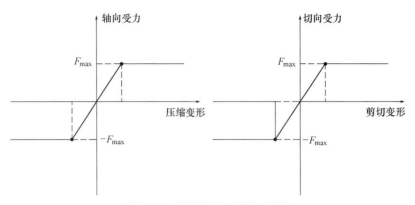

附图 2-25 弹簧单元力学模型示意图

(3) 网格划分

按照上述材料本构以及单元类型定义,依据实际的试件尺寸建立了带有钢筋骨架剪力连接件钢混组合桥面板的三维实体模型。

在建立模型完成之后,首先按照结构尺寸进行了一次较为合理的网格划分,试算得出分析结果,再利用两倍的网格划分进行对照分析。如果结果差异较小,则说明前一次的网格划分精度已经足够;否则需要进一步细化网格划分最终得到合适的网格划分精度。混凝土和钢板的有限元网格划分见附图 2-26。

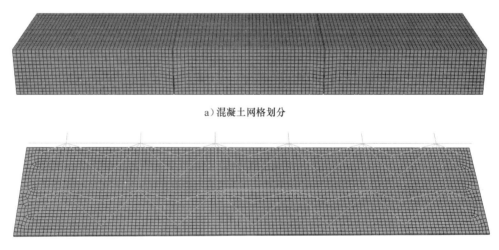

a) 混凝土网格划分

b) 钢板及钢筋网格划分

附图 2-26 有限元网格划分示意图

(4) 边界条件和加载方式

组合板的有限元模型与试验试件尺寸以及边界条件完全一致,如附图 2-27 所示,加载方式采用位移加载方式,为了避免混凝土加载面上发生局部应变损伤集中,在加载面上增加一块钢板,在钢板上施加竖直向下的位移约束;设置两个反力点作为支座,按照简支的边界情况对反力点进行约束,并将底钢板与反力点采用刚性连接以实现位移协同,同时为了防止出现应力集中,将支座与底钢板的线接触改成 2cm 宽的面接触。

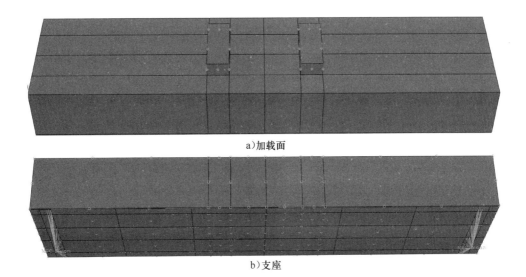

a）加载面

b）支座

附图 2-27　边界条件及加载示意图

4.3　计算结果比对

采用上述有限元的建模方法，对带有钢筋骨架剪力连接件的钢混组合桥面板试件建立了有限元模型，通过有限元分析得到了各试件在荷载作用下的变形和应力等力学响应信息。下面将这些数值计算结果与试验实测数据进行比较。

（1）峰值荷载比较（附表 2-4）

从附表 2-4 中可以看出，所有试件极限荷载的计算值与试验值结果吻合良好。

峰 值 荷 载 比 较　　　　　　　　　　　　　　　　　　　　附表 2-4

试 件 编 号	试验值（kN）	计算值（kN）	计算值/试验值
ST-1	870	875	1.01
ST-2	718	715	1.00
ST-3	600	585	0.98
ST-4	856	860	1.00
ST-5	764	762	1.00
ST-6	730	710	0.97
ST-7	875	890	1.02
ST-8	900	898	1.00

（2）挠度比较

有限元模型计算得到的荷载-跨中挠度曲线计算值与试验值的对比情况可见附图 2-28。从附图 2-28 中可以看出，有限元模型的计算结果和试验中测得的荷载-挠度结果变化趋势基本一致，曲线同样经历了弹性变形阶段、裂缝出现后的弹塑性阶段、屈服阶段。值得注意的是，实际试件开裂前的初始刚度往往略微大于有限元结果，分析原因为有限元中直接模拟了混凝土的初始裂缝而实际试件在初始裂缝处增加了 PVC 板,增加了试件开裂前的刚度。对于 ST-2 试件和 ST-5 试件,在主斜裂缝出现以后这两个试件出现了挠度的突变,而在有限元中由于没有定义混凝土单元的脆性开裂属性,所以并未能模拟出这种开裂后的挠度突变,而是体现为刚度降低,曲线平缓过度。

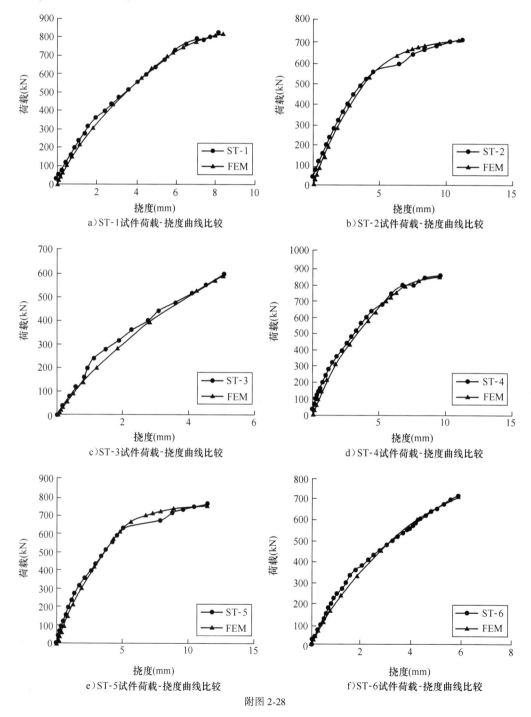

附图 2-28

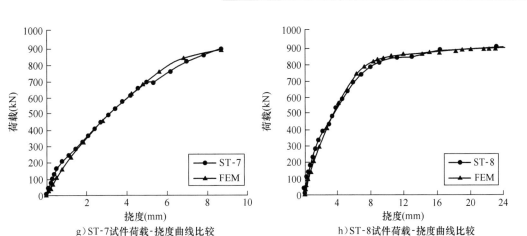

g) ST-7试件荷载-挠度曲线比较　　　　h) ST-8试件荷载-挠度曲线比较

附图 2-28　荷载-挠度曲线比较图

4.4　组合板弯曲性能分析

选取 ST-1 试件作为合理的钢筋骨架构造进一步研究。对于桥面板整体的横向性能,选取混凝土板厚、底钢板板厚和剪跨比作为主要研究参数,通过对这三个参数的研究来界定试验中发生的三种不同破坏形态的参数范围,从而建立该组合板承载力设计的系统化公式,采用经过试验验证的有限元模型进行数值分析。

(1) 研究参数设置

钢混组合板试件参数见附表 2-5。

钢混组合板试件参数表　　　　　　　　　　　　附表 2-5

试件编号	混凝土板厚(mm)	底钢板厚度(mm)	剪跨比	研究参数
SP-1	250	8	3	标准试件
SP-2	250	6	3	钢板板厚
SP-3	250	10	3	
SP-4	300	8	3	混凝土板厚
SP-5	200	8	3	
SP-6	350	8	3	
SP-7	250	8	4	剪跨比

如附表 2-5 所示,SP-1 试件为标准试件,主要用来探究 PVC 板的有无对组合板的受力影响程度,SP-2 试件和 SP-3 试件主要研究底钢板板厚对组合板横向力学性能的影响,SP-4 试件、SP-5 试件和 SP-6 试件研究混凝土板板厚对组合板横向抗弯性能的影响,SP-7 试件主要研究剪跨比对组合板横向抗弯性能的影响。在钢混组合板整体性能的研究中,将剪力件底部焊缝增强,使其大于最小焊接面积,使得试件不会发生因为焊缝破坏而导致的破坏。

(2) 主要计算结果

有限元计算结果见附表 2-6。

有限元计算结果　　　　　　　　　　　　　　附表 2-6

试 件 编 号	P_u(kN)	D_u(mm)	破 坏 形 态
SP-1	1018	16.93	剪压破坏
SP-2	936	12.65	正截面受弯破坏
SP-3	1038	18.25	剪压破坏
SP-4	1143	20	剪压破坏
SP-5	994	17.32	剪压破坏
SP-6	1080	14.95	剪力件破坏
SP-7	772	14.3	正截面受弯破坏

由附表 2-6 可知,SP-1 试件与模型试验中的 ST-1 试件相比,主要考察因素由剪力连接件改变为桥面板弯曲性能,因而去除了用于制造初始裂缝的 PVC 板。与 ST-1 试件相比,SP-1 试件因为去除了初始裂缝并对底部焊缝进行了增强,故试件整体承载力有提升,但其破坏形态并未发生改变,都是由于剪压区混凝土压溃导致的斜截面剪压破坏。因此可以认为,对于该种带有钢筋骨架剪力连接件钢板混凝土组合桥面板,有无 PVC 板造成的初始裂缝差别不大,故模型试验中的得到的试验结论可以推广到无 PVC 板的桥面板。

由附表 2-6 可知,底钢板厚度不仅对试件的极限承载力有影响,还会影响到试件的破坏形态,SP-2 试件相对于 SP-1 试件,底钢板厚度由 8mm 减小至 6mm,试件的破坏模式由斜截面破坏迁移至正截面受弯破坏,极限承载力相应下降了 8%;SP-3 试件相对于 SP-1 试件,底钢板厚度由 8mm 增加到 10mm 并未改变试件的破坏形态,相应的承载力也未有明显变化,因而在剪跨比为 3 的加载条件下,底钢板厚度 8mm 为正截面受弯破坏和斜截面剪压破坏两种破坏形态的界限,当底钢板厚度小于 8mm 时试件会发生正截面受弯破坏,反之则为斜截面剪压破坏。

混凝土板厚的提升对于试件的极限承载力提升效果比较明显,SP-4 试件相对于 SP-1 试件板厚增加 5cm,极限承载力提高 12.3%,而 SP-6 试件相对于 SP-5 试件板厚增加 5cm,极限承载力反而降低了,其原因在于当混凝土厚度达到 350mm 以后剪力连接件再次成为相对薄弱的部分,破坏形态会由剪压破坏迁移至剪力件破坏;对于斜筋直径为 16mm 的钢筋骨架剪力件组合板,混凝土厚度合理范围在 200~300mm 之间。

剪跨比对试件的极限承载力影响显著,对于底钢板厚度为 8mm 的 SP-1 试件与 SP-7 试件,SP-7 试件剪跨比增加至 4,其破坏形态从斜截面剪压破坏迁移至正截面受弯破坏,极限承载力相应降低 24.2%。所以对于剪跨比为 4 的加载情况,底钢板厚度 8mm 成为正截面破坏和斜截面破坏的界限。

绘制所有试件有限元计算的荷载挠度曲线,如附图 2-29 所示。

由附图 2-29b)可知,底钢板厚度对试件刚度有一定影响,底钢板厚度在 6~10mm 的范围内变化时,组合板刚度与底钢板厚度呈现正相关,但组合板刚度随底钢板厚度的增加提升效果逐渐降低。

附图 2-29c)表明混凝土板厚是影响组合板整体刚度的显著因素,值得注意的时,SP-6 试件相对于 SP-4 试件混凝土板厚由 300mm 增加至 350mm,试件刚度增加,但极限承载力却下降,如前文所述,这是因为当混凝土厚度达到 350mm 后,试件的破坏形态迁移至剪力件破坏。

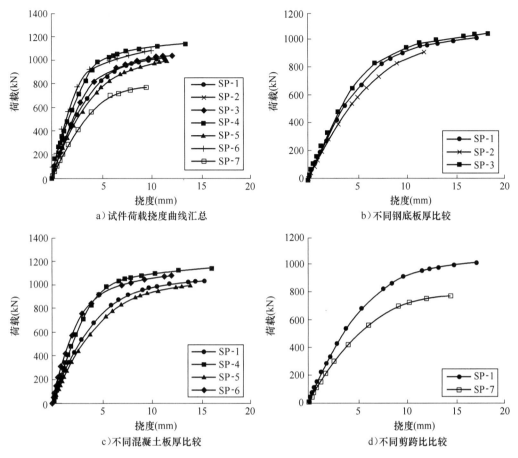

附图2-29 荷载挠度曲线图

剪跨比对试件的刚度有明显的影响,如附图2-29d)所示,SP-7试件与SP-1试件相比,剪跨比增加至4,试件刚度出现较大降低,这是因为剪跨比直接影响了试件整体刚度中抗剪刚度和抗弯刚度组合的比例关系,剪跨比越大,抗弯刚度所起到的作用占比越大。

综上所述,对于钢筋骨架剪力件的组合板,在剪跨比小于或等于3时,底钢板厚度8mm为正截面受弯破坏与斜截面减压破坏的界限,混凝土板厚300mm为斜截面减压破坏与剪力件破坏的界限。对于剪跨比大于3时,底钢板厚度10mm为正截面受弯破坏与斜截面减压破坏的界限。

4.5 组合板抗弯及抗剪承载力计算

通过有限元的分析发现,组合板横向承载力的影响因素主要为底钢板板厚、混凝土板厚以及加载的剪跨比,组合板最终的破坏呈现出三种破坏形态,其中剪力件破坏需要避免,而另外两类破坏形态与钢筋混凝土板的正截面破坏和斜截面剪压破坏可以采用现有公式进行计算。从上文分析结果中可以看出,在采用钢筋骨架剪力连接件的组合板中,在确保剪力连接件不先于构件破坏后,无论是正截面破坏还是斜截面破坏,其极限承载力均可通过现有方法计算。

对于发生斜截面破坏的组合板,其承载力计算公式可以参照本章中的剪力计算公式:

$$V = \mu f_c b h_0 + \frac{\beta f_{sd} n \pi D^2 \sin\theta}{4} \quad \text{(附2-12)}$$

$$\mu = 0.5\alpha - \frac{0.5m\alpha}{5\left(1 - \frac{\alpha}{3}\right) + m}$$

$$\alpha = \sqrt{(\alpha_E \rho)^2 + 2\alpha_E \rho} - \alpha_E \rho$$

$$m \leqslant 3$$

式中：f_c——混凝土的立方体受压强度；

α_E——钢与混凝土的弹模比，$\alpha_E = E_s/E_c$；

ρ——配筋率，$\rho = \dfrac{A_s}{bh_0}$，对于钢混组合板试件，底钢板相当于受拉区的配筋，故 A_s 取为底钢板的面积，令底钢板的厚度为 h_s，则 $\rho = \dfrac{h_s}{h_0}$；

β——修正系数，$\beta = 0.75 \times 10^{-3}$；

f_{sd}——普通钢筋抗拉强度设计值，可按照规范取值；

n——斜裂缝穿过的斜筋数目；

D——斜筋直径（mm）。

对于发生正截面受弯破坏的组合板,其承载力公式可参照《混凝土结构设计规范》(GB 50010—2010)的正截面受弯承载力计算公式：

$$M = \alpha_1 f_c b x \left(h_0 - \frac{x}{2}\right) + f'_y A'_s (h_0 - a'_s) \quad \text{(附2-13)}$$

$$\alpha_1 f_c b x = f_y A_s - f'_y A'_s$$

式中：f'_y——钢筋受压强度设计值；

f_y——钢筋受拉强度设计值，可根据规范取值；

A_s——底钢板面积；

A'_s——上加劲筋面积；

a'_s——上加劲筋距混凝土上缘距离，混凝土受压区高度还需满足：$2a'_s \leqslant x \leqslant \varepsilon_b h_0$；

ε_b——界限受压区高度，可根据规范取值。

对于底钢板厚度小于8mm的组合板,需要同时验证组合板正截面和斜截面强度；对于底钢板厚度大于或等于8mm的组合板,在剪跨比小于或等于3时需要验证斜截面强度,在剪跨比大于3时则需要验证正截面强度。

4.6 本章小结

本章利用有限元软件 ABAQUS 对不同钢筋骨架剪力连接件构造参数的钢混组合板试件进行了静力加载条件下的非线性有限元模拟研究,通过数值计算结果和试验实测结果的对比分析,得出了以下的结论：

(1)针对带有钢筋骨架剪力连接件的钢混组合桥面板本身的特点,在建模中对组成桥面板的三个部分分别采用实体单元和梁单元进行模拟,有所取舍地定义了接触准则,对材料的本构关系、单元的划分、边界和加载条件做了详细说明,所建立的有限元模型物理力学概念清晰,建模过程逻辑严谨,最终得到的计算值与试验值吻合情况良好。

(2)在极限荷载作用下,组合桥面板在正弯矩作用下呈现出剪力键底部焊缝断裂和顶部混凝土压溃两种破坏形式,与真实情况相同,说明本章建立的有限元仿真模型能够正确分析组合板在正弯矩作用下的受力性能。

(3)通过荷载-挠度曲线的对比可知,有限元模型对试件的刚度模拟与实际情况相似,同样具备明显的三个挠度发展阶段,由于没有精确定义混凝土开裂后的参数,所以荷载挠度曲线中未能体现出在出现主斜裂缝后的刚度突变现象,在后续的精细化有限元模型中需要得到进一步完善。

(4)通过有限元对组合板横向性能进行分析,探明了组合板破坏模式迁移的主要影响因素,在剪跨比小于或等于3时,混凝土板厚超过350mm组合板发生剪力件破坏,钢板板厚小于8mm时组合板会发生正截面受弯破坏,反之组合板会发生斜截面减压破坏;当剪跨比大于3时,底钢板小于10mm会发生正截面破坏,反之会发生斜截面破坏。

(5)依据组合板破坏形态的迁移条件,得出组合板的承载力设计方法:对于底钢板厚度小于8mm的组合板,需要同时验证组合板正截面和斜截面强度;对于底钢板厚度大于或等于8mm的组合板,在剪跨比小于或等于3时需要验证斜截面强度,在剪跨比大于3时则需要验证正截面强度。

(6)通过剪力件试验和组合板有限元分析确定了钢筋骨架剪力件在组合板中的受力特点,该钢筋骨架不仅充当了钢混之间的剪力件,还在施工期间充当了底钢板的加劲筋,以及在使用期间充当了组合板的抗剪钢筋,充分发挥了其使用功能,是一种性能优越的剪力连接件。

(7)初步确定了钢筋骨架剪力件组合板的相关构造参数的设计方法,由施工期间的板桁刚度确定上加劲筋的直径不小于12mm,斜筋的角度取45°为宜;斜筋的合理范围在8~16mm之间,同时需保证试件的抗剪计算,混凝土板厚合理范围在200~300mm之间,底钢板板厚不小于8mm。

5 研 究 结 论

本报告以薄钢-混凝土组合桥面板为研究对象,针对钢筋骨架剪力连接件的施工期刚度、极限状态破坏形态、破坏机理承载能力及桥面板承载能力进行了研究,探讨了抗裂性能、裂缝约束性能、刚度、破坏形态等结构行为,并进行了整板有限元分析研究。通过上述研究,可得到如下主要结论:

(1)试验研究表明,采用钢筋骨架剪力连接件的钢混组合板,可能发生三种破坏形态,一为正截面超筋破坏,二为斜截面剪压破坏,三为剪力连接件破坏。前两种破坏形态均为桥面板正常的破坏形态,剪力连接件破坏时,受拉底钢板、受压区混凝土均未能充分发挥其作用,是需要避免的破坏形态。

(2)剪力连接件破坏是斜截面破坏衍生的破坏形式,其破坏机理为:组合板在主斜裂缝出现后发生受力体系的转换,形成以底钢板为系杆的系杆拱受力体系,主斜裂缝外侧的剪力连接件剪力为系杆提供锚固力,在过大的剪力作用下,剪力连接件破坏导致系杆失去锚固,试件破坏。系杆力即剪力连接件剪力的确定,是避免此类破坏的基础。

(3)基于斜截面破坏的拱比拟理论,建立了剪力连接件剪力计算的力学模型,影响剪力连接件剪力的主要因素包括穿过斜裂缝的斜筋、剪压区混凝土、试件加载的剪跨比。利用极限平衡法,以剪压区混凝土压溃与剪力连接件同时破坏为界限破坏形态,提出了薄钢-混凝土组合桥面板中,钢筋骨架剪力连接件的剪力计算公式,在此基础上建立了剪力连接件设计方法。

(4)钢筋骨架剪力件与钢板组成的板桁结构具有优于栓钉剪力件以及 PBL 加劲板的初始刚度,承载力不低于剪力栓钉,构造参数的取值范围是:上加劲筋的直径不小于 12mm,斜筋的角度取 45°为宜;斜筋的合理范围在 8~16mm,同时需保证试件的抗剪计算,混凝土板厚合理范围为 200~300mm,底钢板板厚不小于 6mm。

(5)钢筋骨架的剪力连接件破坏均由剪力连接件的焊缝破坏导致,这表明剪力连接件的抗剪承载力由焊缝决定,剪力连接件的承载力计算问题在本质上是剪力连接件的焊缝计算问题,这种破坏形式不同于剪力栓钉和 PBL 剪力连接件。借鉴钢结构侧焊缝强度计算公式,提出了钢筋骨架剪力连接件的极限承载力的计算方法。

(6)通过有限元对薄钢-混凝土组合桥面弯曲板性能进行分析,探明了组合板破坏模式迁移的主要影响因素,在剪跨比小于或等于 3 时,混凝土板厚超过 350mm 组合板发生剪力件破坏,钢板板厚小于 8mm 时组合板会发生正截面受弯破坏,反之组合板会发生斜截面减压破坏;当剪跨比大于 3 时,底钢板小于 10mm 会发生正截面破坏,反之会发生斜截面破坏。

(7)通过剪力件试验和组合板有限元分析确定了钢筋骨架剪力件在组合板中的受力特点,该钢筋骨架不仅充当了钢混之间的剪力件,还在施工期间充当了底钢板的加劲筋,以及在使用期间充当了组合板的抗剪钢筋,充分发挥了其使用功能,是一种性能优越的剪力连接件。

参 考 文 献

[1] 交通运输部.公路桥涵设计通用规范:JTG D60—2015[S].北京:人民交通出版社股份有限公司,2015.

[2] 交通运输部.公路钢结构桥梁设计规范:JTG D64—2015[S].北京:人民交通出版社股份有限公司,2015.

[3] 住房和城乡建设部.钢-混凝土组合桥梁设计规范:GB 50917—2013[S].北京:中国计划出版社,2014.

[4] 交通运输部.公路钢混组合桥梁设计与施工规范:JTG/T D64-01—2015[S].北京:人民交通出版社股份有限公司,2015.

[5] 交通运输部.公路钢筋混凝土及预应力混凝土桥涵设计规范:JTG 3362—2018[S].北京:人民交通出版社股份有限公司,2018.

[6] 全国钢标准化技术委员会.低合金高强度结构钢:GB/T 1591—2018[S].北京:中国质检出版社,2018.

[7] 全国钢标准化技术委员会.碳素结构钢:GB/T 700—2006[S].北京:中国标准出版社,2007.

[8] 全国钢标准化技术委员会.桥梁用结构钢:GB/T 714—2015[S].北京:中国标准出版社,2016.

[9] 全国钢标准化技术委员会.耐候结构钢:GB/T 4171—2008[S].北京:中国标准出版社,2009.

[10] 交通运输部.公路桥梁钢结构防腐涂装技术条件:JT/T 722—2008[S].北京:人民交通出版社,2008.

[11] 交通运输部.公路桥涵施工技术规范:JTG/T 3650—2020[S].北京:人民交通出版社股份有限公司,2020.

[12] 交通运输部.公路钢结构桥梁制造和安装施工规范:JTG/T 3651—2022[S].北京:人民交通出版社股份有限公司,2022.

[13] 住房和城乡建设部.钢结构工程施工质量验收标准:GB 50205—2020[S].北京:中国计划出版社,2020.

[14] 全国焊接标准化技术委员会.热强钢焊条:GB/T 5118—2012[S].北京:中国标准出版社,2013.

[15] 全国焊接标准化技术委员会.非合金钢及细晶粒钢焊条:GB/T 5117—2012[S].北京:中国标准出版社,2013.

[16] 全国紧固件标准化技术委员会.钢结构用高强度大六角头螺栓:GB/T 1228—2006[S].北京:中国标准出版社,2006.

[17] 全国紧固件标准化技术委员会.钢结构用高强度大六角螺母:GB/T 1229—2006[S].北京:中国标准出版社,2006.

[18] 全国紧固件标准化技术委员会.电弧螺柱焊用圆柱头焊钉:GB/T 10433—2002[S].北京:

中国标准出版社,2004.

[19] 住房和城乡建设部.混凝土外加剂应用技术规范:GB 50119—2013[S].北京:中国建筑工业出版社,2014.

[20] 住房和城乡建设部.补偿收缩混凝土应用技术规程:JGJ/T 178—2009[S].北京:中国建筑工业出版社,2009.

[21] 住房和城乡建设部.钢结构焊接规范:GB 50661—2011[S].北京:中国建筑工业出版社,2012.

[22] 邵长宇.梁式组合结构桥梁[M].北京:中国建筑工业出版社,2014.

[23] 徐占发.钢结构与组合结构[M].北京:人民交通出版社,2008.

[24] 刘玉擎.组合结构桥梁[M].北京:人民交通出版社,2005.

[25] 张培信.钢-混凝土组合结构设计[M].上海:上海科学技术出版社,2004.

[26] 刘维亚.钢与混凝土组合结构理论与实践[M].北京:中国建筑工业出版社,2008.

[27] 陈德坤.钢-混凝土组合结构的应力重分与蠕变断裂[M].上海:同济大学出版社,2006.

[28] 拉伯特,赫特.钢桥 钢与钢-混组合桥梁概念和结构设计[M].葛耀君,苏庆田,等,译.北京:人民交通出版社股份有限公司,2014.

[29] 华东水利学院.弹性力学问题的有限单元法[M].北京:水利电力出版社,1974.

[30] 陈宜言.波形钢腹板预应力混凝土桥设计与施工[M].北京:人民交通出版社,2009.

[31] 胡人礼.桥梁力学[M].北京:中国铁道出版社,1999.

[32] 王应良,高宗余.欧美桥梁设计思想[M].北京:中国铁道出版社,2008.

[33] 扬尼斯·瓦亚斯,阿里斯蒂迪斯·利奥普洛斯.钢-混组合桥梁设计(欧洲规范)[S].冯海江,杨兆巍,刘红卫,等,译.北京:科学出版社,2019.

[34] 徐宙元,赵人达,牟廷敏.带开孔钢板剪力连接件的钢-混凝土组合桥面板受力性能试验研究[J].建筑结构学报,2015,36(S1):382-388.

[35] 史敏.钢混组合桥面板的结构优势与设计要点分析[J].北方交通,2017(7):87-89,92.

[36] 杨勇,周丕健,聂建国,等.钢板-混凝土组合桥面板静力与疲劳性能试验[J].中国公路学报,2009,22(04):78-83,107.

[37] 徐宙元,赵人达,占玉林.开孔钢板剪力连接件的钢-混凝土组合板有限元分析及参数研究[J].工业建筑,2013,43(11):104-109,6.

[38] 周丕健,杨勇,李慧静.钢板-混凝土组合桥面板弯曲刚度计算方法研究[J].公路交通科技,2010,27(09):63-67,148.

[39] 渡边邦夫,大泽茂树,内藤龙夫,等.钢结构设计与施工[M].周耀坤,滕百,译.北京:中国建筑工业出版社,2000.

[40] 日本橋梁建設協会.合成床版設計・施工の手引[R].2008.

[41] 土木学会.複合構造シリーズ07 鋼コンクリート合成床版 設計・施工指針(案)[R].2016.

[42] 社団法人プレストレストコンクリート技術協会.複合橋設計施工規準[M].技報堂,2005.

[43] 松井繁之.道路橋床版 設計・施工ヒ持管理[M].森北出版株式会社,2007.

[44] 日本道路協会.道路橋示方書・同解説Ⅱ鋼橋編[R].1996.

[45] 中井博,栗田章光,上阪康雄,等.ドイツにおける最近の鋼・コンクリート合成橋梁-1997年度報告書[M].森北出版株式会社.

[46] 大澤浩二.鋼・コンクリート複合構造の時間依存性解析に関する研究[D].早稲田大学,2006.

[47] 村山隆之,吉崎信之,西川和廣,等.膨張コンクリートを用いた合成床版の乾燥収縮度確認試験[R].

[48] 山本将士,今川雄亮,大山理.合成床版を有する合成桁橋の経時挙動に関する基礎的研究[C]//土木学会,構造工学論文集,2019.

[49] Siemes, A.J.M. Miner's Rule with Respect Plain Concrete Variable Amplitude Tests[J]. ACI SP-75,1982:343-372.

[50] Zienkiewicz O C, Cheung Y K. The finite element method for analysis of elastic isotropic and orthotropic slabs[J]. Proc.Inst.Cir.Eng., 1964, 28:471-488.

[51] Timoshenko S., Woinowsky-Krieger S. Theory of plate and shells[M]. McGRAW-Hill Book Company,1959:364-371.

[52] H.K.Chai, H.Onishi, S.Matsui. Application of GFRP sheets with high fiber density in strengthening RC slabs subjected to fatigue load[R]. Proceedings of The Third International Conference on Bridge Maintenance, Safety and Management[R]. Porto, Portugal, pp.1023-1025(Abstract).

[53] Shozo Ito. Shigeyuki Matsui, Hiroshi Tanigaki. Characteristics of axle loads and total weight of Large vehicles measured by a WIM method at slab concrete cracks[R]. Proceedings of The Second International Conference on Bridge Maintenance, Safety and Management, 2004, Kyoto.